지구본 — 수업2

지구본 수업 2
- 유럽, 아메리카, 남극 대륙

초판 1쇄 인쇄 2024년 9월 1일
1쇄 발행 2024년 9월 10일

기획 김흥식
저자 박정주 황동하 김재인
그림·디자인 위수연
편집·진행 박세경
마케팅 정혜영 김민수
펴낸이 김연희

펴낸곳 그림씨
출판등록 2016년 10월 25일
(제406-2510020160001136호)
주소 경기도 파주시 광인사길 217
(파주출판도시)
전화 (031) 955-7525
팩스 (031) 955-7469

이메일 grimmsi@hanmail.net

ISBN 979-11-89231-60-6 04300
979-11-89231-58-3 (세트)

지구본 수업 2

박정주·황동하·김재인 글 | 위수연 그림

E U R O P E

A M E R I C A

A N T A R C T I C

그림씨

머리말

21세기에 접어들면서 세계는 1일 생활권이 되었다.
동아시아에서 아침에 비행기에 몸을 실으면 12시간 후에 북유럽 핀란드에 닿는 세상이 되었다. 지금 이 순간 지구상에는 10,000대가 훌쩍 넘는 비행기가 떠 있다. 그만큼 우리는 지구 곳곳을 이웃 드나들 듯이 오가고 있다.
그러나 둥근 지구 위를 날아 수천 킬로미터 밖의 나라를 오가면서도 우리가 지구를 인식하는 시각이 평면이라는 사실은 놀랍다. 지구는 분명 공 모양인데 말이다.
입체인 지구를 평면에 그린 지도로 인식하는 까닭에 우리는 많은 오해를 일으킨다.
대한민국에서 미국을 향해 갈 때 태평양을 건너갈 거라고 여기는 것, 그린란드가 인도나 심지어 중국보다 큰 섬이라는 착각, 호주가 브라질보다 훨씬 넓을 거라는 생각 등이 그런 것이다. 그 외에도 세계는 태평양을 중심에 두고 동아시아와 북아메리카가 마주보고 있다는 생각도 있다.
하지만 둥근 지구상에서 이 모든 생각은 틀린 것이다. 대한민국에서 미국을 향할 때는 북극 항로를 이용한다. 그린란드는 중국의 1/4도 되지 않을 뿐 아니라, 인도보다도 훨씬 좁다. 호주는 브라질보다 작으며, 세계의 중심은 없다. 다만, 동아시아 사람들은 태평양을 중심에 둔 지도를 사용하고, 유럽과 아프리카인들은 대서양을 중심에 놓은 지도를 사용할 뿐이다.
지구를 있는 그대로 바라보면, 지구와 세상에 대한 우리의 인식은 완전히 새롭게 변한다.

앞서 살펴본 것처럼 세계는 1일 생활권이 되었다.
인류는 가까워질수록 더 평화롭고 사이좋게 지낼 것이라고 예측했다. 그러나 오늘날 세계는 인류의 바람과는 정반대로 움직이고 있다.
수천 년 전부터 인류는 종교, 민족, 땅을 놓고 다투어 왔다.
지금 인류는 그러한 요소에 더해 수자원, 보이지 않는 이념, 심지어 기술을 놓고도 다투기 시작했다. 이제 인류는 공존과 평화를 포기한 듯 보인다. 모든 요소를 독점하고자 하며, 그 누구와도 다툴 준비가 된 듯하다.
이미 지구상에는 지구 전체를 파괴하고도 남을 핵무기가 존재하는데, 더 가공할 무기를 개발하고자 모든 나라가 애쓴다. 인류를 살해하고 멸종시킬 무기를 만들고서 기술 개발에 성공했다고 축배를 든다.

그 과정에서 지구 환경 파괴는 피할 수 없는 부산물이다. 우리 모두에게 건강한 삶을 제공해 주는 원시림은 파괴되고, 곳곳에서 물이 없어 아우성이다. 한쪽에서는 섭씨 영하 50도의 한파가 생명을 위협하는 한편, 다른 쪽에서는 50도의 더위가 생명을 앗아간다.

급격히 가까워지고, 급격히 변하며, 급격히 일어나는 세계정세 변화를 전하고자 수많은 언론이 〈특파원 보고 세계는 지금〉이나 〈월드리포트〉 같은 프로그램을 통해 나날이 변모하는 지구상 수많은 나라와 사건, 역사, 그리고 전쟁 소식을 전한다.

그러나 21세기를 살아가는 우리가 하나의 사건, 하나의 나라, 하나의 전쟁이 아니다. 알아야 할 것은 지구 전체를 관통하는 세계사적 인식, 눈에 보이는 사건 뒤에 숨은 배경, 이웃 사이에 조성된 오랜 갈등의 뿌리, 언론을 통해 흘러나오는 대변인의 말보다 그들이 어둠 속에서 행한 진짜 행동이다.

이러한 사실을 이해하지 못한다면, 우리는 가짜 뉴스, 가짜 유튜버, 거짓 정치인이 떠드는 말에 속아 넘어가기 쉽다.

'진짜만이 진짜를 알아본다.'

역사가 땅에, 무덤에, 자연에, 환경에 기록한 사실을 이해하는 것이 중요하다.

인류가 지구라는 입체 위에 새긴 삶의 흔적이 중요하다.

그것이 진짜다.

지금부터 진짜를 향한 여행을 시작한다.

이 여행이 끝날 무렵, 여러분은 지구라고 하는 유일하고도 소중하며, 우리 삶의 원천이자 미래인 행성이 알려 주는 놀라운 사실을 깨닫게 될 것이다. 그리고 그 어떤 가짜 뉴스에도 속지 않을 것이다.

지구상에서 벌어지는 모든 사건의 진실을 이해하고 판단하고 행동하게 될 것이다.

그 놀라운 삶 속으로 출발한다.

지은이

일러두기

1 본 도서에 나오는 통계자료는 대부분 책이 출간되는 해의 것입니다.

2 단, 1인당 GDP를 비롯해 인구 수 등은 시시각각 변합니다. 특히 달러 표시 1인당 GDP는 환율 변동에 따라 급격히 변하기도 합니다. 따라서 책의 자료가 정확한 것이라고 할 수 없습니다. 그런데도 수록하는 것은, 이러한 자료가 나라나 지역에 대한 개략적인 내용을 알려 주기 때문입니다. 한 나라의 인구가 수백만 명인지, 수천만 명인지, 1인당 GDP가 3천 달러 선인지, 1만 달러 선인지, 3만 달러 선인지는 그 나라를 이해하는 데 필수적입니다. 따라서 독자 여러분께서는 이러한 수치의 정확도보다, 그 수치가 알려 주는 맥락을 참고하시기 바랍니다.

3 책에 나오는 다양한 도표는 특별한 표기가 없는 한 〈위키피디아〉를 비롯해서, 그곳에서 인용한 국제기구 자료를 참고하여 재작성하였습니다.

4 나라별 설명에는 국기(國旗), 수도, 면적, 인구, 1인당 GDP 등을 공통으로 수록하였습니다. 그 외에는 인종 구성, 종교, 언어, 역사 등 그 나라가 처한 지역과 상황을 이해하는 데 필요한 자료를 경우에 따라 수록하였습니다. 즉, 한 나라를 일률적으로 이해하는 자료가 아니라, 그 나라를 입체적이고 구체적으로 이해할 수 있도록 돕는 자료를 수록하였음을 알려드립니다.

5 책에 나오는 사진 자료 역시 특별한 표기가 없는 한 〈위키피디아〉에 나오는 자료입니다. 〈위키피디아〉가 없었다면, 우리는 오늘날 지구상에서 시시각각 변하며 벌어지는 수많은 사건과 상황을 이해하는 데 큰 제한을 느낄 것입니다. 물론 그 자료 가운데 잘못된 것이나 왜곡, 과장, 오해 등이 없는 것은 아니지만, 그 자료와 다른 자료를 참고, 대비하면 세계를 이해하는 데 큰 효과를 거둘 수 있습니다.

6 본 도서는 여러 저자와 감수자, 기획자, 편집자, 구성자의 노력을 통합해 편찬하였습니다. 모든 역사적 사실과 현실 소개 내용은 객관적 자료를 바탕으로 하였습니다. 그러나 역사 역시 인간이 기록한 것이고, 현실 역시 사방(四方), 나아가 팔방(八方)의 입체적인 관찰이 가능합니다. 따라서 저작마다, 매체마다, 기술자마다 시각이 다를 수 있음을 알려 드립니다. 다만, 책의 저자들은 추상적인 판단이나 시각

이 아니라 역사적 근거를 제시하는 데 역점을 두었습니다. 판단은 궁극적으로 독자 여러분의 몫이라고 여기기 때문입니다.

7 이 책에는 수많은 지구본 그래픽, 주요 지도, 세계 관련 자료가 수록되어 있습니다. 지도 및 지구본 모형을 그린 까닭은 본문 내용을 쉽고 효율적으로 이해하기 위해서입니다. 따라서 모든 지도 및 지구본은 과학적으로 정밀하지 않습니다. 그래서 공식적인 목적이나 학술적으로 사용할 만큼 정확하지 않음을 알려 드립니다.

8 본 도서를 편찬하는 데 활용한 참고도서 및 자료는 표기하지 않았습니다. 이는 각 저자의 학술 활동 이력 내내 습득한 모든 노력이 집합되었기 때문입니다. 또한 책의 성격이 학술 논문이 아니라 일반 교양인을 위한 도서라는 점도 고려하였습니다. 특별한 내용이 특정 참고도서나 자료에서 인용되었다는 표기를 하지 못한 점을 이해해 주시기 바랍니다.

9 각 권의 끝에는 나라, 이 책에 수록한 다양한 지도, 그리고 이 책이 특별히 다룬 지구사적 요소들에 대한 '찾아보기'를 수록하였습니다.

10 최선의 노력을 다했음에도 지구상에 존재하는 거의 모든 나라를 다루는 과정에서 많은 오류가 있으리라고 인정할 수밖에 없습니다. 독자 여러분의 질정과 격려를 부탁합니다. 차후 개정판에서 수정하여 더 정확한 정보를 제공하겠습니다.

11 마지막으로, 책 속에서 참조 쪽이 등장하는 경우 '1-10'은 1권 10쪽, '2-10'은 2권 10쪽임을 알려 드립니다.

2권 차례

머리말 ✦ 4
일러두기 ✦ 6

서양의 중심, 유럽으로!

근대 세계의 주인공, 유럽 ✦ 16

동유럽 ✦ 20
튀르키예 ✦ 22
호수에서 바다로, 카스피해
아제르바이잔 ✦ 29
아르메니아 ✦ 30
조지아 ✦ 31

발칸반도 ✦ 32
그리스는 그리스
불가리아 ✦ 36
구유고연방 국가들 ✦ 36
알바니아 ✦ 44

흑해 주변 국가들 ★ 45
크림 전쟁
루마니아 ✦ 48
몰도바 ✦ 50
우크라이나 ✦ 51
발트해 3국 ✦ 52

그 밖의 동유럽 국가들 ✦ 54
폴란드 ✦ 55
벨라루스 ✦ 56
헝가리 ✦ 56
체코, 그리고 슬로바키아 ✦ 58
쾨니히스베르크에서 칼리닌그라드로
러시아 ✦ 62

북유럽 ✦ 72
스칸디나비아 3국 ✦ 74
핀란드 ✦ 78
아이슬란드 ✦ 80

서유럽 ✦ 81
베네룩스 3국 ✦ 82
프랑스 ✦ 85
프랑스 혁명
독일 ✦ 96
영국 ✦ 107
영연방
나라 이름이 도대체 뭐지?
영국의 탄생
아일랜드 ✦ 113
북아일랜드
영국 국기

오스트리아 ✦ 117

스위스 ✦ 119

리히텐슈타인 ✦ 122

남유럽 ✦ 124

남유럽 작은 나라들

모나코 ✦ 126

산마리노 ✦ 126

안도라 ✦ 127

몰타 ✦ 128

이탈리아 ✦ 128

스페인 ✦ 135

포르투갈 ✦ 141

아메리카로!

거대한 식민 대륙의 출현 ✦ 148

세계지도의 비밀!

콜럼버스

북아메리카와 남아메리카, 그리고 라틴아메리카

중앙아메리카 ✦ 158

카리브제도

카리브제도의 독립국가들

쿠바 ✦ 162

푸에르토리코 ✦ 165

도미니카 ✦ 166

트리니다드토바고 ✦ 167

아이티 ✦ 168

카리브제도의 식민지들

중앙아메리카 대륙 국가들 ✦ 171

과테말라 ✦ 175

엘살바도르 ✦ 180

온두라스 ✦ 181

벨리즈 ✦ 182

니카라과 ✦ 182

코스타리카 ✦ 185

파나마 ✦ 185

북아메리카 ✦ 188

캐나다 ✦ 190

미국 ✦ 192

미국의 출발

미국 독립

루이지애나 매입

플로리다 매입

텍사스 합병

오리건주

캘리포니아 합병

알래스카 매입

50번째 주, 하와이

그 밖의 미국 영토

멕시코 ✦ 205

남아메리카 ✦ 210

시몬 볼리바르

산 마르틴

가이아나, 수리남, 그리고 기아나 ✦ 216

브라질 ✦ 219

아르헨티나 ✦ 224

에바 페론

우루과이 ✦ 228

파라과이 ✦ 229

칠레 ✦ 232

남극 대륙

반드시 지켜야 할 지구의 공동자산 ✦ 238

찾아보기 ✦ 242

1권 차례

머리말 ✦ 4

일러두기 ✦ 6

지구본 여행을 떠나기 전에 알아야 할 주의사항

다양하게 떠나는 세계여행: 지구본으로 여행을 떠나보자! ✦ 16

지구본 좀 똑바로 놓지! ✦ 18

자전하는 지구본

지구의 공전과 자전

공전과 자전의 길

지도와 지구본은 정말 다르다! ✦ 20

내가 아는 그 모습이 아닌데?

한반도 면적의 10배지만 100배는 커 보이는 그린란드

세계지도는 사람이 만든 것

지구의 기준선을 찾아라! ✦ 27

경도와 위도

날짜변경선

땅 넓은 나라의 시간 정하기

우리나라 시간은 우리나라가 정한다

지구의 주요 자연환경 ✦ 35

대륙 ✦ 36

대륙을 나누는 기준

두 대륙에 걸쳐 있는 나라들

하나의 섬이 2개 주라고?

강 ✦ 40

지구상에서 가장 긴 강 10

사막 ✦ 42

호수 ✦ 43

산맥 ✦ 45

바다 ✦ 46

대양(Ocean)
부속해(Dependent Sea)
무척 작은 바다, 지중해(Mediterranean Sea)
대양의 가장자리에 위치한 바다, 연해(Marginal Sea)

동양과 서양의 분류 기준 ✦ 48
동양과 서양은 지리적 분류가 아니다
동·서양 분류의 시작
오리엔트와 옥시덴트

지구본 여행의 출발 ✦ 50
날짜도 마음대로
날짜변경선의 예외

오세아니아

가장 작은 주부터 떠나 보자! ✦ 56
호주(오스트레일리아) ✦ 57
뉴질랜드 ✦ 60
투발루 ✦ 61
나우루 ✦ 63
그 밖의 나라들 ✦ 66

동아시아

대한민국, 중국, 그리고 일본! ✦ 70
여기가 대한민국 동해다! ✦ 72
한반도에서 가장 가까운 외국 섬, 대마도
이어도는 섬인가?
명태 주산지, 북태평양
누구도 포기할 수 없는 땅, 쿠릴열도

일촉즉발의 동중국해 ✦ 83
동중국해보다 더한 남중국해 ✦ 84
갈등의 핵심, 난사군도
애매한 협약, 영원한 갈등

중국 ✦ 89
중국 내 자치구
중국의 행정구역

몽골 ✦ 92
대만 ✦ 93
홍콩과 마카오 ✦ 95
일본 ✦ 99

동남아시아 섬나라들

지구를 대표하는 섬나라들과 지정학적 요충지 ✦ 104
인도네시아 ✦ 105
말레이제도
보르네오, 수마트라, 자바, 세 개의 섬
세계에서 가장 큰 섬 20곳

동티모르 ✦ 112
필리핀 ✦ 113

다시 대륙으로!

떠오르는 아시아, 말레이시아에서 인도 대륙까지 ✦ 118

말레이반도 ✦ 118

싱가포르 ✦ 119

말레이시아 ✦ 122

태국(타이) ✦ 123

미얀마 ✦ 123

인도차이나반도 ✦ 126

베트남 ✦ 127

캄보디아 ✦ 130

라오스 ✦ 132

인도 대륙을 향해! ✦ 134

부탄 ✦ 135

방글라데시 ✦ 136

네팔 ✦ 138

파키스탄 ✦ 139

인도 ✦ 143

스리랑카 ✦ 150

몰디브 ✦ 151

드넓은 평원, 중앙아시아를 향해! ✦ 153

키르기스스탄 ✦ 153

타지키스탄 ✦ 155

우즈베키스탄 ✦ 155

카자흐스탄 ✦ 158

투르크메니스탄 ✦ 160

아프가니스탄 ✦ 161

서아시아, 중동, 아랍!

세계가 주목하는 지역 ✦ 168

중동과 아랍 ✦ 169

유네스코의 지리적 기준 ✦ 170

이란 ✦ 171

친미에서 반미로!

유네스코의 지리적 기준

아라비아반도 ✦ 176

사우디아라비아 ✦ 178

오만 ✦ 179

예멘 ✦ 180

아랍에미리트, 그리고 카타르와 바레인 ✦ 181

쿠웨이트 ✦ 183

홍해와 페르시아만 ✦ 184

이라크 ✦ 187

드디어 중동의 화약고로! ✦ 190

요르단, 이스라엘, 팔레스타인 ✦ 190

이스라엘 건국과 팔레스타인 해체 ✦ 193

레바논 ✦ 196

시리아 ✦ 197

아프리카 대륙

지리적으로도 멀고 심리적으로도 먼 아프리카 ✦ 202

현생인류의 탄생지, 아프리카 ✦ 203

아프리카의 국경 ✦ 204

아프리카의 지형 ✦ 208

북아프리카 ✦ 209

이집트 ✦ 210

리비아 ✦ 215

알제리 ✦ 216

튀니지 ✦ 218

모로코 ✦ 221

서아프리카 ✦ 224

삼각무역

프랑스 식민지에서 독립한 나라들

니제르 ✦ 228

코트디부아르 ✦ 228

영어를 주로 사용하는 나라들

나이지리아 ✦ 230

기묘한 공통점의 나라, 라이베리아와 시에라리온

시에라리온 ✦ 232

라이베리아 ✦ 233

포르투갈 식민지 출신 나라들

중앙아프리카 ✦ 236

콩고 민주공화국 ✦ 238

적도기니 ✦ 241

중앙아프리카 공화국 ✦ 243

동아프리카 ✦ 244

케냐 ✦ 246

소말리아 ✦ 247

에티오피아✦ 250

마다가스카르 ✦ 251

남아프리카 ✦ 255

나미비아 ✦ 257

남아프리카 공화국 ✦ 258

찾아보기 ✦ 262

7

서양의 중심,
유럽으로!

근대세계의 주인공, 유럽

아프리카와 지리적으로 가까운 지역, 유럽으로 가자.

6대 주 가운데 오세아니아를 빼면 가장 작은 면적이지만, 근대 이래로 세계사에 가장 큰 영향을 끼친 지역이기도 하다.

유럽은 지리적 위치, 그리고 정치·인종·문화 지표를 고려하여 편의상 서부 유럽(영국, 프랑스, 베네룩스 3국, 독일, 오스트리아, 스위스), 북부 유럽(아이슬란드, 핀란드, 스칸디나비아 3국), 남부 유럽(지중해 연안 국가), 동부 유럽(러시아, 벨라루스, 발트해 3국, 우크라이나, 폴란드, 구유고연방 국가들, 체코, 불가리아, 흑해와 카스피해 주변국 등)으로 구분한다.

그런데 이렇게 구분하면 동부 유럽이 다른 지역에 비해 훨씬 넓다. 러시아가 속해 지역이 넓은 것은 물론이거니와 구소련 영향권 아래 있던 지역이 워낙 넓기 때문이기도 하다. 게다가 과거에는 아시아에 속했던 튀르키예까지 오늘날 유럽으로 분류한다. 그러니 동부 유럽이 넓을 수밖에 없다.

유럽 모습

유럽을 어떻게 분류하느냐는 기관에 따라, 각 나라마다 조금씩 다르다. 어떻게 분류하건 동유럽 지역이 가장 넓다. 아래는 UN의 분류에 따른 것이다.

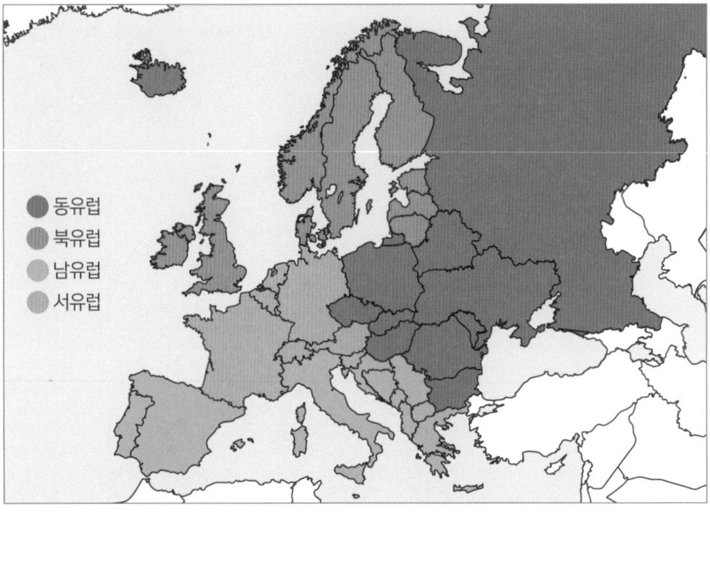

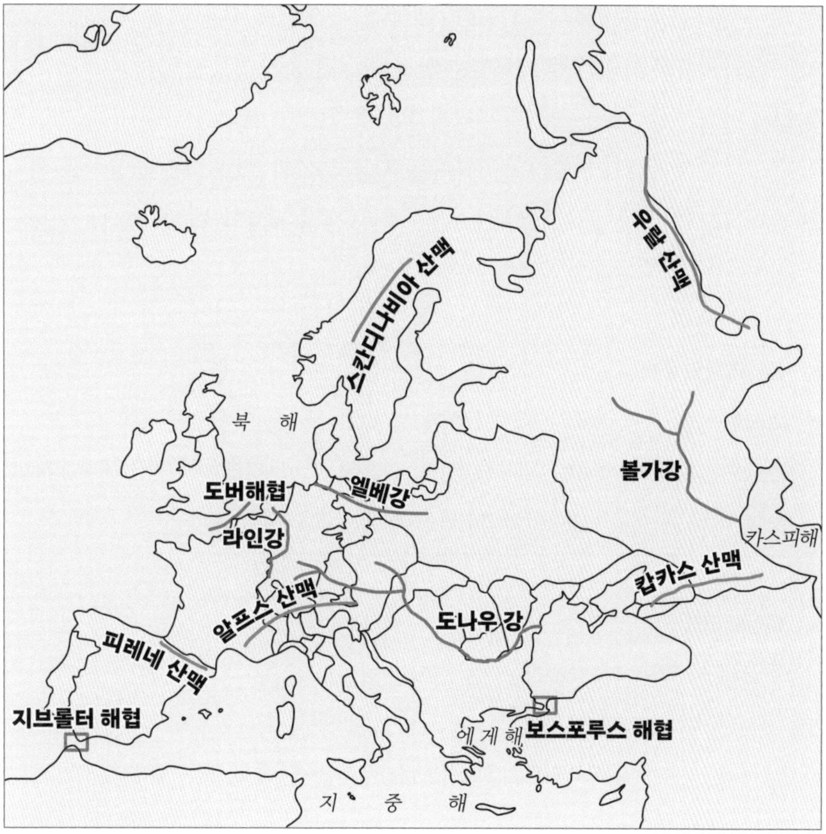

유럽의 주요 자연 지형

러시아 북동부에서 남으로 걸쳐 있는 우랄산맥은 예로부터 유럽과 아시아를 구분 짓는 경계로 일컬어왔다. 그러나 오늘날 러시아는 유럽으로 분류한다. 유럽에서 가장 긴 볼가강은 길이만도 약 3,700km에 달한다. 도나우강은 독일 남부에서 시작해 오스트리아, 체코, 슬로바키아, 헝가리, 세르비아, 루마니아, 불가리아, 우크라이나 등을 지나 흑해로 흘러 들어간다. 길이는 약 2,850km로, 볼가강보다 짧지만 유럽 각국에 미치는 영향은 훨씬 크다. 여러 나라에 큰 영향을 미치는 만큼 명칭 역시 다양한데, 흐르는 국가에 따라 다뉴브, 두나이, 두나, 두나브, 두너레아, 도나우 등으로 부른다.
알프스산맥도 유럽 여러 나라에 큰 영향을 끼치는 지형인데 스위스, 프랑스, 이탈리아, 오스트리아에 걸쳐 있으며, 유명한 몽블랑(4,807m)이 최고봉이다. 유럽 남서부에 걸쳐 있는 피레네산맥은 프랑스와 스페인 국경을 이룬다. 지브롤터 해협은 유럽에 속하는 이베리아반도와 아프리카 대륙을 나누는 좁은 바다로, 폭이 좁은 곳은 13km밖에 안 된다.
한편 동쪽에 있는 보스포루스 해협은 튀르키예 최대 도시 이스탄불을 가로지르는 바다로, 과거에는 유럽과 아시아를 나누는 기준으로 여겼다.

러시아는 지구본을 돌려보며 보아야만 눈에 들어올 정도로 면적이 세계에서 가장 넓다. 자세히 보면 아시아 쪽 면적이 훨씬 넓은데, 러시아는 유럽으로 분류한다. 앞에서 본 것처럼 정치·인종·문화 지표가 유럽이기 때문이다.
또 지구본을 보면 쉽게 알 수 있듯이 유럽과 아시아 대륙은 하나로 붙어 있어 유럽과 아시아 대륙을 합해 유라시아라고 부른다. 언론을 유심히 살펴보면, 21세기는 유라시아의 시대가 될 것이라는 전문가 의견이 자주 등장한다.

유럽은 면적은 좁아도, 근대 이후 세계사를 이끌어 온 지역인 까닭에 품고 있는 이야기가 무척 많다. 그리고 그 이야기는 지금도 세계 곳곳에 큰 영향력을 끼치고 있다. 그러니 유럽을 자세히 살펴볼수록 오늘날 세계를 이해하는 데 도움이 될 것이다.

유럽의 난민 문제

최근 들어 많은 유럽 국가들이 직면한 문제가 있다. 세계 각국에서 유럽을 찾아 들어오는 난민 때문이다. 이른바 세계화 시대에 접어들면서, 자신들이 사는 지역이나 나라를 떠나 다른 지역이나 나라로 이주하는 사람들이 과거와는 비교할 수 없을 만큼 늘어났다.

이민과 난민

조국을 떠나 다른 나라로 이주하는 가장 전통적인 방식은 이민이다. 《표준국어대사전》에서는 이민을 '자기 나라를 떠나 다른 나라로 이주하는 일. 또는 그런 사람.'이라고 정의하고 있다. 우리나라만 보더라도 다양한 이유로 다른 나라로 떠난 사람이 많은데, 이들을 가리켜 이민(immigrant)이라고 한다.

한편 난민(refugee)은 '전쟁이나 재난 따위를 당하여 곤경에 빠진 백성.'이다. 난민은 정치적 박해, 전쟁, 테러, 빈곤, 기근, 자연재해 등으로 삶이 곤란을 겪게 되어 다른 지역으로 피난하는 경우에 발생한다.

이렇게 발생한 난민이 유럽으로 많이 들어오고 있다. 물론 난민이 유럽으로만 들어가는 것은 아니다. 유럽 국가들 사이에 난민을 둘러싸고 정치·사회적으로 많은 갈등이 일어나고 있어 유럽에서 난민 문제가 불거지는 것뿐이다.

2020년대 들어 실제로 세계에서 난민이 가장 많이 유입되는 나라는 튀르키예와 콜롬비아, 파키스탄, 우간다, 그리고 독일 등이다. 튀르키예에는 국경을 맞대고 있는 시리아 내전으로 인해 난민이 대거 유입되었고, 남아메리카 콜롬비아 역시 국경을 맞대고 있는 베네수엘라에서 발생한 경제위기로 빈곤과 기근을 해결하고자 유입된 난민이 2백만 명에 가깝다. 파키스탄에는 이웃 아프가니스탄에서 전쟁을 피해 들어온 난민이 대다수이며, 우간다는 주변의 남수단, 콩고 민주공화국에서 들어온 난민이 백만 명을 넘는다. 한편 유럽 가운데는 독일이 난민 수용에 가장 적극적이어서 백만 명이 넘는 난민을 여러 나라에서 받아들였다.

난민 수용 국가 현황

(출처: UNHCR유엔난민기구)
(2022)

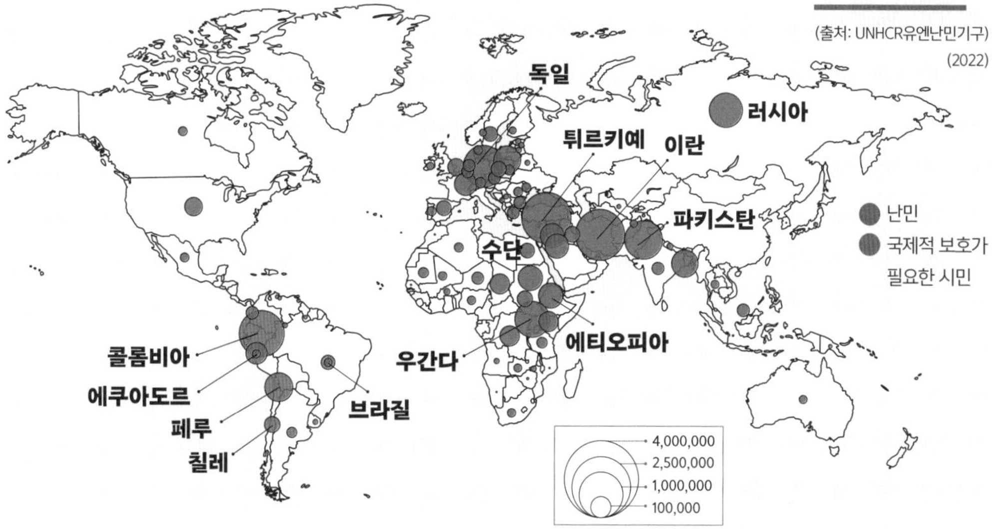

우간다는 20세기 후반에는 내전으로 인해 수많은 사람이 이웃 나라들로 피한 경험이 있다. 그러니 난민 발생국에서 난민 수용국으로 바뀐 셈이다. 우간다의 1인당 GDP가 천 달러도 되지 않는 현실을 고려하면 난민에게 피난처를 제공하는 행위가 돈이 많아서가 아님을 알 수 있다. 이러한 사실만 보더라도 난민을 수용하는 것은 부자 나라가 가난한 난민들에게 베푸는 시혜가 아니다. 난민은 여러 이유로 생존에 어려움을 겪는 이들에게 피난처를 제공하는 인도적인 행위이다. 따라서 유럽 일부에서 제기하듯, 난민 때문에 자신들의 일자리가 사라지고 사회가 위험에 빠진다며 난민을 공격하는 태도는 비인도적일 뿐 아니라 비합리적이다. 하물며 오늘날 난민 발생국들 대부분이 과거 유럽 침략이 남긴 후유증으로 고통을 겪고 있음을 떠올리면, 유럽 일부 사람들의 주장은 이기적이다.

더욱 놀라운 사실이 있다. 요르단과 레바논은 인구 대비 10% 가까운 팔레스타인 난민을 받아들인 지 수십 년이 되어가지만, 이를 국제문제로 관심을 갖는 세계인은 드물다. 튀르키예 역시 수백만 명의 난민을 수용하고 있으며, 콜롬비아, 파키스탄 역시 마찬가지다.

그런데도 전 세계 언론이 유럽 각국에서 극우 정치인들이 제기하는 난민 문제에 집중하는 모습을 보면, 수용하고 긍정적인 행동에는 별 관심을 보이지 않는 반면, 저항적이고 부정적인 행동에 주목하는 언론의 속성을 정치인들이 잘 활용하고 있는 듯이 보인다.

오늘날 유럽으로 유입되는 난민들은 크게 시리아 내전을 피해 유럽 각국으로 들어오는 난민, 아프가니스탄·이라크·파키스탄 등에서 유입되는 난민, 그리고 아프리카 여러 나라에서 들어오는 난민으로 나눌 수 있다.

동유럽

동유럽은 우리가 상상하는 유럽, 즉 제국주의 시대에 세계 여러 나라를 지배하고 그때부터 이어서 경제적으로 풍요를 누리는 나라들과는 거리가 있다.
동서남북으로 분류한 유럽 가운데 가장 넓은 동유럽은 정치·지역·역사적으로 크게 세 지역으로 나눌 수 있다.
첫 번째는 구소련이 해체될 무렵 독립해 나온 지역이다. 북유럽에 가까운 발트해 3국(에스토니아, 라트비아, 리투아니아)부터 벨라루스, 우크라이나, 조지아, 아제르바이잔, 아르메니아, 몰도바는 구소련에 자치공화국의 형태로 귀속되어 있다가 구소련이 해체되면서 독립을 선언했다.
두 번째는 유럽의 화약고라 불리는 발칸반도 지역이다. 이 지역 역시 구소련이 해체되면서 함께 해체된 유고연방에서 분리되어 나왔다. 세르비아, 보스니아-헤르체고비나, 크로아티아, 슬로베니아, 북마케도니아, 몬테네그로 등 6개 공화국과, 독립을 선언했지만 정식 국가가 되지 못한 코소보가 이에 속한다.
세 번째는 말 그대로 동쪽 유럽에 속한 지역이다. 이 지역 국가들 역시 대부분 구소련의 영향력 아래 있었지만, 형식적으로는 독립국이었다. 폴란드, 체코, 슬로바키아, 헝가리, 루마니아, 불가리아가 이에 속한다.
마지막으로 튀르키예가 있는데, 튀르키예는 20세기 중반까지 아시아 국가였다가 유럽으로 편입되었다.
튀르키예가 유럽에 편입되고자 애쓴 것은 분명 유리한 점이 있기 때문일 것이다.
그렇다고 지구상 모든 나라가 유럽이 될 수는 없다.
하지만 튀르키예는 아시아 국가일 때부터 국토의 일부가 유럽에 속해 있었기에, 이후 자신들이 유럽이라고 주장할 수 있었다.
그런 면에서 튀르키예 동쪽에 있는 조지아와 아르메니아, 아제르바이잔이 유럽에 속한 것은 더더욱 유럽이라는 상징이 크게 작용했을 것이다. 만일 아시아가 정치·경제적으로 우월했다면 두 나라는 결코 유럽에 경도되지 않았을 테니까.
최근 동유럽은 러시아-우크라이나 전쟁으로 인해 전 세계의 이목을 집중시키고 있는데, 이 전쟁 외에도 동유럽은 인종 갈등, 지역 갈등, 종교 갈등 등으로 지역 전체가 안정을 찾기까지는 꽤 오랜 시간이 필요할 듯하다.

동유럽 모습

동유럽은 유럽 동쪽이라는 지리적 개념 외에, 제2차 세계대전 직후 자본주의를 도입한 서유럽에 대비해 부르는 정치·사회적 개념도 포함한다. 따라서 동유럽에는 러시아를 비롯해 구소련에 속해 있다가 구소련 해체와 더불어 독립한 나라, 구소련 위성국이었던 나라, 나아가 발칸반도 국가, 그리고 최근 유럽에 편입된 튀르키예까지 유럽에서 가장 많은 나라가 속해 있다. 또한 세계에서 가장 넓은 러시아가 동유럽에 속하기 때문에 면적이 가장 넓다.

튀르키예

예로부터 튀르키예는 유럽과 아시아를 연결하는 관문일 뿐 아니라 지정학적으로도 매우 중요해 역사의 중심에서 벗어난 적이 없다. 유럽과 아시아를 가르는 보스포루스해협을 끼고 있는 튀르키예 제1의 도시 이스탄불(수도는 동부 도시 앙카라)은 고대부터 비잔티움이라는 이름을 거쳐 동로마 제국 때는 콘스탄티노플, 다시 오스만 제국 때는 이스탄불로 바뀌면서도 꾸준히 역사의 핵심 지역이었다. 이는 튀르키예가 동로마 제국, 오스만 제국의 중심이었음을 가리킨다.

한편 튀르키예를 지배하던 오스만 제국은 제1차 세계대전에서 독일 편에 섰다가 패하면서 세력이 급속히 약화한다.

그 후 '튀르키예인의 아버지'라고 불리는 케말 파샤가 이끄는 임시정부가 독립운동에 나서, 1922년 오스만 제국의 폐지를 선언하고 외국 군대까지 몰아낸 후 '튀르키예 공화국'을 설립하였다. 이때부터 튀르키예는 과거 이슬람 중심 체제에서 근대국가 체제로 변모하였다. 그런 까닭에 100%에 가까운 국민이 무슬림이지만 사회적 분위기가 아랍권과는 사뭇 다르다.

튀르키예는 783,562km² 면적에 인구는 8천 6백만 명을 넘는 대국이다. 게다가 한 해 관광객이 3천만 명이 넘을 만큼 문화유산과 자연 유산이 풍부한 나라이기

튀르키예 남동부 괴베클리 테페 유적

관광 대국 튀르키예를 찾는 사람들도 지나치기 쉬운 중요한 인류 유산이다. 가장 멀게는 기원전 9600년경까지 거슬러 올라가는 괴베클리 테페 유적은, 인류 최초의 거석 문화유산으로 중요성을 인정받아 유네스코 문화유산으로 지정되었다. 괴베클리 테페 유적은 T자형 석회암 기둥을 포함하고 있는데, 이는 그 시대의 놀라운 기술 수준을 보여 주는 것이며, 그 시대에도 계층으로 구성된 사회가 존재했음을 증거한다.

도 하다.

튀르키예는 케말 파샤가 정부를 세울 때부터 '튀르키예(Türkiye)'였다. 그러나 세계에서는 영어식 표기인 터키(Turkey)로 불렸다. 터키는 많은 사람이 알다시피 칠면조를 가리키는 영어이기도 하다. 이에 2022년, 튀르키예 정부는 공식적으로 국명을 튀르키예로 바꾸고, 세계를 향해서도 그렇게 불러달라고 요청했다. 이때부터 '터키'는 '튀르키예'가 되었다. 정식 국호는 '튀르키예 공화국(Republic of Türkiye).'

오스만 제국(Ottoman Empire)

술탄(sultan)이라는 말은 이슬람 국가의 정치적 지배 군주를 가리키는 말로 아랍어로 왕, 지배자 등을 뜻한다. 이슬람 국가에서 정치적 지배자보다 더 위에 있는 인물이 칼리프(Caliph), 즉 이슬람 사회의 정치와 종교를 이끄는 최고 지도자다. 칼리프는 본래 명칭이 할리파(Khalīfa)인데, 이를 영어식으로 부른 것이다.

칼리프로부터 술탄이라는 칭호를 처음 받은 인물이 셀주크튀르크(1037~1157?)의 투그릴 베크(재위 1037~1063)였다. 셀주크튀르크라는 제국이 역사에 등장하는 순간이다.

셀주크튀르크는 중앙아시아에 거주하던 투르크족이 이슬람 세력권으로 남하하면서 세운 나라로, 셀주크 가문이 주도하였다. 셀주크 가문은 페르시아 문화를 수용하면서 주변 지역으로 영역을 넓혀 갔는데, 비잔틴 제국(동로마 제국)과의 전투에서 승리하면서 제국으로서 기반을 마련하였다. 이로써 무함마드 사후 분열되어 있던 이슬람권을 하나의 거대한 제국으로 통일한 첫 왕조가 탄생한 것이다.

그러나 셀주크튀르크는 왕족 사이의 갈등을 겪으면서 여러 왕조로 흩어졌다. 그 후 십자군 원정과 몽골의 침략을 받아 14세기 초 역사 속으로 사라졌다.

나라만 사라졌을 뿐 투르크족은 더 큰 제국을 꿈꾸었다. '태양이 뜨는 곳'이라는 그리스어 Anatole에서 유래한 아나톨리아 지방은 오늘날 튀르키예를 중심으로 발칸반도까지를 가리키는 용어로, 고대에는 소아시아라고 불렀다. 이 지역에서 13세기 말에 처음 등장한 투르크 유목민 일족은 몽골 침략을 피해 남하하면서 점차 큰 세력을 형성, 오스만 1세가 거느린 집단이 강한 국가로 발전하였다. 그 후 메흐메드 1세와 2세, 술레이만 1세를 거치면서 유럽과 서아시아를 지배하는 강대한 제국으로 성장하였으니, 이것이 오스만 제국이다.

비잔틴 제국을 점령하면서 전성기를 맞은 오스만 제국은 한편으로는 군사적 대립을 통해, 다른 한편으로는 교역과 문화 교류를 통해 역사에 큰 족적을 남긴다.

그러나 1571년 베네치아와 에스파냐, 교황청이 합세한 연합함대와 투르크함대 사이에 레판토 해전이 벌어졌고, 이 싸움에서 투르크함대는 큰 피해를 입는다. 물론 강력한 오스만 제국은 이 피해를 이른 시간 내에 복구하였지만, 학자들에 따라서는 레판토 해전 패배를 오스만 제국이 하강하는 순간으로 보기도 한다.

그 후로도 오스만 제국은 오랫동안 이 지역에서 주도권을 행사했다. 한편 새로운 과학기술로 무장한 채 근대화에 박차를 가한 유럽 세력이 점차 강대해지자 이들과의 경쟁에서 처지기 시작했고, 자의반 타의반으로 행한 근대적 개혁도 큰 성과를 내지 못한 채 제1차 세계대전 시 독일 편에서 참전하였다. 그러나 이 전쟁에서도 패하였고, 케말 아타튀르크(케말 파샤라고 널리 알려져 있다)가 이끄는 개혁 세력에 맞선 튀르키예 독립 전쟁에서 패하면서 1922년, 600년이 넘는 역사에 마침표를 찍었다.

콘스탄티노플 함락을 그린 그림

오스만 왕조의 7번째 군주인 메흐메드 2세는 오스만 제국 건설 과정에서 콘스탄티노플을 정복함으로써 전기를 마련한 인물이다. 그는 제국의 체제를 공고히 하기보다는 대외적 팽창에 힘을 기울였다. 그 후 술레이만 1세가 등장해 오스만 제국은 전성기를 구가한다.

오스만 제국의 최대 강역

오스만 제국은 17세기 후반에는, 중동은 물론 유럽으로는 오스트리아에서 북아프리카 알제리까지를 장악하는 거대한 제국을 형성하였다. 오스만 제국의 최대 강역은 서아시아, 북아프리카와 동유럽 전체를 아우르는 거대한 제국이었다. 그러나 그 시대 제국은 오늘날 나라 개념과는 달라서 직접 통치와 자치 지역, 또 봉신이 다스리는 속국 등을 포함한 것이었다. 그 때문에 자료에 따라 오스만 제국 영토는 상이하게 나타난다.

오스만 제국의 마지막 황제 메흐메드 6세

1922년 11월 17일, 케말 아타튀르크(케말 파샤)가 술탄 정부 폐지를 선언한 후 궁을 나서고 있다.

그러나 튀르키예에도 어려움이 있으니 바로 쿠르드족 문제와 키프로스 문제이다. 앞서 살펴본 것처럼 쿠르드족은 지구상에서 국가를 갖지 못한 민족 가운데 숫자가 가장 많은데, 그 가운데서도 튀르키예에 거주하는 쿠르드족 규모가 가장 크다. 오늘날 튀르키예 쿠르드족 숫자는 튀르키예 인구의 1/5에 해당할 만큼 위협적이다. 튀르키예 남동부의 자치권을 주장하는 쿠르드노동자당(PKK)은 튀르키예를 상대로 무장투쟁을 벌이고 있으며, 그 외에도 쿠르드족은 이란, 이라크, 시리아 등지에서 기회가 닿는 대로 국가를 건설하기 위해 안간힘을 쓰고 있다. 이러한 움직임에 대해 튀르키예 정부는 우려와 함께 탄압으로 쿠르드족을 분쇄하고자 한다.

한편 키프로스는 지중해 동부에 있는 섬나라로, 1960년 영국으로부터 독립하였다. 이곳은 지정학적인 이유로 그리스계 국민 4/5, 튀르키예계 1/5 정도로 구성되어 있는데, 종교 역시 그리스정교와 이슬람교가 같은 비율로 차지하고 있다. 그런데 1974년 그리스의 지원을 받은 세력이 키프로스를 그리스에 합병시키려 쿠데타를 시도했고, 이에 자극받은 튀르키예가 공격에 나서 섬 북동부를 장악하기에 이른다. 그 후 튀르키예는 장악한 지역에 북키프로스 튀르키예 공화국을 수립하고 독립을 선언하였다. 그러나 국제사회는 이를 인정하지 않는다. 오늘날까지 이러한 대치 상태는 계속되고 있으며, 수도 니코시아는 지구상 유일의 분단 도시로 남아 있다.

키프로스 지역 현황

키프로스에는 과거 지배국이었던 영국의 군사기지가 현재도 설치되어 있다. 한편 튀르키예 영향 아래 있는 북키프로스 튀르키예 공화국과 그리스 영향 아래 있는 남부를 가로질러 우리나라 비무장지대와 비슷한 UN 관할 완충지대가 있다.

	국기	수도	면적 (단위: km²)	인구 (단위: 명)	인종 구성 (단위: %)	언어	종교 (단위: %)	1인당 GDP (단위: 달러)
튀르키예		앙카라	783,562	8,600만	투르크계 70 쿠르드계 20	튀르키예어	이슬람 95	14,000
키프로스		니코시아	9,251	130만	그리스계 78 튀르키예계 18	그리스어 튀르키예어	동방정교회 72 이슬람 25	35,000

쿠르드족

나라 없이 떠돌이 생활을 하는 민족 가운데 가장 많은 쿠르드족은, 통계가 불확실하지만 4천만 명 가까운 것으로 알려져 있다. 한 나라 인구가 4천만 명이라면 세계적으로 40위 내에 속한다는 사실을 떠올리면 쿠르드족이 얼마나 큰 규모인지 알 수 있다. 서아시아에서는 아랍인, 페르시아인, 튀르키예인에 이어 네 번째로 큰 규모의 민족이기도 하다.

쿠르드족은, 오늘날 대부분 쿠르드족이 거주하는 이란 북부와 튀르키예 남동부 고원 지방에서 오래전부터 거주해 온 것으로 알려져 있다. 수천 년 동안 자신들만의 문화와 언어를 지키며 살아온 이들은, 근대에 들어와 이 지역에 여러 나라가 수립되면서 수난을 겪는다. 새롭게 민족국가를 수립한 지역에서 타 민족인 쿠르드족을 달갑게 여기지 않았기 때문이다. 결국 쿠르드족은 이리저리 떠밀리다 오늘날의 거주지역으로 밀려났는데, 그곳은 대부분 척박한 산악지역이다.

오늘날 쿠르드족이 거주하는 지역은 튀르키예 남동부(약 1700만 명 추정), 이란 북서부(약 1천만 명 추정), 이라크 북부(약 7백만 명 추정), 시리아 북부(약 250만 명 추정)에 집중되어 있는데, 이 지역을 가리켜 쿠르디스탄이라고 부르기도 한다.

그 외에 독일에도 백만 명이 넘는 쿠르드족이 머물고 있으며, 프랑스·네덜란드·스웨덴·러시아·벨기에 등에도 수만 명에서 십만 명이 넘는 쿠르드족이 있다.

한편 이라크와 시리아에는 공식적으로 쿠르드 자치구가 있어, 그들 고유의 생활을 유지하고 있다.

쿠르드족의 독자적인 국기

쿠르드족이 모여 사는 지역을 쿠르디스탄이라고 부를 만큼 이들은 국가에 버금가는 집단을 형성한 채 살아가고 있다.

쿠르드인 거주 지역

쿠르드족은 국가도 없고 관리 주체도 없어서 인구를 비롯한 통계 자료가 부족하다. 지도는 20세기 말에 미 중앙정보국이 작성한 쿠르드족 거주 지도이다.

쿠르드족 출신 기업가, 함디 울르카야

미국 굴지의 요구르트 기업 초바니 소유주인 함디 울르카야는 전 세계 쿠르드족뿐 아니라 각국 난민과 소외된 이들을 위한 행동에 적극 나서고 있다.

호수에서 바다로, 카스피해

지구본을 보면 알 수 있듯이 카스피해는 사면이 육지로 둘러싸인 호수다. 그러나 2018년, 카스피해를 둘러싸고 있는 나라들이 합의하여 바다로 인정하였다. 왜 카스피해가 호수인지 바다인지가 중요할까?

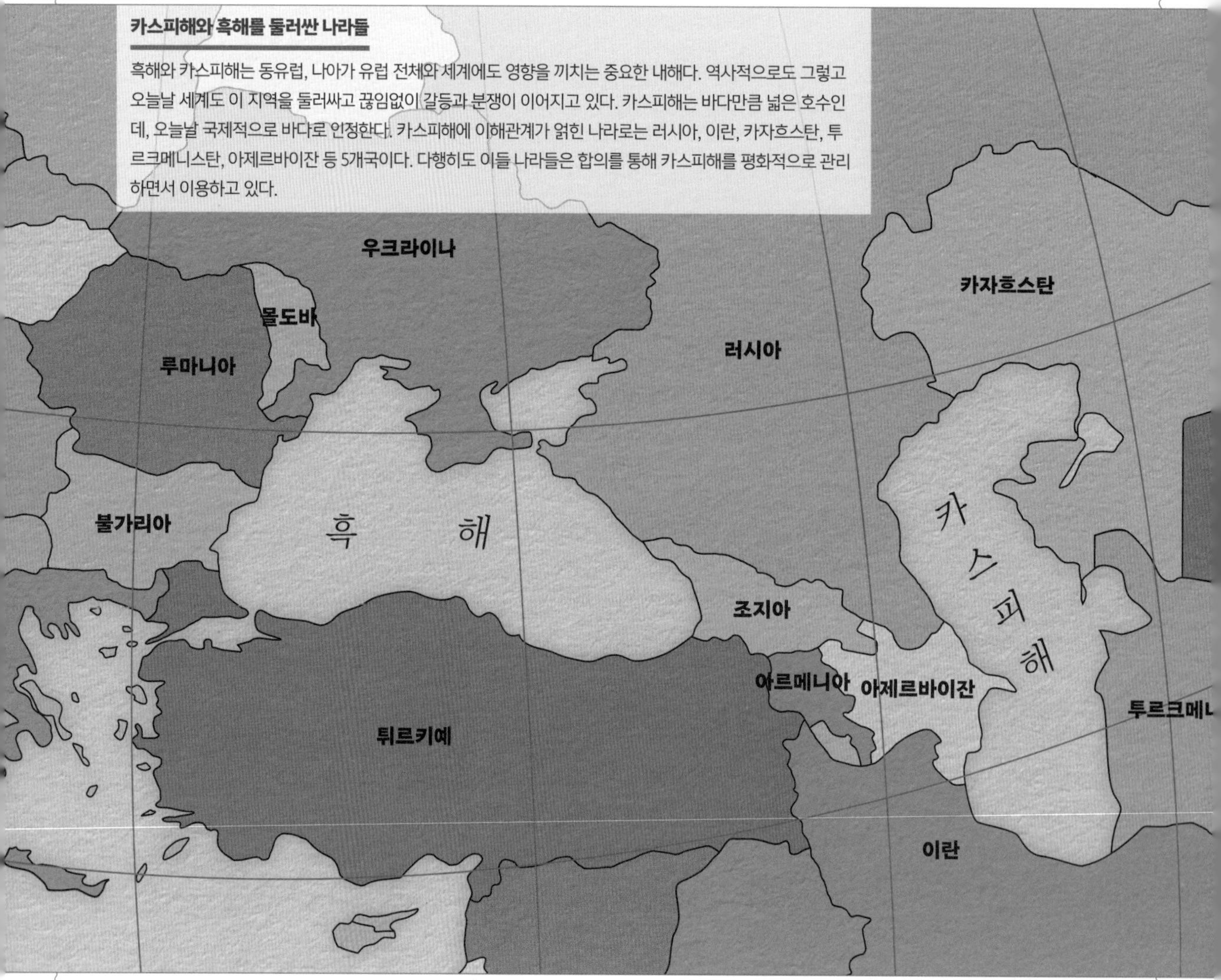

카스피해와 흑해를 둘러싼 나라들

흑해와 카스피해는 동유럽, 나아가 유럽 전체와 세계에도 영향을 끼치는 중요한 내해다. 역사적으로도 그렇고 오늘날 세계도 이 지역을 둘러싸고 끊임없이 갈등과 분쟁이 이어지고 있다. 카스피해는 바다만큼 넓은 호수인데, 오늘날 국제적으로 바다로 인정한다. 카스피해에 이해관계가 얽힌 나라로는 러시아, 이란, 카자흐스탄, 투르크메니스탄, 아제르바이잔 등 5개국이다. 다행히도 이들 나라들은 합의를 통해 카스피해를 평화적으로 관리하면서 이용하고 있다.

호수를 여러 나라가 둘러싸고 있는 경우 그 관리권은, 국제법에 따라 호수를 둘러싸고 있는 나라들이 자기 지분만큼 소유한다.

반면에 바다는 복잡하다. 바다에 접한 나라의 육지에서 12해리(1해리는 1,752미터)까지는 영해(영토에 인접한 해역)로 간주한다. 또 200해리까지는 배타적 경제수역을 설치해서 자원에 대한 독점적 권리를 행사한다.
그러나 카스피해는 그곳을 둘러싼 나라들이 영해를 선언하고, 배타적 경제수역을 설정할 만큼 넓지 않다. 그렇다고 해서 카스피해를 각 나라가 나누어 소유하기도 어렵다. 이런 까닭에 카스피해를 둘러싼 나라들의 이해관계에 따라 호수로 보고자 하는 나라가 있는가 하면 바다로 간주하는 나라도 있다.
다행히도 이해 당사국들이 합의를 이끌어내 카스피해를 둘러싼 갈등은 해소되었다.
본래 카스피해는 구소련과 이란이 둘러싸고 있던 호수였다. 그러나 구소련이 해체되고, 1991년 카자흐스탄, 투르크메니스탄, 아제르바이잔이 차례로 독립하면서, 이 지역에 대한 영유권을 주장할 수 있는 나라는 러시아와 이란을 포함해 다섯 국가로 늘어났다.
카스피해는 면적이 371,000km²로, 한반도 전체 면적의 2배에 가깝다. 카스피해는 5,000만~6,000만 년 전에는 대서양과 태평양에 연결되어 있었으며, 강이나 호수의 물처럼 염도가 높은 바다의 특성이 있다. 하지만 현재는 육지로 둘러싸인 내해로, 주변에서 강물이 지속적으로 유입되고 있어 호수와 유사한 생태계가 나타난다.
카스피해가 더욱 관심 지역으로 떠오른 것은 이곳이 세계에서도 손꼽히는 석유와 천연가스 매장 지역이기 때문이다. 그 외에 수산자원도 풍부하니, 당연히 인접국은 물론 세계 여러 나라의 관심을 끌 수밖에 없다.

아제르바이잔

면적 86,600㎢에 인구는 천만 명이 약간 넘는 아제르바이잔은 카스피해 서쪽에 위치한 국가로 수도는 바쿠다. 바쿠는 오래전부터 카스피해를 통한 동서 교역의 중심지로 역사가 오랜 만큼, 구시가지는 유네스코 세계문화유산에 등재되어 있다.
아제르바이잔은 지리적으로는 아시아에 속한다고 볼 수 있다. 지구본을 보면 알 수 있듯이, 아시아에 속하는 레바논이나 시리아보다도 더 동쪽인 서아시아에 있을 뿐 아니라, 일반적으로 아시아와 유럽의 경계로 여기는 튀르키예 이스탄불 앞을 흐르는 보스포루스 해협보다 훨씬 동쪽에 있기 때문이다. 그렇지만 아제르바이잔은 국제적으로 유럽에 속하며 유럽평의회, 유럽안보협력기구 등에 가입해서 활동 중이다. 유네스코에서도 카스피해 주변 국가들은 이란을 제외하고 모두 유럽에 포함한다. 이런 사실만 보아도 유럽과 아시아를 가르는 기준이 꼭 지리적인 것은 아니다.

아제르바이잔은 국민 대다수가 이슬람을 믿는 이슬람 국가로, 본래는 구소련에 속해 있었다. 그러다 구소련 해체와 더불어 독립하여 오늘에 이르고 있다.

아제르바이잔 수도 바쿠 구시가에 있는 처녀의 탑과 시르반샤 궁

유네스코 세계문화유산에 등재되어 있다.

아르메니아

아제르바이잔 바로 서쪽에는 나라 이름도 비슷한 아르메니아가 있다. 이름이 비슷하고 국경이 붙어 있다고 해서 두 나라가 친할 것이라고 여기면 오산이다. 두 나라는 구소련으로부터 각기 독립한 이후 전쟁을 치르며 교류도 없이 앙숙으로 지내고 있다. 가장 최근에는 2020년에 양보 없는 전쟁을 벌였다.

종교적으로도 두 나라는 극대점에 있다. 아제르바이잔 국민 95% 이상이 무슬림인 반면, 아르메니아는 세계에서 가장 먼저 기독교를 받아들인 나라다. 게다가 지도를 보면 알 수 있듯이 두 나라는 서로 상대방 국가 내에 자신들 영토가 있다. 이쯤 되면 사이가 좋은 게 이상할 정도다. 게다가 두 나라를 통해 자신들 이익을 보려는 주위 열강들까지 개입하고 있어 두 나라 사이에 평화가 올 날은 멀어 보인다.

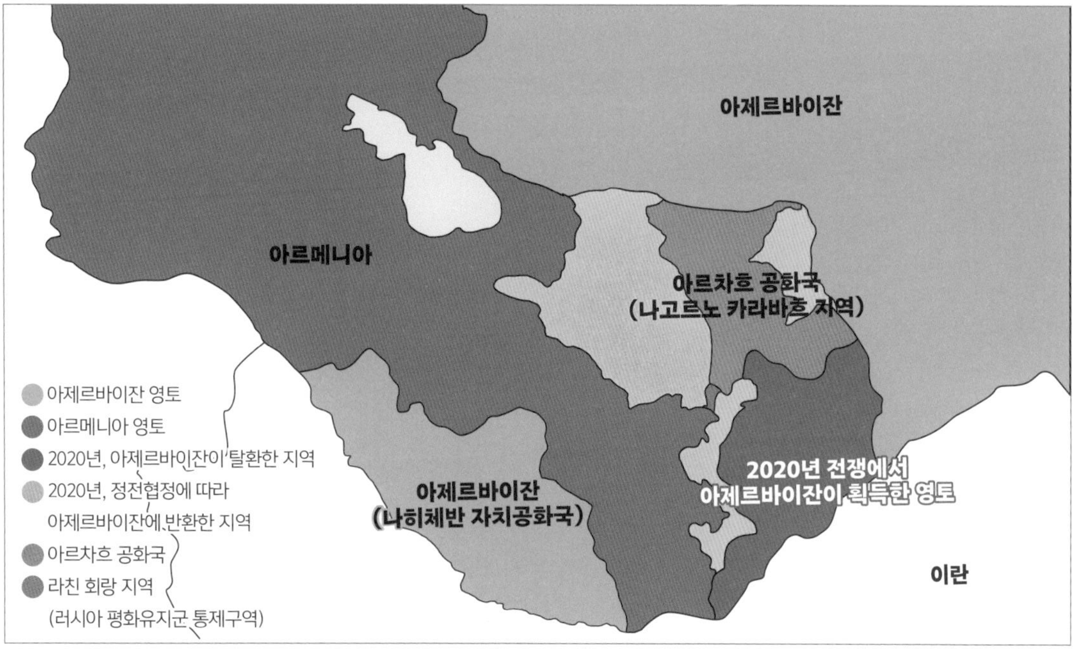

아르메니아-아제르바이잔 분규 지도

아제르바이잔 영토 내에 있는 나고르노-카라바흐 지역이 두 나라 사이에 발생하는 분규의 핵심이다. 이 지역은 아제르바이잔에 있지만 아르메니아인이 다수를 차지하는데, 이들은 아르메니아 편입을 주장하다가 최근에는 아르차흐 공화국으로 독립을 선언하였다. 국제사회는 이들을 아르메니아 괴뢰정부라고 여겨 승인하지 않고 있다. 두 나라는 이 지역을 둘러싸고 오래전부터 갈등을 빚었는데, 1992년에 벌인 전쟁에서는 아르메니아가 승리했다. 그러나 2020년 전쟁에서는 아제르바이잔이 승리했다.

조지아

면적 69,700km²에 400만 명에 가까운 인구를 보유한 조지아는 러시아와 인접한 유구한 역사를 가진 나라다. 구소련에 속해 있다 소련이 해체하면서 독립한 조지아는, 처음에는 나라 이름이 러시아어인 그루지아였다. 그러나 이후 영어인 조지아(Georgia)로 바꾸었는데, 러시아의 영향력에서 벗어나 서방 세계로 진입하려는 의지를 보여 주는 것이다.

그렇지만 지정학적 이유로 인해 조지아 내 영토인 아브하지아 자치공화국과 남오세티아를 놓고 국내의 반대파 또는 러시아와 갈등을 겪고 있다.

그럼에도 많은 관광객을 유치하여 명성이 점차 높아가고 있다.

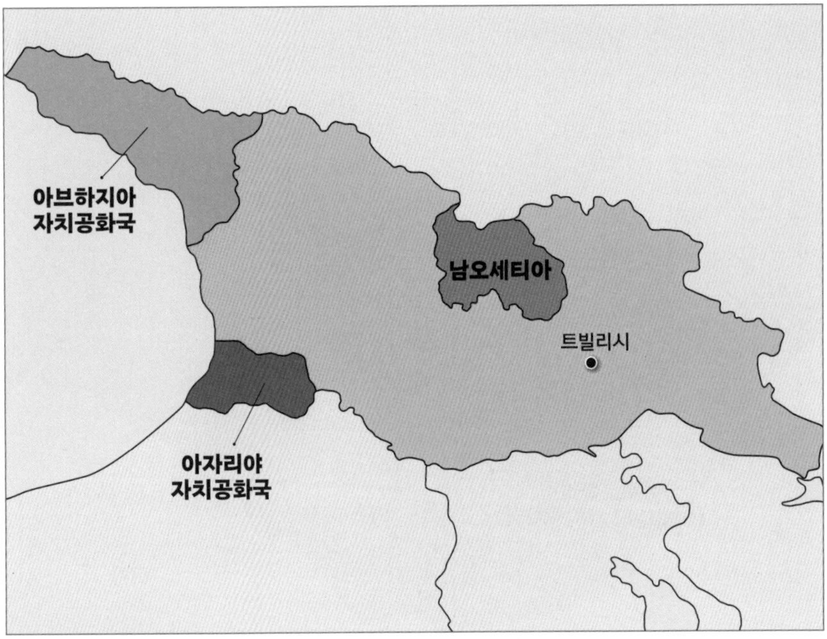

조지아 지역별 현황

조지아 서북쪽에 있는 아브하지아 자치공화국과 중북부에 있는 남오세티아는 조지아 정부의 영향력에서 벗어났다. 또 서남부에 있는 아자리야는 조지아 정부와 평화롭게 공존하고 있지만 자치공화국이다.

	국기	수도	면적 (단위: km^2)	인구 (단위: 명)	언어	종교 (단위: %)	1인당 GDP (단위: 달러)
아제르바이잔		바쿠	86,600	1,030만	아제르바이잔어	이슬람교 97 러시아정교 3	8,000
아르메니아		예레반	29,743	320만	아르메니아어	아르메니아 사도 교회 95	8,300
조지아	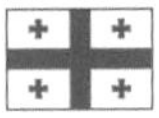	트빌리시	69,700	400만	조지아어	조지아정교 84 이슬람교 10	8,200

발칸반도

발칸반도를 지구본에서 찾아보자. 그리스가 자리하고 있는 땅이 발칸반도다. 발칸반도 바로 옆에는 이탈리아반도가 있다.

그러나 일반적으로 발칸반도는 그리스로부터 시작해 튀르키예의 유럽 쪽 영토, 불가리아·북마케도니아·알바니아·코소보·세르비아·몬테네그로·보스니아-헤르체고비나·크로아티아·슬로베니아 등 과거 유고슬라비아 연방에 속했던 여러 나라까지 포괄한다. 경우에 따라서는 불가리아 북쪽 루마니아까지 포함한다. 발칸반도는 알렉산드로스(기원전 356~기원전 323) 대왕 때부터 여러 세력이 주도권을 놓고 싸우던 지역으로, 근대에 이르러서도 오스트리아·러시아·영국·이탈리아 등 강대국들 영향 아래 있었다. 그런 까닭에 발칸반도를 '유럽의 화약고'라 불렀고, 결국 제1차 세계대전이 이곳에서 점화되었다.

발칸반도 현황

일반적으로 발칸반도라고 하면 이오니아해와 에게해 사이에 놓인 그리스만을 가리키지 않고, 서쪽으로는 아드리아해, 동쪽으로는 흑해가 둘러싸고 있는 넓은 면적을 가리킨다.

그리스는 그리스

고대 그리스를 빼놓고 유럽을 이야기할 수 없다. 그만큼 그리스는 오늘날 유럽, 나아가 근대 세계를 설명할 때 빠질 수 없는 지역이다. 그리스는 4대 문명의 발상지는 아니지만 정치·문화·종교·신화·철학 등 분야에서 4대 문명 발상지보다 서양에 더 큰 영향력을 행사했다. 그래서 그리스어와 로마 제국이 사용하던 라틴어는 서양 문화를 이해하는 데 필수적이기도 하다.

그리스는 청동기 시대 미케네 문명과, 크레타섬을 중심으로 번창한 크레타 문명의 발상지다. 그 후에는 민주주의 발상지 아테네를 비롯해 스파르타 등 수많은 도시국가가 그리스에서 비롯하였다.

에게 문명이 일어난 강역

그리스 본토를 중심으로 일어난 에게 문명은 크게 크레타 문명과 미케네 문명으로 구성되었다. 크레타 문명은 지중해에 위치한 크레타섬에서 일어난 인류 최초의 해양 문명으로 볼 수 있다. 크레타섬은 유럽 본토와는 달리 이집트를 비롯한 오리엔트 세계와의 교류를 통해 놀라운 문명을 건설했다.

그러나 후에 북쪽에서 내려온 아카이아인(고대 그리스인)이 그리스 남부 해안 지방에 미케네 문명을 건설하기 시작하자, 그들과의 경쟁에서 처지기 시작했다.

미케네 문명은 동쪽 진출을 감행, 트로이 전쟁에서 승리하면서 전성기를 맞이했다.

그러나 기원전 1200년 무렵 도리아인이 남하하면서 미케네 문명은 종말을 맞이하게 된다.

기원전 334년 알렉산드로스 대왕 정복 이후에는 그리스 문화와 오리엔트 문화가 서로 영향을 주고받으며 독특한 헬레니즘(Hellenism) 문명을 형성하였다. 헬레니즘은 세계 시민주의·개인주의적 경향과 함께 자연과학에 대한 깊은 관심을 보인 문화 사조로, 고대 기독교 문화와 전통, 철학을 가리키는 헤브라이즘(Hebraism)과 함께 유럽 사상과 문화를 형성하는 2대 원류이다.

그러나 융성하던 그리스는 로마가 기세를 올리기 시작하면서 로마의 속주(屬州)가 되었고, 비잔틴 제국(동로마 제국) 멸망 후에는 오스만 제국 수중으로 들어갔다. 그 후 오스만 제국이 쇠퇴기에 들어서면서 독립운동을 활발히 전개했고, 1829년 독립하였다.

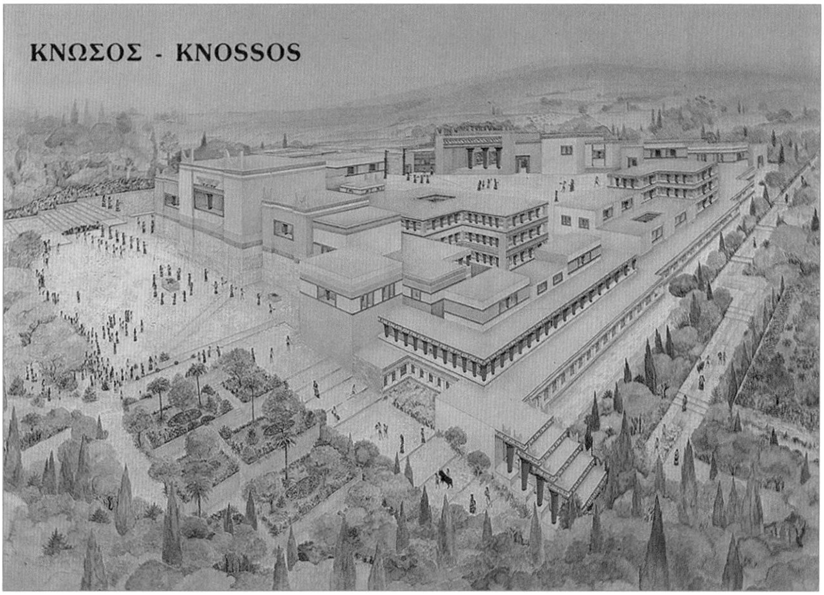

신화와 역사가 혼재하는 크노소스 궁전

크노소스 궁전을 건설한 크레타 왕 미노스는 그리스 신화 주인공으로 유명하다. 포세이돈이 신에게 바치라며 준 황소를 미노스가 바치지 않자, 미노스 아내 파시파에가 황소를 사랑하게 만들었고, 파시파에는 머리는 소고 몸은 사람인 미노타우로스를 낳았다. 이에 미노스는 다이달로스에게 누구도 빠져나올 수 없는 미궁(라비린토스)을 짓게 한 후 미노타우로스를 그곳에 가두었다. 이후 아테네에 전염병이 돌아 소년 소녀를 미노타우로스에게 바쳐야 했고, 테세우스는 미노타우로스를 처치하기 위해 미궁으로 들어갔다. 테세우스는 미노스의 딸 아리아드네가 알려 준 대로, 들어갈 때는 실뭉치를 풀었고, 미노타우로스를 제거한 후 나올 때는 그 실을 따라 나왔다. 이에 화가 난 미노스는 다이달로스와 그의 아들 이카로스를 미궁에 가두었는데, 다이달로스는 새들의 깃털을 모은 후 밀랍으로 붙이고 자신과 아들을 위한 날개를 만들었다. 두 사람은 날개를 이용해 하늘로 날아올랐는데, 아들 이카로스는 태양 가까이 가면 밀랍이 녹아 날개가 떨어진다는 아버지의 경고를 무시하고 너무 높게 날았다가 그만 바다로 추락해 목숨을 잃었다. 현재 남아 있는 잔해와 유적지를 이용해 만든 상상 속 크노소스 궁 모습은 지금부터 약 4천 년 전 건축이라고 하기 힘들 만큼 대단하다.

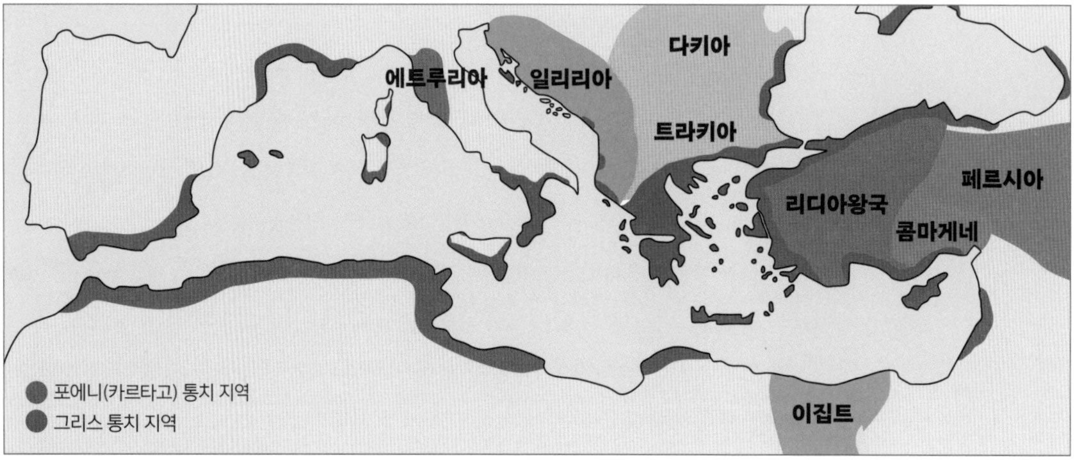

기원전 550년 무렵 지중해 주변 현황

이 무렵 지중해 주변은 고대 그리스와 카르타고가 장악하고 있었는데, 포에니 전쟁에서 그리스가 승리하면서 카르타고는 자취를 감추었다.

불가리아

불가리아 역사는 기원전부터 시작한다. 그 후 로마 제국에 속했다가 7세기 후반에 이르러 불가리아인들의 나라를 처음 세우면서 기독교를 받아들였다. 13세기 무렵 몽골 침략을 시작으로 오스만 제국의 통치를 받으며 고대 불가리아는 역사 속으로 사라졌다. 그러다 1878년, 러시아-오스만 제국 전쟁 결과 불가리아는 자치 공국이 되었고, 다시 1908년 독립을 선언하였다.

이후에도 수난은 계속되어, 제2차 세계대전 이후 불가리아는 왕정을 폐지하고 소련의 영향력 아래 사회주의 국가가 되었다. 그리고 1989년, 구소련 해체 이후 사회주의 정권이 붕괴하면서 1991년 불가리아 공화국으로 재출발하였다.

구유고연방 국가들

지구본에서 발칸반도 서북부를 살펴보면 작은 나라들이 빼곡하게 들어차 있다. 유럽 여러 나라는 다른 대륙 나라들에 비해 면적이 좁다. 좁은 지역에 많은 나라가 몰려 있으니 갈등의 소지가 많다. 그런데 발칸반도 주변은 나라 밀도가 더 빼곡하다. 또한 이곳은 유럽과 소아시아를 연결하는 주요 통로이기도 해서 오래 전부터 여러 민족과 종교가 교류하던 곳이다.

사실 역사를 살펴보면, 민족과 종교가 교류 과정에서 화합을 하는 경우는 드물다. 결국 이 지역에서는 민족간·종교간 갈등이 일어났고, 그 과정에서 '유럽의 화약고'라는 좋지 않은 별명까지 얻었다.

화약고는 결국 제1차 세계대전이라는 불씨가 점화를 하였는데, 전쟁이 끝난 오늘날에도 이곳을 둘러싼 분쟁과 갈등은 끊임없이 이어지고 있다.

알렉산드로스 대왕이 이 지역을 점령한 후로 로마 제국, 비잔틴 제국, 오스만 제국의 지배를 거쳤고, 그 과정에서 이슬람교·가톨릭교·그리스정교 등 종교 갈등, 그리고 슬라브족과 게르만족, 나아가 그리스계·튀르키예계·불가리아계·세르비아계 등 다양한 민족과 언어가 섞이면서 갈등은 점차 고조되었다.

지역적으로도 서쪽 슬로베니아와 크로아티아는 서로마 제국의 영향 아래 경제적으로 풍요로웠던 반면, 동쪽 나라들은 동로마 제국 지배를 거치면서 서쪽에 비해 경제적으로 낙후하였다.

19세기에 이르러 오스만 제국의 지배가 끝나면서 여러 지역이 독립을 외쳤으나 안정을 찾지는 못했다.

제1차 세계대전이 오스트리아-헝가리 제국의 패배로 끝날 무렵, 슬라브 민족은 세르비아·마케도니아·몬테네그로·크로아티아·슬로베니아·보스니아-헤르체고비나·보이보디나를 통합하여 '세르비아-크로아티아-슬로베니아 왕국'이라는

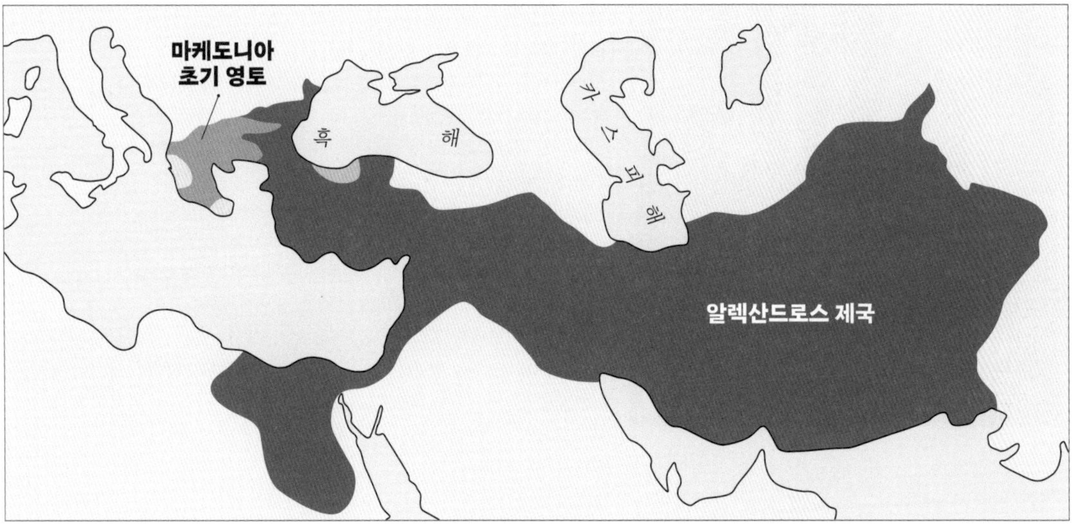

알렉산드로스 제국의 출발과 최대 강역

긴 이름의 국가를 수립하였다. 이 나라는 1929년에 이르러 유고슬라비아 왕국이라고 국호를 변경하였는데, 유고슬라비아는 '남쪽 슬라브족 땅'이라는 뜻이다. 그 후 제2차 세계대전이 끝나면서 그 지역에서 독일에 맞서 게릴라 투쟁을 하던 공산주의 지도자 요시프 브로즈 티토(Josip Broz Tito, 1892~1980)가 유고슬라비아 사회주의 연방 공화국(유고연방)을 수립하였고, 그때부터 약 50년간 유고슬라비아는 동유럽의 강국으로 자리매김하였다.

그러나 1980년, 티토가 사망하면서 연방은 급격히 와해되었고, 1989년 구소련 해체와 더불어 유고연방 역시 여러 나라로 흩어졌다.

한편 여러 나라로 흩어지는 과정이 순탄하지 않았는데, 수많은 사람들을 학살하는 이른바 '인종청소'라는 섬뜩한 일도 벌어졌다. 이에 UN이 중재에 나서고 NATO(북대서양 조약기구)가 군사력을 동원한 끝에 잔인한 학살이 중단되었다. 그렇다고 모든 갈등이 사라진 것은 아니었다. 이 지역에 다양한 인종, 종교, 나라가 존재하는 한, 갈등은 지속할 것이라는 전망이다.

요시프 티토와 영국 여왕 엘리자베스 2세 모습(1972)

크로아티아 노동자 출신 티토는 제1차 세계대전에 참전했다가 러시아군의 포로가 되었고, 이때부터 사회주의 혁명에 투신한다. 귀국 후에는 투옥되기도 했고, 스페인 내전에 참가해 프랑코 독재에 맞서 싸우기도 했으며, 제2차 세계대전이 발발하자 빨치산을 조직하여 독일, 이탈리아와 맞섰다. 세계대전이 끝난 후에는 수상을 거쳐 1953년에 유고슬라비아 초대 대통령에 올랐다.

그러나 티토는 사회주의 혁명에 투신한 후 구소련에 의지하지 않고 독자 노선을 걸었으며, 이 때문에 소련으로부터 배척당하기도 하였다. 그럼에도 미국과 소련, 어느 쪽에도 기울지 않는 비동맹 그룹을 인도 네루 수상 등과 결성하고 이끌었다.

그 후 소련도 그의 지도력을 인정한 후 관계 개선에 나설 만큼 티토는 세계적인 지도자 반열에 올랐다. 그는 다양한 민족, 언어, 종교, 인종의 영향으로 '발칸의 화약고'라고 불리던 지역을 높은 경제성장과 평화를 구가하는 지역으로 변화시켰고, 그 결과 유고연방은 동유럽에서 가장 부강한 나라가 되었다. 이에 1974년, 연방의회는 그를 종신 대통령으로 선출하기에 이른다.

그러나 그가 1980년 사망하자, 유고연방은 급격히 어려움을 맞게 된다. 임시로 채택한 집단지도체제는 구심점을 잃고 극단적인 민족주의자들이 득세하였으며, 경제는 곤두박질친다.

그런 와중에 구소련이 붕괴하면서 이 지역은 과거와 같은 혼란에 빠지고 만다.

유고연방 해체와 국가별 분리 과정 (괄호 안은 독립 연도)

유고연방
1945년 제2차 세계대전 후 6개 공화국(슬로베니아·크로아티아·보스니아헤르체고비나·세르비아·마케도니아·몬테네그로)과 2개 자치주(보이보디나·코소보)로 구성

신유고연방
1991년 구유고연방이 해체된 뒤 세르비아와 몬테네그로 두 공화국으로 구성

	국기	수도	면적 (단위: km²)	인구 (단위: 명)	인종 구성 (단위: %)	언어	종교 (단위: %)	1인당 GDP (단위: 달러)
슬로베니아		류블랴나	20,271	210만	슬로베니아계 83	슬로베니아어	가톨릭 73 그리스정교 4	33,000
크로아티아		자그레브	56,594	400만	크로아티아계 92	크로아티아어	가톨릭 80	21,000
세르비아		베오그라드	88,499	700만	세르비아계 84	세르비아어	세르비아정교 81 이슬람 4	12,000
몬테네그로		포드고리차	13,812	65만	몬테네그로계 45 세르비아계 30 보스니아계 9 알바니아계 5	몬테네그로어	동방정교 75 이슬람 20	12,000
보스니아-헤르체고비나		사라예보	51,219	350만	보스니아계 50 세르비아계 31 크로아티아계 15	보스니아어 세르비아어 크로아티아어	이슬람 51 세르비아정교 31 가톨릭 15	8,400
코소보		프리슈티나	10,887	180만	알바니아계 92 세르비아계 4	알바니아어 세르비아어	이슬람 93 기독교 6	6,400
북마케도니아		스코페	25,713	200만	마케도니아계 60 알바니아계 24 튀르크계 4	마케도니아어 알바니아어	동방정교 46 이슬람 30	7,700

유고연방의 해체 과정에는 많은 나라와 복잡한 사건이 얽혀 있다.

우선 크로아티아와 슬로베니아의 독립 과정을 살펴보자.

두 나라는 유고연방에서 경제적으로 가장 풍요로운 나라들로, 유고연방 시절부터 자신들의 부를 다른 지역과 나누는 것에 불만이 많았다. 그러다 구소련이 해체되자 이를 기회로 독립을 선언하였다.

유고연방 해체와 슬로베니아, 크로아티아 독립 과정	
1980년 5월	티토 사망.
1989년	구소련 해체. 그 후 동유럽 각국의 민주화와 독립 기운이 고조됨.
1990년 12월	슬로베니아 국민투표에서 88%가 독립을 지지.
1991년 5월	크로아티아 주민투표에서 유고연방에서 독립하자는 비율이 94%에 달함.
1991년 6월 25일	슬로베니아와 크로아티아가 독립을 선언.
1991년 6월 17일	유고연방군이 슬로베니아와 크로아티아 공격에 나섬.
1991년 10월 25일	유고연방군이 슬로베니아에서 완전 철수.
1991년 12월	크로아티아 내에 있는 세르비아계 자치구가 '크라이너'로 독립을 선언.
1992년 1월	EU가 슬로베니아와 크로아티아 독립을 승인.
1992년 3월	UN 평화유지군을 크로아티아에 파견, 정전 감시 활동 전개.
1992년 5월 22일	슬로베니아·크로아티아·보스니아헤르체고비나 UN 가입.
1993년 1월	크로아티아군이 '크라이너' 공격으로 내전 발발.
1995년 8월	크라이너를 크로아티아에 병합.

다음은 북마케도니아 독립 과정이다. 북마케도니아는 나라 이름이 독특한데, 지구상에 마케도니아라는 나라는 없다. 그런데도 북마케도니아라는 이름을 쓸 수밖에 없는 데는 그만한 사정이 있다.

북마케도니아 독립 과정	
1991년 9월	'마케도니아 공화국'으로 독립 선언.
1993년	마케도니아라는 국명 사용을 그리스가 반대한 까닭에 '구유고슬라비아 마케도니아 공화국'이라는 국명으로 UN 가입. (알렉산드로스 대왕이 그리스계 인물이며, 그리스에도 마케도니아라는 지명이 있다는 이유에서였음.)

2019년 2월	그리스 의회 승인 아래 '북마케도니아 공화국(Republic of North Macedonia)'이라는 국명을 확정.
2020년 3월	NATO 가입.

이번에는 보스니아헤르체고비나 독립 과정이다. 보스니아헤르체고비나와 세르비아 두 나라 사이에 독립을 두고 벌인 내전은 20세기에 벌인 가장 잔인하고 비윤리적인 학살 가운데 하나로 역사는 기록하고 있다.

보스니아헤르체코비나 독립 과정

1991년 10월	보스니아헤르체고비나가 크로아티아, 슬로베니아, 북마케도니아에 이어 유고연방으로부터 독립을 선언.
1992년 2월	이슬람교도와 크로아티아인 지도부가 국민투표를 거쳐 독립을 결정. 이때 세르비아인들은 투표를 거부.
1992년 4월	EU가 보스니아헤르체고비나의 독립을 승인. 이에 세르비아인들은 몬테네그로와 함께 '신유고연방'을 결성.
1992년 5월	보스니아헤르체고비나가 UN에 가입. 이에 세르비아계가 주축이 되어 보스니아헤르체고비나와 크로아티아를 상대로 내전 시작.
1995년 12월	데이턴 평화협정을 통해 보스니아헤르체고비나 연방과 자치령인 스릅스카 공화국의 1국 2체제로 확정. 세르비아계가 주류인 스릅스카 공화국은 자신들만의 행정조직을 운영.

보스니아헤르체고비나 연방*과 스릅스카 공화국으로 구성된 보스니아-헤르체고비나**

각기 국토를 절반 정도씩 차지하고 있는 두 정부는 민족적으로나 종교적으로나 이질적이다. 두 정부는 각기 행정부, 입법부, 사법부를 운영한다. 또 국토 북부에 있는 브르치코 행정구는 연방과 공화국에 공동 소속되어 있는 지역으로, 이곳 역시 독자적인 행정, 입법, 사법부를 보유한 자치구다.

* 보스니아계와 크로아티아계 민족, 그리고 이슬람교가 중심을 이룸.

** 세르비아계 민족, 그리고 기독교가 중심을 이룸.

보스니아헤르체고비나 독립 과정은 무척 어려웠다. 세르비아인들이 보스니아 땅이야말로 자신들의 본거지라고 여겼으며, 또한 보스니아에는 세르비아인들이 상당수 거주하고 있기 때문이다. 게다가 보스니아를 이슬람교도들에게 넘겨주는 것은 과거에 오스만 제국에 패한 역사와 일맥상통한다고 보았다. 그리하여 유고연방 지도자인 슬로보단 밀로셰비치(Slobodan Milosevic, 1941~2006)는 대(大)세르비아주의를 내세우며 내전을 부추겼다. 내전 과정에서 무수히 많은 사람들이 피해를 입었는데, 이때 무슬림에 대한 '인종 청소'라는 잔학한 일이 벌어지면서 세계인의 비난을 받았다.

결국 나토(NATO)까지 나서 세르비아를 응징했고, 이런 과정을 거쳐 1995년 분리·독립했다. 그러나 그 후에도 세르비아인들이 주를 이루는 스릅스카 공화국이 자치령으로 남는 등 갈등의 불씨는 여전하다.

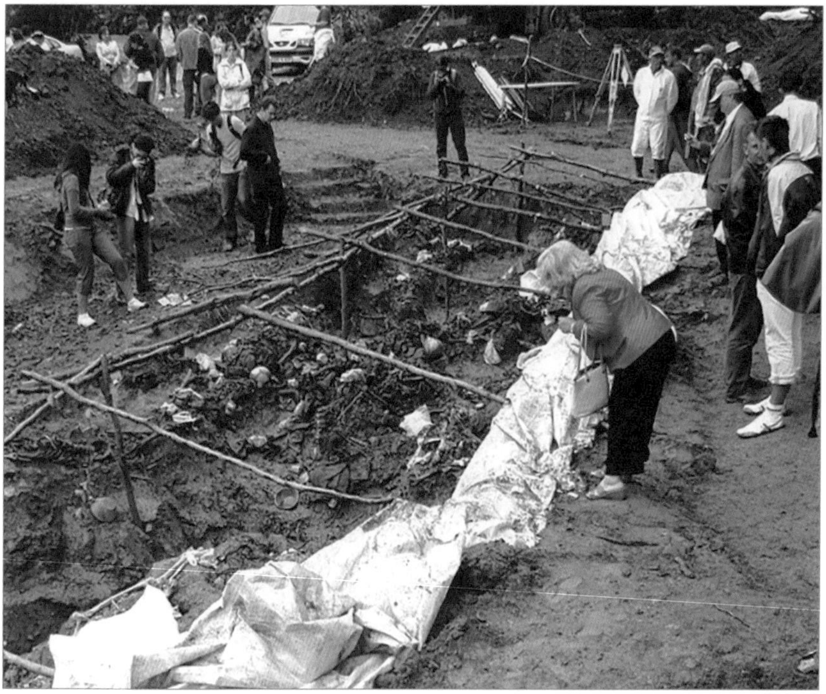

보스니아에서 자행된 인종 청소 현장을 확인하는 국제 대표단

인종 청소란 특정 인종이나 민족을 강제로 말살하려는 행위로, 지구상에서 여러 번 자행되었다. 훗날 보스니아에서 인종 청소 정책을 펼친 자들에게는 국제형사법원이 유죄를 선고했다.

이번에는 코소보와 몬테네그로 독립 과정이다. 두 나라는 마지막까지 세르비아와 함께 유고연방을 유지하다가 독립하였다. 한편 코소보와 몬테네그로가 독립해 나가면서 옛 유고연방에서는 세르비아만 남아 2006년 세르비아 공화국으로 거듭났다.

코소보와 몬테네그로 독립 과정

1991년	코소보 분리주의자들이 코소보 공화국 선포.
1992년 4월	세르비아와 몬테네그로, 두 공화국과 보이보디나, 코소보 2개 자치주가 모여 '유고슬라비아 연방공화국(신유고연방)'을 결성.
1996년 이후	코소보에서 코소보 독립을 요구하는 코소보해방군과 세르비아군 사이에 내전 발발.
1999년 3월	NATO, 세르비아에 대한 공습 개시.
1999년 6월	세르비아, 코소보에서 철수.
2006년 5월	세르비아 몬테네그로의 분리 독립 투표를 실시하여, 독립 가결.
2006년 6월	몬테네그로 독립.
2008년 2월	코소보, 세르비아로부터 독립 선언. 그러나 세르비아는 코소보 독립을 인정하지 않음.
2010년	국제사법재판소, 코소보 독립 선언 인정.

코소보는 국민 대부분이 알바니아계 주민이자 무슬림이다. 구소련 해체 이후 코소보는 독립을 요구했으나 세르비아의 반대에 부딪혀 오랜 기간 내전을 벌여 왔는데, 그 과정에서 알바니아계 무슬림에 대한 무차별 학살이 이루어지는 등 국제사회에 큰 충격을 준 사건이 발생했다. 지금도 코소보는 세르비아를 비롯한 많은 나라의 반대로 UN 가입을 못하고 있다.

반면에 몬테네그로는 세르비아와 깊은 유대 관계를 맺어온 까닭에 별 충돌 없이 독립했다.

발칸 지역의 종교 지도

특히 구유고연방 지역의 종교 분포가 복잡하다.

알바니아

그 지역 다른 나라와 마찬가지로 오스만 제국 통치를 받던 알바니아는 1912년에 독립을 선언하였다. 이후 공국에서 공화국을 거쳐 군주제를 시행했으나, 제2차 세계대전 와중에 이탈리아 통치를 거쳐 독일이 점령하기에 이른다. 그러나 독일이 패하면서 알바니아에는 사회주의 공화국이 수립된다. 알바니아는 이후 소련과의 협력마저 거부하면서 폐쇄적인 정책을 펼쳐 유럽의 낙후 국가로 변모하고 말았다.

구소련 해체 후에는 알바니아 공화국으로 거듭났다.

앞서 살펴본 것처럼 세르비아 자치주인 코소보 내전 때 알바니아계 주민들이 대량 학살당한 아픔을 겪어 세르비아와는 사이가 좋지 않은 반면, 코소보와는 친밀한 관계를 유지하고 있다.

	국기	수도	면적 (단위: km^2)	인구 (단위: 명)	언어	종교 (단위: %)	1인당 GDP (단위: 달러)
알바니아		티라나	28,748	280만	알바니아어	이슬람 60 기독교 17	9,000

알바니아의 유서 깊은 도시, 슈코더르

알바니아 수도는 티라나로 인구는 50만 명에 한참 못 미친다. 알바니아 전체 인구가 300만 명이 안 되니 수도 인구 역시 많지 않다. 슈코더르는 인구가 많지 않은 알바니아에서 다섯 번째 규모 도시로 인구는 10만 명도 안 된다. 그러나 북부 알바니아의 중심 도시이자 역사적으로 유래가 깊은 곳으로 역사적·문화적으로 중요한 유적이 많다.

흑해 주변 국가들

동서 길이 1,150km, 남북 최대 길이 610km, 면적 41만 3,000km², 최대수심 2,212m인 흑해는 말 그대로 '검은 바다'다.

왜 그런 이름이 붙었는가에 대해서는 두 가지 주장이 있다.

하나는 15세기 무렵 이 지역을 지배하던 오스만 제국 시대에, 이곳을 항해하던 배들이 폭풍이나 짙은 안개로 고통을 겪으면서 '무서운 바다'라는 뜻에서 흑해라고 불렀다는 것이다.

다른 하나는 흑해가 보스포루스 해협을 통해 연결된 에게해와 관련이 있다. 흑해는 소금 농도가 다른 바다에 비해 옅다. 일반적으로 바다의 염분은 35‰(퍼밀)인데, 흑해는 18‰ 정도다. ‰은 해수 1,000g 중에 용해된 염류의 양(g)을 가리키는 기호로, 흑해의 물 1,000g 중에는 18g의 소금이 있는 셈이다. 그래서 보스포루스 해협을 통해 들어오는 농도 높은 지중해 물이 흑해 물을 위로 밀어 올린다. 당연히 흑해 아래쪽은 염분이 높을 수밖에 없다. 이에 깊은 바다에서는 산소 부족으로 박테리아들이 죽어 황화수소를 발생시키는데, 황화수소가 검은색이어서 멀리서 보면 바다가 검게 보인다고 한다. 어느 쪽이건 썩 기분 좋은 바다는 아닌 셈이다.

부동항(不動港)

부동항은 말 그대로 얼지 않는 항구를 가리킨다. 3면이 바다인 우리는 모든 항구가 부동항이라 부동항의 중요성을 깨닫지 못한다. 그러나 추운 북쪽 나라들은 겨울에 항구가 얼면 해군함정 그리고 상선도 움직일 수 없다. 이는 나라의 경제와 군사력에 큰 영향을 끼친다. 이에 북쪽 여러 나라들은 부동항을 확보하기 위해 오래 전부터 힘을 기울였다.

흑해는 오래전부터 그리스와 주변 국가들 사이를 연결하는 해양 교통의 요지였다. 특히 흑해는 러시아와 흑해 주변국들에게 없어서는 안 될 부동항(不凍港, 사계절 얼지 않는 항구)이 있는 바다였다. 흑해는 바로 옆 카스피해와 면적은 비슷하지만 지중해와 뱃길로 연결되는 반면, 카스피해는 사방이 육지로 막힌 호수 형태라서 대형 함선이 대륙 밖으로 나갈 수 없었다. 그러니 흑해를 둘러싸고 여러 나라가 각축전을 벌인 것은 당연하다.

크림 전쟁

1853년에 시작해 1856년, 파리 강화조약으로 끝난 크림 전쟁은, 흑해를 둘러싸고 열강이 벌인 각축전 가운데 가장 유명하다.

러시아는 튀르키예 지방으로 세력을 넓히려고, 흑해를 분점하고 있던 오스만 제국을 상대로 공격을 개시했고, 전쟁 초기에는 러시아가 오스만 제국을 격파했다. 이에 러시아의 세력 확대를 경계한 영국·프랑스는 오스만 제국을 지지하

크림 전쟁 초기 러시아 흑해 함대의 폭격을 받아 전멸당한 투르크 함대 모습

_이반 아이바조프스키 작

크림반도 요충지인 세바스토폴항을 둘러싸고 벌인 전투 그림_조지 박스터 작

세바스토폴항을 지키려는 러시아군과 이를 빼앗고자 하는 영국-프랑스-투르크군 사이에 11개월에 걸친 공방전이 벌어졌다. 연합군 측에서는 13만여 명이 전투와 질병 등으로 사망하고, 러시아군에서는 10만여 명이 같은 이유로 사망하였다.

나이팅게일의 활동을 그린 그림_제리 바렛 작

영국 출신 간호사 나이팅게일은 크림 전쟁 중 이스탄불 야전병원장으로 일하면서 간호사 제도 확립, 의료 집중 관리, 오수 처리 등에서 획기적인 진전을 이루었다. 오늘날 간호사가 되고자 하는 학생들이 하는 〈나이팅게일 선서〉는 나이팅게일과는 상관없이 만든 것이다. 〈나이팅게일 선서〉를 처음 사용한 것은 1893년 미국 파라나 간호학교였는데, 내용에 종교적인 색채가 담겨 있을 뿐 아니라 현대 여성관과도 맞지 않아 비판을 받으면서 수정을 거쳤다. 실제로 나이팅게일은 종교와 분리된 전문적 간호를 주장했다.

며 크림반도에 위치한 세바스토폴 포위에 나섰다. 1년 가까이 영국-프랑스-투르크 군의 공격을 막아내던 러시아군은 결국 패하여 철수할 수밖에 없었다.

크림 전쟁에서 패하자, 러시아 사회에서는 근대화에 대한 요구가 확대되었고, 급기야 농노해방 등 개혁 정책을 추진하며 새로운 러시아 건설에 나섰다.

한편 크림 전쟁 하면 떠오르는 인물이 나이팅게일(1820~1910)이다. 영국 간호사였던 나이팅게일은 이 전쟁에 참여하면서 새로운 의료와 근대적 간호 체제를 확립한 것으로 유명하다.

흑해를 둘러싼 나라들로는 튀르키예, 불가리아, 루마니아, 몰도바, 우크라이나, 러시아, 조지아 등이 있다.

흑해와 주변 국가들

	국기	수도	면적 (단위: km²)	인구 (단위: 명)	언어	종교 (단위: %)	1인당 GDP (단위: 달러)
루마니아		부쿠레슈티	238,397	2,000만	루마니아어	기독교 85	20,000
몰도바		키시네프	33,843	260만	루마니아어	기독교 92	6,500
우크라이나		키이우(러시아어로 '키예프')	603,628	3,300만	우크라이나어	기독교 88	5,300

루마니아

238,397km²의 면적에 2,000만 명 가까운 인구를 가진 루마니아는 주민 대부분이 기독교 신자다. 루마니아 역시 주변 국가들과 마찬가지로 오스만 제국의 지배를 받다가 1881년, 루마니아 왕국으로 독립하였다.

제2차 세계대전이 끝나자 동유럽 여러 나라처럼 1947년, 루마니아 인민공화국을 선포하면서 구소련의 영향력 아래 들어갔다. 그 후 1965년경, 소련으로부터 벗어나겠다고 선언하면서 독자적인 권력 행사를 시작하였다.

그러나 차우셰스쿠라는 독재자가 1967년 대통령에 취임하면서 비극은 시작되었다. 그는 약 22년간 족벌체제를 구축한 뒤 나라를 사유화하였다. 결국 국민들의 무장봉기로 차우셰스쿠 정권은 무너지고 그는 공개 처형되었다.

이후 루마니아는 독자적인 민주주의 제도를 시행했으며, 오늘날은 경제적으로도 주변 여러 나라에 비해 높은 성과를 거두고 있다.

다뉴브강

다뉴브강(Danube)은 유럽을 다녀오지 않은 사람들도 대부분 알 정도로 유명하다. 유명 왈츠곡인 〈아름답고 푸른 도나우〉와 〈다뉴브강의 잔물결〉이 다뉴브강을 알리는 데 큰 역할을 했다. 〈아름답고 푸른 도나우〉는 오스트리아 작곡가 요한 스트라우스 2세 작품이고, 〈다뉴브강의 잔물결〉은 루마니아 작곡가 이오시프 이바노비치의 곡이다.

그런데 헷갈리는 것이 '다뉴브'와 '도나우(Donau)'라는 명칭이다.

다뉴브강과 도나우강은 같은 강이다. 다뉴브가 영어 표현이고, 도나우는 독일어 표현이다. 그 외에 두나이(Dunaj, 체코), 두나(Duna, 헝가리), 두나브(Dunav, 불가리아), 두너레아(Dunărea, 루마니아) 등으로도 불린다.

약 2,850km를 흘러 유럽 제2의 강(유럽에서 가장 긴 강은 러시아를 흐르는 볼가강으로 약 3,700km에 달한다)인 다뉴브는 루마니아, 헝가리, 오스트리아, 세르비아, 몬테네그로(지류가 다뉴브로 합류), 독일, 슬로바키아, 불가리아, 크로아티아, 우크라이나, 몰도바 등을 흘러간다. 세계적으로 이렇게 많은 나라를 흐르는 강으로는 아프리카 서부를 흐르는 나이저강과 다뉴브강이 대표적이다.

다뉴브강은 독일 남부에서 발원하여 흑해로 흘러가는데, 역사적으로 동부 유럽에 큰 영향을 끼쳐 왔다.

다뉴브강이 흐르는 유럽 지역

왈츠 덕분에 오스트리아 강으로 알려진 듯한데, 가장 긴 구간을 흐르는 나라는 루마니아다. 한편 다뉴브강은 여러 나라의 국경 역할을 하고 있음도 알 수 있다.

루마니아와 세르비아 국경을 흐르는 다뉴브강

몰도바

루마니아와 우크라이나 사이에 끼어 있는 몰도바는 면적이 33,843.5km², 인구는 약 260만 명인 작은 나라다. 그럼에도 역사는 세계에서도 유례가 드물 만큼 파란만장한데, 그만큼 흑해 연안 국가들의 운명이 복잡했다는 뜻이다.

몰도바는 본래 흑해와 맞닿아 있었다. 그러나 몰도바를 둘러싸고 루마니아와 러시아, 후에는 우크라이나까지 개입하여 다툰 결과 흑해와 맞닿은 지역을 잃었으며, 현재도 몰도바 동북쪽에는 트란스니스트리아(면적 4,163km², 인구 약 50만 명)라는 독자적인 비공인 정부가 있다. 트란스니스트리아는 몰도바의 골칫거리인데, 1992년에는 몰도바와 트란스니스트리아 사이에 내전이 벌어지기도 했다.

루마니아계 주민이 다수를 차지하며 언어도 루마니아어와 흡사한 몰도바어를 사용하는 까닭에 루마니아에 우호적인 몰도바와 달리, 트란스니스트리아는 루마니아계가 약 32%, 러시아계와 우크라이나계가 60%가량을 차지하고, 언어 또한 몰도바어와 함께 러시아어를 사용하는 등 러시아와 밀접한 관계를 맺고 있다.

몰도바의 갈등 요인인 트란스니스트리아 영토

몰도바는 루마니아어를 공용어로 사용하고, 트란스니스트리아는 러시아어를 공용어로 사용한다. 국기 역시 몰도바기와 트란스니스트리아기는 전혀 다르다.

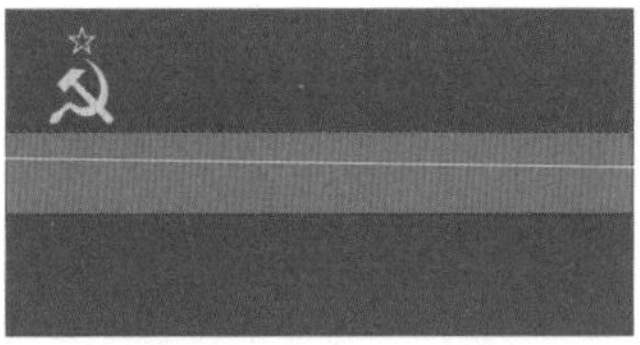

트란스니스트리아 국기

몰도바 국기

우크라이나

대대로 외세의 침략을 받으면서도 자신들만의 나라를 수립하려고 애쓰던 우크라이나인들의 염원은 17세기 들어 러시아에 합병되면서 완전히 사라졌다. 약 300년에 걸친 러시아의 지배는 구소련이 해체되는 1991년에 이르러서야 끝이 났고, 그 후 우크라이나는 독립을 달성하였다. 그러나 그 후에도 우크라이나는 러시아의 압력에서 자유롭지 못하다.

우크라이나 면적은 603,628km², 인구 구성을 보면 약 80%가 우크라이나인, 약 18%가 러시아인이다.

한편 우크라이나에 속하는 크림반도는 26,945km²에 2백만 명이 넘는 주민이 거주하고 있다. 이곳 주민들은 80% 가까이가 러시아와 크림계이고, 우크라이나계는 16% 정도밖에 되지 않는다. 그러한 이유로 크림반도의 주민들은 우크라이나로부터 크림 자치공화국으로 인정받은 상태였다.

그런데 2014년 러시아가 크림반도에 진입했고, 그 후 우크라이나로부터 독립을 선포한 크림 공화국은 다시 러시아와 합병에 관한 주민투표를 실시한 결과, 97% 주민이 러시아와의 합병에 찬성하였다. 그리하여 2014년 3월 21일부로 러시아가 되었다.

이에 우크라이나 정부와 미국 등이 강하게 반대하면서 UN 또한 두 나라 합병에 반대하는 결의안을 채택하였다. 현재 크림반도는 러시아의 실질적 지배 아래 놓여 있다.

사실 크림반도는 러시아와 우크라이나, 나아가 러시아와 서방 세계 사이에 벌어질 갈등의 전초전에 불과할지도 모른다. 우크라이나는 러시아와 동유럽, 나아가 유럽을 연결하는 방대한 지역이다. 따라서 과거 구소련 영토였던 우크라이나가 서방의 영향력 아래 들어가는 것을 러시아가 용납하지 않을 것이라는 게 전문가들의 의견이다. 반면에 동유럽과 러시아 사이에 끼어 있는 우크라이나는, 독자적인 행보를 위해서라도 서방의 지원을 필요로 한다는 점에서 두 나라의 갈등은 지속될 수밖에 없다.

이러한 잠재적 갈등은 결국 열전으로 비화되었는데, 2022년 2월 러시아가 우크라이나 침공을 감행한 것이다.

발트해 3국

눈길을 우크라이나 위쪽으로 돌려 보자.

우크라이나와 북으로 접한 나라는 벨라루스다. 그리고 그 북서쪽을 보면 발트해가 나타난다. 발트해는 흑해처럼 대륙으로 둘러싸인 내해인데, 면적도 엇비슷하다.

스웨덴·핀란드·에스토니아·라트비아·리투아니아·폴란드가 발트해를 둘러싸고 있으며, 러시아령 칼리닌그라드라는 좁은 지역 역시 발트해 연안에 있다.

일반적으로 발트해 3국이라고 하면 에스토니아, 라트비아, 리투아니아 세 나라

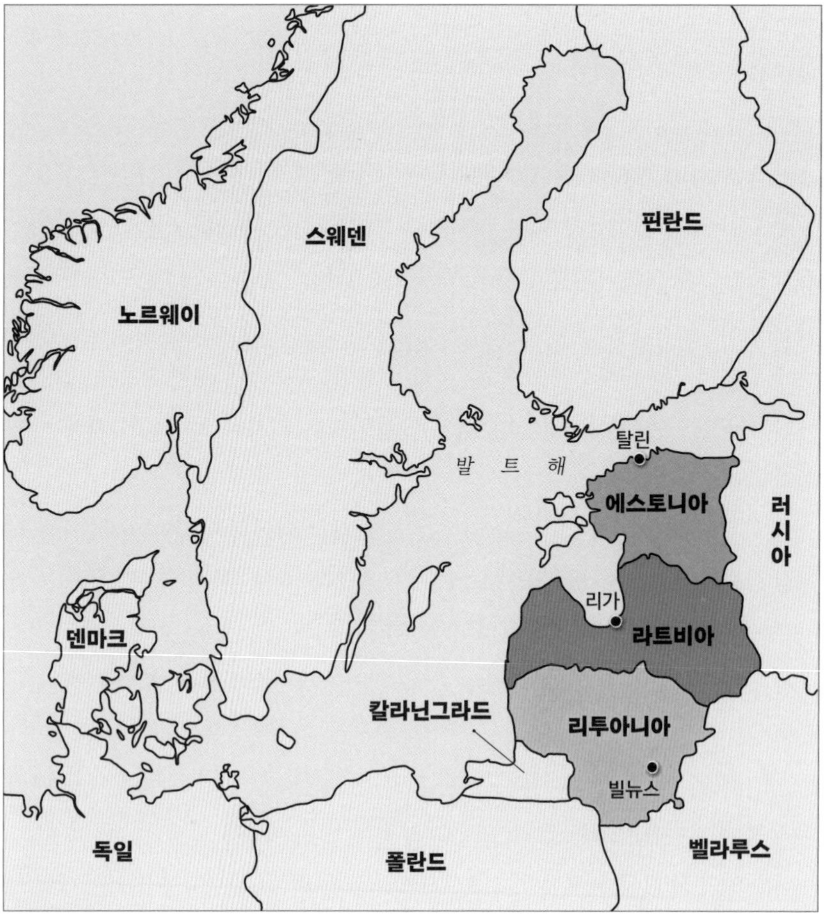

발트해 3국

발트해 3국은 면적이나 인구, 소득 면에서 큰 차이를 보이지 않는다. NATO에도 2004년, 함께 가입하였다.

를 가리키는데 문화적·정치적·역사적으로 공통점을 갖고 있다.

발트해 3국은 동유럽으로 분류하는 반면, 스웨덴과 핀란드는 북유럽으로 분류한다. 최근 들어 발트해 3국도 북유럽으로 분류하는 경우가 없지 않지만, 일반적이지는 않다.

발트해 3국은 모두 구소련의 지배 아래 있었다는 공통점이 있다. 여러 이민족의 지배를 받아 오던 세 나라는 구러시아(오늘날의 러시아가 아니라 사회주의 소련 성립 이전 로마노프 왕조 러시아)에 편입되었다. 구소련 건국 후인 1918년에는 각각 독립하였고, 1934년에는 발트 3국 동맹을 체결하면서 공동 관심사를 위해 협력 관계를 구축하였다. 그러나 1940년에 다시 소련에 합병되었다. 그러다 구소련이 해체될 무렵 또다시 독립을 선포하였다.

역사적으로 러시아의 강력한 영향을 받아온 까닭에, 이 지역에는 러시아계 주민들이 꽤 많음에도 러시아에 대한 반감이 상당하다. 그래서 세 나라는 자신들을 동유럽보다는 북유럽으로 분류하고자 하나, 전통적인 북유럽 국가들은 세 나라를 북유럽으로 인정하지 않는다. 세 나라 주민들 대부분이 슬라브계이지만, 북유럽 국가들은 노르만계이며, 근대 이후 역사도 양쪽이 많이 다르기 때문일 것이다.

	국기	수도	면적 (단위: km²)	인구 (단위: 명)	인종 구성 (단위: %)	언어	1인당 GDP (단위: 달러)
에스토니아		탈린	45,339	140만	에스토니아인 70 러시아인 25	에스토니아어	30,000
라트비아		리가	64,589	190만	라트비아인 63 러시아인 25	라트비아어	25,000
리투아니아		빌뉴스	65,300	290만	리투아니아인 84 폴란드인 6 러시아인 5	리투아니아어	31,000

그 밖의 동유럽 국가들

동유럽에 속하는 나라들은 더 있다. 동유럽은 단순히 유럽 동쪽에 있다는 것 말고도 과거 구소련에 속해 있었거나, 영향력 아래 있다가 구소련 해체와 함께 독립한 나라들이라는 정치적 공통점도 있다.

이와 관련해서 기억해야 할 기구가 '바르샤바 조약기구(Warsaw Treaty Organization)'다.

바르샤바 조약기구는 1955년 서독 재무장과 NATO(North Atlantic Treaty Organization, 북대서양 조약기구)에 대항하기 위해 소련 주도로 설립하였는데, 그 무렵 소련 위성국*이었던 폴란드·동독·헝가리·루마니아·불가리아·알바니아·체코슬로바키아가 참여하였다.

그 후 알바니아가 1968년에 탈퇴하였고, 구소련 해체 후인 1991년에는 이 기구 역시 해체되었다. 구소련 해체 후 독립한 나라들은 소련에 합병되어 있던 나라인 반면, 바르샤바 조약기구에 가입했던 나라들은 본래부터 독립국 지위를 가지고 있었기 때문에, 소련 영향력 아래에서 탈피한 것뿐이다.

	국기	수도	면적 (단위: km²)	인구 (단위: 명)	언어	종교 (단위: %)	1인당 GDP (단위: 달러)
폴란드		바르샤바	312,696	3,800만	폴란드어	가톨릭 72	23,000
벨라루스		민스크	207,595	1,000만	벨라루스어 러시아어	동방정교 84	7,500
헝가리		부다페스트	93,030	980만	헝가리어	기독교 43	22,000
체코		프라하	78,871	1,100만	체코어	기독교 11	31,000
슬로바키아		브라티슬라바	49,035	550만	슬로바키아어	가톨릭 60 개신교 8	25,000

* 위성국: 강대국의 주변에 위치하여 정치적·경제적·군사적으로 그 지배 또는 영향을 받는 나라.

폴란드

312,696km² 면적에 4천만 명 가까운 인구를 보유한 폴란드는 동유럽을 대표하는 나라 가운데 하나다. 규모에 걸맞게 폴란드는 17세기 무렵까지는 동유럽을 대표하는 강대국이었다. 그러나 1795년 러시아, 프로이센, 오스트리아에 의해 분할·통치되면서 폴란드는 사라졌다.
그렇게 백여 년을 보낸 폴란드인들은, 제1차 세계대전이 끝나 갈 무렵 폴란드 공화국 재건에 나섰고, 1919년 베르사유 조약을 통해 독립을 인정받았다.
그러나 제2차 세계대전이 발발하면서 독일의 침공을 받아 다시 나라를 잃었고, 수백만 명의 폴란드인과 폴란드 거주 유대인들이 독일군에게 희생되었다.
전쟁이 끝날 무렵 공산주의자들이 폴란드 인민공화국을 세우고 소련의 지원을 받았으며, 앞서 살펴본 바르샤바 조약기구가 폴란드 수도 바르샤바에서 조인·설립될 만큼 주요한 사회주의 국가가 되었다.
그 후 1989년, 바웬사가 이끄는 자유노조가 강력한 힘을 발휘하였고, 선거를 통해 집권하였다. 이는 구소련 해체 이전에 벌어진 일로, 폴란드는 동유럽 어느 나라보다 앞서 구소련의 영향력에서 벗어난 셈이다.
폴란드는 서유럽 국가에는 뒤지지만 상당한 경제력과 인구, 그리고 면적을 바탕으로 유럽에서 강력한 영향력을 행사해 나가고 있다.

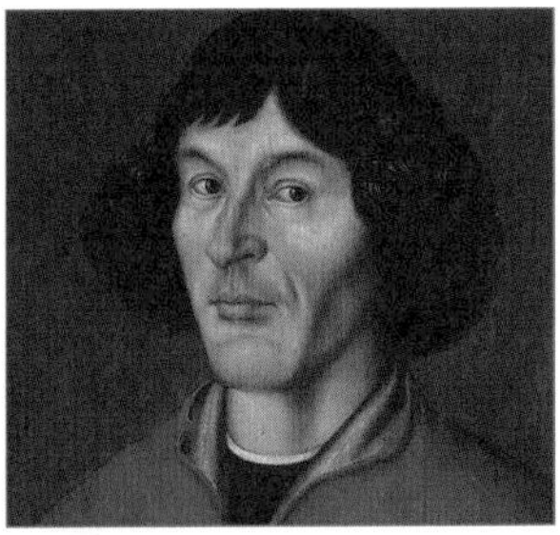

폴란드를 빛낸 인물들

보기 드물게 노벨상을 2회 수상한 마리 퀴리(왼쪽, 1867~1934)는 폴란드 출신 프랑스 국적 과학자다. 여성에게 교육 기회를 제공하지 않던 조국을 떠나 프랑스에서 공부했고, 프랑스 국적 남편 피에르 퀴리(1859~1906, 1903년 노벨 물리학상 수상)와 결혼해서 국적이 프랑스로 변했다.
코페르니쿠스(오른쪽 위, 1473~1543)는 폴란드 토룬 출신으로, 신부가 되기 위한 수업에서 들은 수학과 천문학에 관심을 가지면서 인류 문명의 이정표가 된 지동설을 연구했다. 그러나 자신의 신앙과 갈등을 빚을 것을 우려한 끝에 임종 직전에 출판, 발표하기에 이른다.
폴란드 출신 작곡가 프레데리크 쇼팽(오른쪽 아래, 1810~1849)은 오늘날에도 세계인의 감성을 뒤흔드는 수많은 작품으로 유명하다. 한편 그의 이름을 딴 '쇼팽 국제 피아노 콩쿠르'는 5년에 한 번 개최하는데, 우리나라 연주자 조성진이 2015년에 1위에 올랐다.

벨라루스

폴란드와 러시아 사이에서 끊임없이 침략을 받아 온 벨라루스는 나라 이름이 '백러시아'라는 뜻이다. 그만큼 러시아와 밀접한 연관을 맺고 있는 나라이다.
강국 사이에서 고통을 겪던 벨라루스가 처음으로 독립을 선언한 것이 러시아혁명 이후인 1918년이었다. 그리고 1920년에 들어서 비로소 벨라루스 소비에트 사회주의 공화국이 수립되었다. 그 후 다시 구소련 지배 아래 들어가 소비에트 연방의 구성원이 되었다.
그러다 1991년, 구소련 해체 이후 명실상부한 독립을 이루었다. 그러나 본래 러시아와 밀접한 관계를 맺고 있던 까닭에 2000년, 벨라루스-러시아 국가연합 창설 조약(Treaty on the Creation of Union State)을 맺음으로써 다시 러시아와 밀접한 관계를 유지해 나가고 있다.

헝가리

오늘날 헝가리는 면적도 93,030km²로 크지 않고, 인구도 약 1천만 명으로 강대국이라고 할 수는 없다. 그러나 역사를 돌이켜보면 헝가리는 이 지역의 강대국이었다. 특히 신화적 인물인 아틸라왕 시대에 헝가리는 유럽을 뒤흔들 정도였다.
아틸라왕(406?~453)은 훈족 출신으로 거대 제국을 완성하였다. 그 무렵 아틸라왕이라는 이름은 두려움의 대명사로 일컬을 만큼 공포의 대상이었다. 지금도 아틸라라는 이름은 영화나 문학작품, 나아가 게임에 이르는 다양한 분야에 등장하고 있다.

프랑스 화가 들라크루아가 그린 아틸라왕 모습

훈족이 오늘날 어느 민족인지 분명치 않다. 누군가는 중국 북방 민족인 흉노족이라고 하지만 근거가 희박하다. 훈족이 헝가리 민족의 조상인지 아닌지도 불분명한데, 어쨌든 헝가리에서는 훈족 출신 아틸라왕을 헝가리 민족 역사상 신화적 인물로 추앙한다. 아틸라왕은 역사적으로 드물 만큼 개인적 능력이 뛰어나 대제국을 건설했는데, 전투에서는 매우 잔인했다고 한다.

아틸라왕이 급사한 후 그가 세운 제국은 순식간에 무너졌다. 그 후 오스만 제국 침략을 받았다가, 오스만 제국 쇠퇴와 함께 합스부르크 왕가가 주도하는 오스트리아-헝가리 제국을 수립하였다. 이때 오스트리아-헝가리 제국은 유럽에서 러시아에 이어 두 번째로 넓은 면적을 차지할 만큼 강대한 제국이었다. 그러나 제1차 세계대전에서 합스부르크 왕가가 패하면서 오스트리아-헝가리 제국은 해체되었다.

제2차 세계대전이 발발하자 독일 편에 서서 참전하였고, 헝가리는 소련에 점령당했다. 그 후 헝가리는 공화국을 선포했으나 소련이 들어와 헝가리 통치에 나섰고, 1949년에는 결국 소련의 위성국으로 전락하였다.

— 1914년 무렵 오스트리아-헝가리 제국 강역
— 오늘날 국경

오스트리아-헝가리 제국 강역

오늘날 동유럽 대부분을 차지할 만큼 넓은 지역을 차지했다.

소련의 위성국으로 있던 시기에도 헝가리는 다른 위성국에 비해 높은 경제성장률을 기록했으며, 1989년에는 공산주의 일당 독재를 폐지하고 내각책임제로 전환하였다. 구소련 해체 이전에 새로운 체제를 스스로 결정한 셈이다.
2004년에는 EU에 가입하였다.

1956년 혁명 당시 구소련 탱크를 파괴한 시민들

1956년, 헝가리 국민은 총리 임레 너지의 반스탈린 노선을 지지하며 구소련군에 저항했다. 헝가리 국민의 강력한 저항에 당황한 구소련군은 헝가리 수도 부다페스트에서 철수했지만, 이내 전열을 가다듬고 십만 명이 넘는 병사와 수천 대의 탱크를 앞세우고 헝가리로 진격했다. 결국 헝가리 국민 수만 명이 희생되었고, 임레 너지도 붙잡혀 교수형을 당했다.

체코, 그리고 슬로바키아

9세기경 체코와 슬로바키아인이 모여 일종의 연방국인 '대모라비아 공국'을 수립하였다. 모라비아는 체코 동부를 가리키는 반면, 서부는 '보헤미아'라고 불렀다.

보헤미아

보헤미아 지방에 거주하는 사람들을 가리켜 '보헤미안(Bohemian)'이라고 하는데, 이 지역에는 집시들이 많이 살았다. 그래서 보헤미안이라고 하면 일반적으로 '관습에 구애되지 않는 방랑자, 자유분방한 생활을 하는 사람'을 가리킨다. 보헤미안이 들어가는 대중가요 가운데 가장 유명한 곡이 영국 그룹사운드 퀸이 부른 〈보헤미안 랩소디Bohemian Rhapsody〉이다. 또 이탈리아 출신 작곡가 푸치니(Giacomo Puccini)가 작곡한 오페라 〈라 보엠La Bohème〉은 방랑하는 젊은 예술가의 삶을 소재로 만든 것으로, 프랑스 작가 앙리 뮈르제(Henry Murger, 1822~1861) 소설 《보헤미안 삶의 정경Scènes de la vie de bohème》을 바탕으로 한 것이다. 매년 크리스마스 시즌이 되면 전 세계에서 가장 많이 공연하는 오페라가 바로 〈라 보엠〉이다.

체코의 영토

서쪽이 보헤미아 지방으로, 수도 프라하 역시 보헤미아 지방에 속해 있다.

블타바강

체코의 자연경관 가운데 세계적으로 유명한 블타바강이다. 규모는 크지 않으나 체코의 대표적인 작곡가 스메타나(Bedřich Smetana, 1824~1884)의 교향시 〈나의 조국〉에 '블타바'가 들어 있어 친숙하다. 블타바는 독일어로 몰다우라고 부르는 까닭에 많은 사람이 아직도 몰다우강으로 알고 있다.

10세기 무렵, 헝가리 마자르족이 침략하여 체코와 슬로바키아는 다시 나뉘었고, 그때부터 슬로바키아는 헝가리의 지배를 받았다. 반면 체코 지방은 보헤미아 왕국 시대를 거치며 강력한 힘을 갖기도 했는데, 15세기 무렵 합스부르크 가문이 이 지역을 다스리면서 20세기 초까지 오스트리아-헝가리 제국 지배 아래 놓여 있었다.

제1차 세계대전이 끝날 무렵 체코와 슬로바키아는 헝가리 지배에서 벗어나 체코슬로바키아로 다시 뭉쳤다. 제2차 세계대전이 끝난 후인 1946년 최초의 자유 총선거를 치러 공산당 중심의 연립정부를 수립하였다. 그 후 나라 이름을 '체코슬로바키아 사회주의 공화국'으로 변경하였다.

1968년, 공산당 제1서기인 둡체크(Alexander Dubček, 1921~1992)는 소련의 영향력에서 벗어나기 위해 민주화 운동을 추진하였고, 그에 따라 체코 전역에는 이른바 '프라하의 봄'이 찾아온다. 그렇지만 체코슬로바키아 사태가 주위 여러 나라에 영향을 끼칠 것을 우려한 소련 정부는, 바르샤바 조약군을 파견하여 무력으로 자유화 운동을 진압하였고, 개혁을 추진하던 둡체크 등 수많은 사람이 숙청당하였다.

1989년, 구소련 해체와 더불어 체코슬로바키아도 민주화되었고, 1993년 1월 1일을 기점으로 체코와 슬로바키아, 두 나라로 다시 분리하였다.

1993년 체코슬로바키아의 분리

쾨니히스베르크에서 칼리닌그라드로

칼리닌그라드는 나라가 아니며, 누구도 이의를 달지 않는 러시아 영토다. 그런데 러시아에서 멀리 떨어진 이곳, 발트해 연안에 러시아 영토가 있다는 사실을 아는 사람은 드물다.

칼리닌그라드는 본래 독일 영토였는데, 그 무렵 명칭은 쾨니히스베르크였다. 제2차 세계대전 당시 이곳을 둘러싸고 독일과 러시아 사이에 치열한 공방전이 계속되었으며, 이때 도시 대부분이 파괴되었다. 그 후 소련 영토가 되었고, 소련 지도자 칼리닌(Mikhail Ivanovich Kalinin, 1875~1946)의 이름을 따 칼리닌그라드로 명명하였다. 칼리닌은 레닌이 주도한 사회주의 혁명 때부터 적극적으로 가담한 인물이다.

칼리닌그라드 면적은 15,100km^2, 인구는 약 50만 명이다. 지정학적으로 유리한 곳에 위치해 공업화 정도가 매우 높으며, 해상무역 역시 발달한 지역이다.

세계에서 가장 넓은 영토를 보유한 러시아(전체 면적 17,098,242km^2)가 국가 면적의 0.1%도 안 되는 칼리닌그라드(15,100km^2)에 얼마나 공을 들이는지는 2018년에 개최한 러시아 월드컵을 살펴보아도 알 수 있다. 이때 월드컵 개최도시 11곳

발트해에 접한 러시아 영토, 칼리닌그라드

지도를 보면 칼리닌그라드가 러시아에 얼마나 긴요한 지역인지 알 수 있다. 발트해에 접하는 항구도시일 뿐 아니라 서유럽 여러 나라의 요충지에 자리하고 있기 때문이다.

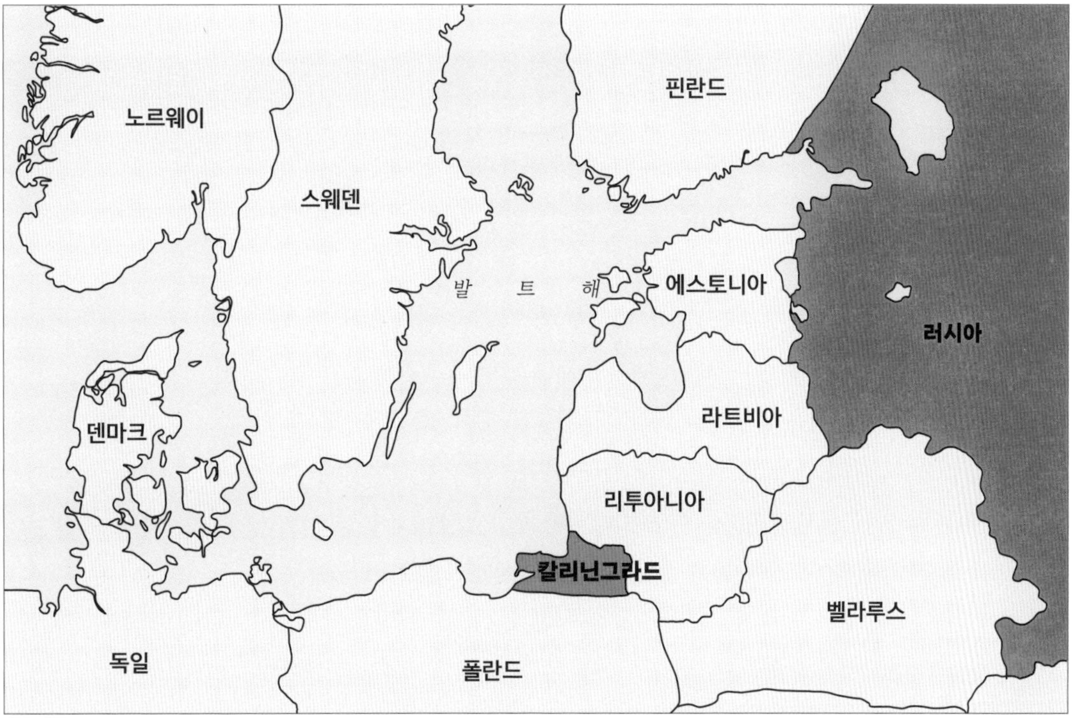

(경기장은 수도 모스크바에 2곳이 있어 총 12개) 가운데 한 곳으로 칼리닌그라드주 주도인 칼리닌그라드를 선정, 수용인원 35,000명의 경기장을 짓고, 이곳에서 경기를 치렀다.

칼리닌그라드에 위치한 월드컵 경기장(2018)

러시아

드디어 지구상에서 가장 넓은 나라 러시아에 도착했다. 러시아는 동유럽의 좌장격인 나라일뿐더러 유럽에서 아시아에 이르는 매우 큰 나라다.

러시아 면적은 17,098,246km²로 대한민국 영토의 170배 정도 된다. 그것도 러시아가 최대 영토를 가졌던 시기에 비하면 많이 줄어든 것이니 그 크기를 알 만하다. 참고로 소비에트 연방 공화국(구소련)이 해체되기 전인 1990년도 면적은 22,402,200km²였다. 구소련 해체와 함께 사라진 영토가 약 500만km²인데, 대한민국 영토의 50배 정도가 사라진 셈이다.

또 본래 러시아 영토였다가 푼돈 받고 미국에 팔아넘긴 알래스카 면적이 1,717,856km²이니, 그때 사라진 부분이 대한민국의 17배였다. 푼돈이라 한 이유는 이렇다. 러시아가 받은 금액이 720만 달러였는데, 얼마 후 그곳에서 발견된 금, 은, 철광석 그리고 원유는 금액으로 환산하기도 힘들 정도로 많은 부를 미국에 가져다주었다. 게다가 만일 그 땅이 러시아 소유였다면 오늘날 미국은 머리 위에 러시아 땅을 이고 살아야 했을 것이다. 나라의 영토를 가벼이 여긴 대가치고는 너무 크다.

그렇게 영토를 헤프게 소비했는데도 러시아 영토를 다 보려면 지구본을 돌려가

러시아 전도

지구본을 열심히 돌려가며 한눈에 보려고 해도 한눈에 들어오지 않는 나라가 러시아다. 동쪽으로는 날짜변경선 너머에서 서쪽으로는 경도 20도(칼리닌그라드)에 걸쳐 있다.

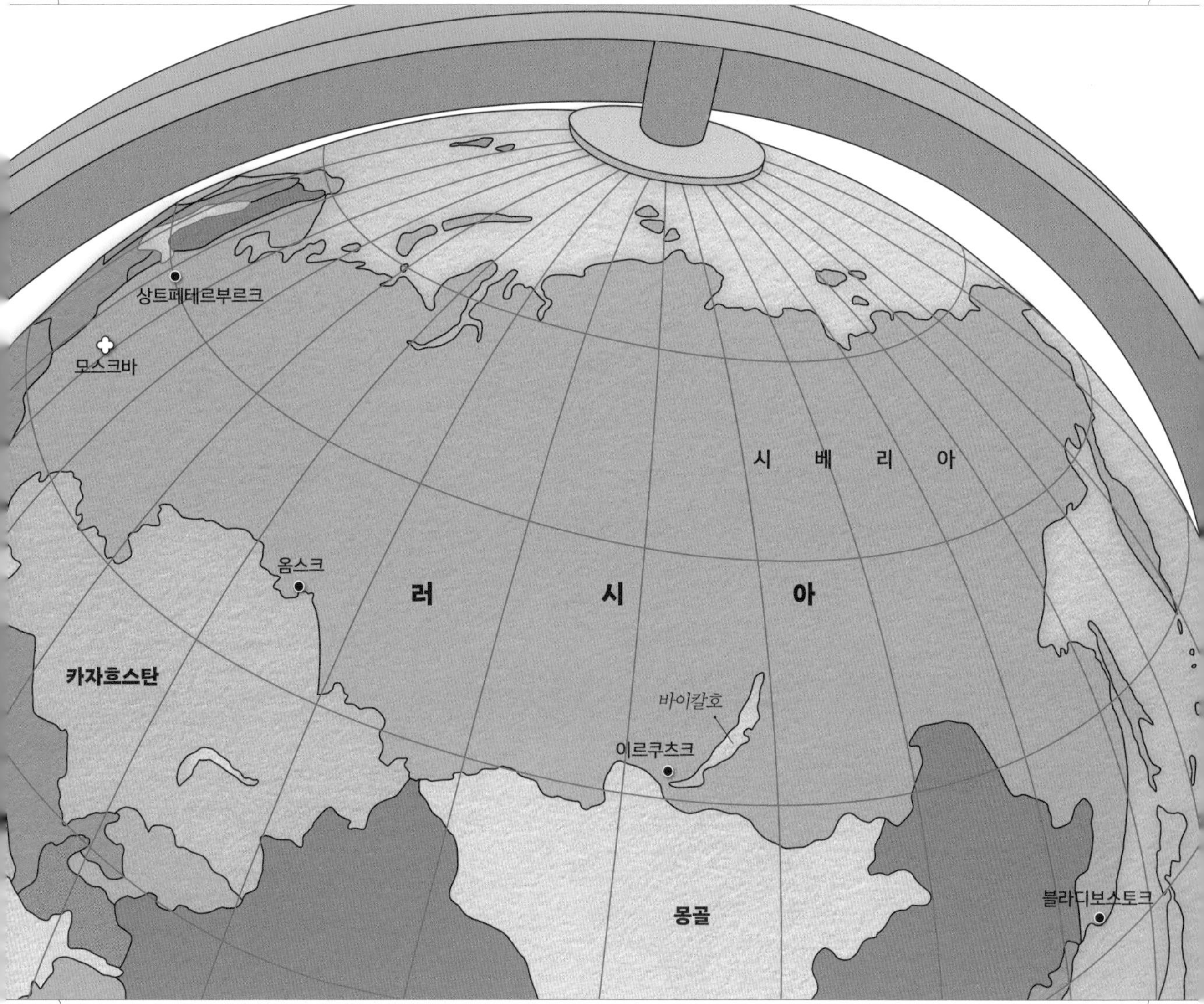

며 보아야 한다. 그러니 땅을 쉽게 팔았을 것이다.

앞서도 언급한 바와 같이 러시아 영토 대부분은 아시아에 있다. 그러나 오늘날 러시아를 아시아라고 여기는 사람은 없다. 이런 데에는 그럴 만한 근거가 있는데, 나라를 대륙별로 분류하는 것은 지리적 요소가 절대적 기준이 아니기 때문이다. 러시아 역사를 간략히 살펴보면 왜 러시아가 유럽에 속하는지 알 수 있다. 러시아 역사는 대부분 유럽에서 벌어진 사건과 관련되기 때문이다.

고위도에 위치한 러시아는 지정학적으로 중위도 지역에 비해 늦게 문명이 건설되었다.

자연환경에 의지해 살던 과거에는 춥고 황량한 지역에서 살아간다는 것이 만만치 않았기 때문이다.

그러다 이 지역에 살던 슬라브족이 동서로 퍼져 나가면서 러시아의 주류 민족으로 성장하였다.

이 땅에 국가다운 국가가 처음 수립된 것은 9세기 무렵, 키예프 공국이 주위 여러 지역을 아우르면서부터이다. 여러 슬라브족 출신들이 작은 공국을 세워 다스리던 지역에 바이킹 출신인 류리크가 오늘날 러시아 땅인 노브고로드로 건너와 노브고로드 공국을 세운다. 그 후 류리크의 후손인 올레그가 키예프를 점령한 후 이곳으로 도읍을 옮기면서 시작한 나라가 키예프 공국이다.

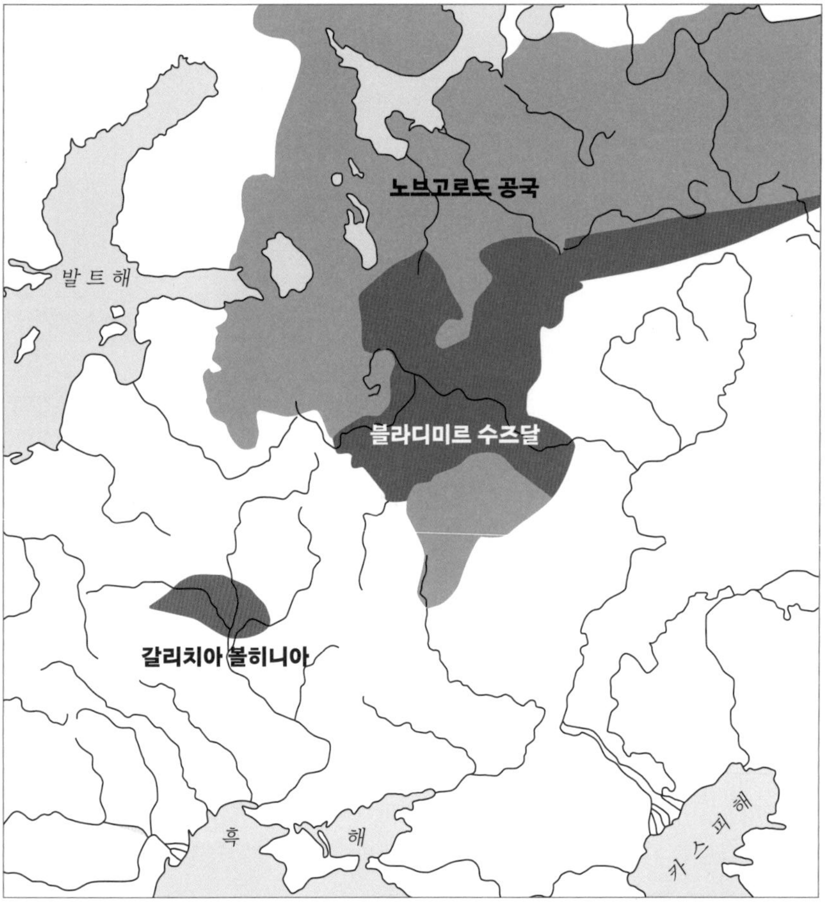

몽골군이 침입할 무렵 러시아

몽골군이 침입할 무렵 키예프 공국의 영향력은 크게 줄어든 상태였다. 키예프 공국 영토는 북쪽의 노브고로드 공화국과 블라디미르 수즈달, 남서쪽의 갈리치아 볼히니아 등으로 분열되었다. 이후 갈리치아 볼히니아는 우크라이나와 폴란드에 흡수된 반면, 노브고로드 공화국과 블라디미르 수즈달은 현대 러시아 영토의 기반이 되었다.

9세기 무렵부터 13세기에 이르는 키예프 공국 시절, 동방정교회라고 일컫는 이 지역 특유의 기독교가 탄생하고, 현재도 러시아와 그 주변에서 사용하는 키릴 문자가 탄생하는 등 러시아 지역 문명이 기반을 닦았다.

키예프 공국은 여러 민족의 침략을 받으면서 융성과 쇠락을 반복하다가 몽골의 침략을 받아 멸망하고 만다.

13세기, 몽골 침략 시대에 러시아 지방에서 두각을 나타낸 것이 모스크바 공국이었다. 이들은 몽골 지배를 일찌감치 인정하면서 몽골로부터 자치권을 부여받았고, 몽골이 멸망할 때까지 러시아를 대표하는 국가로 성장하였다.

그러나 1610년, 남쪽 강국인 폴란드의 침략을 받아 망하고 만다. 그 후 러시아 민족은 폴란드에 맞서 싸웠고, 결국 이들을 물리친 후 로마노프 왕조 시대를 연다. 로마노프 왕조는 근대 러시아를 확립한 시대로, 특히 4대 차르인 표트르 대제(Peter the Great, 1672~1725, 재위 1689~1725)는 오늘날 러시아 영토의 윤곽을 형성한 군주였다. 그는 영토 확장은 물론 나라의 모든 체제를 근대 서구 사회 수준으로 끌어올린 인물로, 러시아를 대표하는 군주가 된다.

키릴문자

그리스 문자를 변형하여 만든 문자로, 러시아, 세르비아 등에서 사용하였다. 오늘날 러시아 문자의 모체이다.

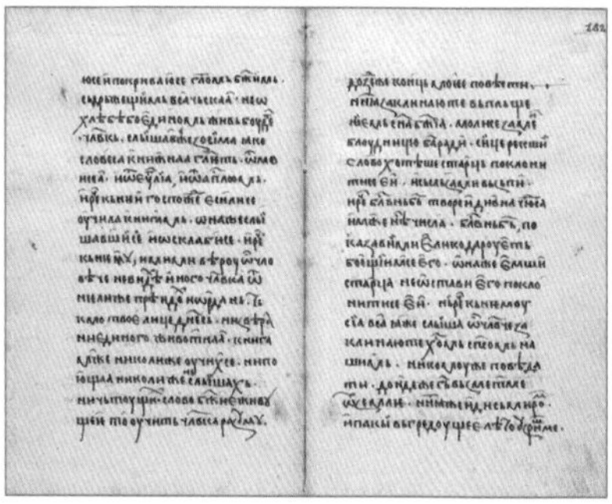

표트르 대제 시절, 거리에서 긴 수염을 강제로 깎는 모습

표트르 대제는 서유럽의 신문물을 적극적으로 받아들이고, 관습 또한 간편하고 효율적으로 바꾸었다. 제도를 개선하고 국민 교육에 힘썼으며, 근대 법체계를 도입하는 등 러시아를 근대국가로 탈바꿈시켰다. 그림은 표트르 대제 시절, 길게 기르고 다니던 권위의 상징인 수염을 깎도록 압력을 가하는 모습. 우리나라로 치면 단발령과 같다.

상트페테르부르크

상트페테르부르크는 표트르 대제가 스웨덴으로부터 탈환한 후 세운 계획도시이자 러시아 가장 서쪽에 위치한 새로운 수도였다. 그래서 상트페테르부르크는 러시아인들이 '러시아의 머리'라고 여기고, 오늘날 수도 모스크바는 '러시아의 심장'이라고 여긴다.

상트페테르부르크는 근대 러시아가 탄생한 곳이라 할 수 있다. 최초의 러시아 과학아카데미, 최초의 공공도서관, 최초의 극장, 최초의 식물원 등이 이곳에서 출발했다. 그뿐이 아니다. 1905년 이른바 '피의 일요일' 사건이 일어난 곳도 이곳이고, 사회주의 혁명이 완성된 곳도 이곳이다. 제2차 세계대전 중에는 1941년 8월부터 29개월 동안 독일군에게 포위된 채 40여 만 명이 굶어 죽으면서도 도시를 지켜내 '영웅도시'라는 칭호를 받은 전설적인 장소이기도 하다.

상트페테르부르크는 '성 베드로의 도시'라는 뜻인데, 표트르 대제의 '표트르'는 베드로이다. 그러니 상트페테르부르크는 '표트르 대제의 도시'라는 이중적 의미가 있다. 이 도시를 수도로 삼고 새로운 러시아를 설계한 표트르 대제의 야망을 느낄 수 있다.

상트페테르부르크는 후에 페트로그라드로 바뀌었다가 레닌 사후 레닌그라드로 명명되었다. 그리고 구소련 해체 후 다시 상트페테르부르크로 부른다.

상트페테르부르크에 있는 페테르엔파울(Peter and Paul Fortress) 성채

성 베드로와 바울 성채라는 명칭의 이 건축물은 표트르 대제가 세운 역사적인 건물이다. 최근에는 박물관으로 사용한다.

상트페테르부르크 포위 기간 동안 사망한 시신을 운반하는 모습

1941년 9월 8일부터 1944년 1월 27일까지 872일 동안 계속된 상트페테르부르크 포위전은 근대 역사상 가장 길며 잔인하고 많은 희생자를 낸 포위전으로 이름 높다. 2년이 넘는 기간 동안 음식물은 오직 도시 주변 라도가 호수가 얼어붙었을 때만 호수 위를 걸어서 반입할 수 있었다. 당연히 수많은 사람이 기아로 사망했는데, 그 숫자가 40만 명을 넘었다.

이후 알렉산드르 1세(1777~1825, 재위 1801~1825) 시대에는 근대적인 교육제도 도입과 함께 프랑스 나폴레옹의 공격을 막아 내며 일약 유럽의 강국으로 떠올랐다.
그러나 알렉산드르 1세의 아우 니콜라이 1세(1796~1855, 재위 1825~1855)는 형과는 달리 프랑스 대혁명으로 촉발된 개혁적 움직임에 적극적으로 저항하여 반동적인 정책을 펼쳤고, 크림 전쟁을 일으켰지만 패색이 짙은 상태에서 사망하고 말았다.
그의 뒤를 이은 알렉산드르 2세(1818~1881, 재위 1855~1881)는 부친의 사고에서 벗어나 러시아의 개혁을 이끌어 냈다. 농노제를 폐지하였고, 사회 전반의 개혁을 꾀했다. 그러나 크림 전쟁에서 패한 후 닥친 경제적 궁핍에서 벗어나고자 알래스카를 미국에 판매하는 역사적인 오판을 저질렀다.
한편 그의 개혁과 근대화 추진에도 러시아 현실에 눈뜬 혁명 세력의 공세는 계속되었고, 그 역시 혁명 세력의 폭탄을 맞고 사망하였다.
로마노프 왕조는 니콜라이 2세(1868~1918, 재위 1894~1917) 때에 종말을 고하는데, 그 출발점이 된 것은 러일 전쟁이었다.

러일 전쟁

1904년 2월에 발발한 러일 전쟁은 전쟁의 배경부터 전개 과정, 그리고 전쟁 처리와 그 후 영향에 이르기까지 매우 복잡하다.
극동지방에서 영향력을 확대하고자 했던 러시아와, 대륙으로 진출하고자 한 일본은 한반도와 만주를 두고 마찰이 일었다. 그 과정에서 지정학적으로 극동 지방에 대한 이해타산을 계산하던 미국·영국·프랑스·청 등 다양한 나라들 역시 이 전쟁에 간접적으로 영향을 미쳤다.
러시아는 자신들이 만주를 독점하고, 한반도 39도선 이북은 중립 지역으로 삼으며, 그 아래쪽 역시 누구도 전략적으로 사용해서는 안 된다고 주장했다.
반면에, 일본은 한반도는 자신들이 보호령으로 삼고, 대신 만주에서는 러시아의 우월한 권리를 인정하지만 동시에 누구에게든 기회를 균등하게 주어야 한다고 주장했다.
1903년 8월부터 개전에 이르기까지 양국은 여러 차례 만주와 한국 문제에 관하여 공식적인 교섭을 가졌다. 일본의 기본 입장은 한국을 자국 보호령으로 하는 대신 만주에서 러시아 우월권은 인정하되, 기회균등 원칙을 지켜야 한다는 것이었다. 협상 과정에서 세부적으로는 수정된 내용이 오고갔지만, 크게는 이러한 주장이 대립하였다.

결국 일본이 1904년 2월 8일, 여순항을 기습한 후 이튿날 인천에 정박 중인 러시아 군함 2척을 격침시키면서 러일 전쟁의 막이 올랐다. 두 나라는 만주와 해상에서 전쟁을 이어 갔고, 이 과정에서 조선은 일본 군대의 진출로가 되었다.

한편 여러 방면에서 전개된 전쟁으로 인해 두 나라 모두 어려움을 겪었다. 특히 러시아는 국내에서 일어난 1905년의 제1차 러시아혁명으로 인해 더이상 전쟁을 지속하기가 어려웠다. 결국 두 나라는 1905년 9월 5일 미국 포츠머스에서 강화조약을 맺음으로써 전쟁은 종결되었다. 포츠머스 강화조약의 주요 내용은 다음과 같다.

> **첫째, 한국에서 일본의 우월권을 인정한다.**
>
> **둘째, 청국 정부 승인을 전제로 요동반도 조차권과 장춘-여순간 철도(남만주철도)를 일본에 위양한다.**
>
> **셋째, 북위 50도 이남 사할린을 일본에 할양한다.**
>
> **넷째, 연해주 연안 어업권을 일본에 허락한다.**

이로써 한반도는 일본이 점령할 수 있음을 국제적으로 공인한 셈이 되었으며, 이 과정에서 일본 입장에 섰던 미국 루스벨트 대통령은 일본과 사전에 가쓰라-태프트 밀약(The Katsura-Taft Agreement)을 체결함으로써, 필리핀에 대한 점유권을 확보하면서 한반도는 일본에 넘기는 만행을 자행했다.

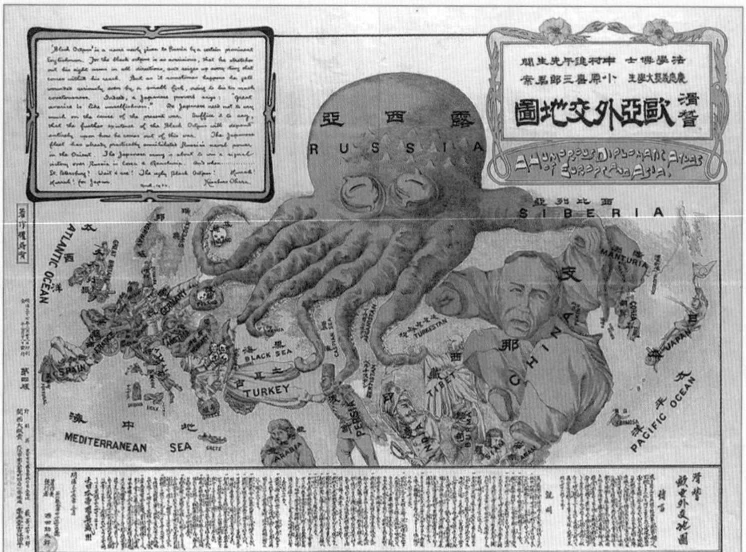

러일 전쟁 당시 일본 대학생이 제작한 풍자 지도

러시아의 야욕을 풍자했다.

러일 전쟁 당시 서울로 진격하는 일본 보병부대

일본군은 인천, 서울, 평양 등 조선 땅을 통해 북진해 압록강에서 러시아군을 물리치고 만주로 진격하였다.

피의 일요일 사건

러일 전쟁이 러시아 패배로 귀결될 무렵, 러시아 내에서는 로마노프 왕조의 실정(失政)과 생활고에 실망한 시민들 불만이 팽배했다. 이에 러시아 정부는 시민들의 개혁적 주장과 행동을 미연에 방지하기 위해 동방정교회 소속 신부인 게오르기 가폰(Georgii Apollonovich Gapon, 1870~1906)을 통해 온건한 노동자 모임을 만들었다. 일종의 어용 조직으로, 강경한 노동조합을 대신하기 위한 비밀 작업이었던 셈이다.

그러나 상황이 갈수록 악화하자 이 노동자 모임 역시 강경하게 변하기 시작했고, 다른 노동자들도 러시아 전역에서 파업을 확대해 나갔다. 결국 가폰은 노동자들 청원을 차르에게 직접 전달하는 방식을 택하였다. 노동자들 요구를 평화롭게, 그리고 차르 전제 체제 내에서 해결하고자 한 것이다.

1905년 1월 9일 일요일, 수십만 명(적게는 15만 명에서 30만 명에 이른다는 의견도 있다)에 이르는 노동자와 가족들이 차르 초상화를 앞세우고 그가 머무는 궁전으로 행진을 시작했다. 그런데 그곳에서 시위대를 기다리고 있는 것은 차르가 아니라 총을 든 군대였다.

군인들은 노동자들이 행진을 멈추지 않자 무차별 총격에 나섰고, 그날 상트페테르부르크에서는 천 명 이상의 노동자와 그 가족들이 죽고, 수천 명이 부상을 입는 참사가 발생했다. 그로써 노동자들의 평화로운 호소는 무의미하다는 사실이 밝혀졌다.

그때부터 러시아 전역에서 세계 역사에 없던 수백만 노동자들의 파업과 투쟁이 벌어졌다. 곳곳에서 군인들마저 노동자 편에 섰고, 농민들도 들고 일어나 전국 각지에서 마을과 지역을 지배하는 미증유의 일도 일어났다.

결국 차르 정부는 10월 17일, 국회 개설을 약속하는 동시에 언론·집회·결사·조합 결성의 자유, 인권 보장을 선언했고, 새로운 헌법 제정, 투표권의 확대도 약속했다. 이른바 러시아

'10월 혁명'이 일어난 것이다.

그러나 이후 차르 정부는 혁명 지도부인 트로츠키(Leon Trotsky, 1879~1940)를 비롯한 수많은 사람을 체포하고, 전 병력을 동원해 혁명 세력 탄압에 나섰다. 이에 모스크바 등에서는 무장 봉기가 일어나 정부군과 충돌이 재개되었다. 그러나 그해 12월, 너무 많은 사람이 희생당하자 혁명 세력은 무장투쟁을 중단하였다.

이로써 1905년 10월 혁명은 끝을 맺었으나, 이는 1917년 일어난 러시아혁명의 전초전이었음을 역사는 증언하고 있다.

1905년 노브고로드 소르모프에서 벌어진 시민군과 정부군 사이 전투 모습

피의 일요일 사건으로 촉발된 1905년 혁명을 가리켜 제1차 러시아혁명이라고 부른다. 시민들의 어설픈 바리케이드가 불안하다.

러일 전쟁 와중에 일어난 1905년 제1차 러시아혁명은 상당한 성과를 거두었지만 완벽하게 성공하지는 못하였다. 그러나 혁명의 열기는 탄압 아래서도 꺼지지 않고 있다가 제1차 세계대전이 무르익을 즈음인 1917년, 제2차 러시아혁명(사회주의 혁명)이 일어나 결국 차르 체제는 붕괴하고 러시아는 역사상 최초의 사회주의 국가로 태어났다.

그러나 그로부터 80여 년이 지난 1989년, 소련 공산당은 자본주의 세계와의 경쟁에서 패하고 만다. 이로써 세계 최초의 사회주의 국가는 해체되고 1991년 공산주의를 포기하면서 소련 연방에 속해 있던 많은 공화국들이 독립을 추진, 소련은 역사 속으로 사라지고 러시아 연방으로 재출발한다.

러시아는 큰 나라인 만큼 지역 시간 역시 다양해서 11가지 시간대가 있다. 러시아 동쪽 끝에서 서쪽 끝까지 여행하려면 11번 시계를 고쳐야 하는 셈이다.

1917년, 러시아혁명 당시 페트로그라드(레닌그라드로 변경되었다가 구소련 해체 후 상트페테르부르크로 다시 바뀌었다)에서 열린 소비에트 집회

러시아 지역별 시간

- **칼리닌그라드** 표준시 +2:00
- **모스크바** 표준시 +3:00
- **사마라** 표준시 +4:00
- **예카테린부르크** 표준시 +5:00
- **옴스크** 표준시 +6:00
- **크라스노야르스크** 표준시 +7:00
- **이르쿠츠크** 표준시 +8:00
- **야쿠츠크** 표준시 +9:00
- **블라디보스토크** 표준시 +10:00
- **마가단** 표준시 +11:00
- **캄차카** 표준시 +12:00

러시아는 땅이 넓은 만큼 한 나라 안에서 사용하는 시간도 제각각이다.

북유럽

북유럽, 즉 유럽 북부 지역은 지구본에서 볼 수 있듯이 유럽 맨 위쪽이자 러시아 서쪽에 있는 나라들을 가리킨다. 일반적으로 노르웨이, 덴마크, 핀란드, 스웨덴, 그리고 섬나라인 아이슬란드가 이에 속하는데, 이들 나라 역시 지리적·역사적·정치적 공통점이 있다.

북유럽 하면 떠오르는 것이 스칸디나비아 3국이라는 호칭인데, 언어·문화 등에서 공통점이 있는 스칸디나비아반도 세 나라를 가리킨다.

그런데 스칸디나비아 3국이라는 호칭이 혼란스러울 때가 있다. 스칸디나비아반도를 보면 노르웨이와 스웨덴, 두 나라는 분명히 그곳에 있다. 그런데 세 번째 나라가 어디인지는 불분명하다. 반도 위쪽을 보면 핀란드 영토가 살짝 스칸디나비아반도에 걸쳐 있다. 한편 아래쪽에는 덴마크 수도 코펜하겐(덴마크어로는 쾨벤하운)이 위치한 셸란섬이 있는데, 이 섬은 스칸디나비아반도와 외레순 해협이라는 좁은 바다를 사이에 두고 있다. 얼마나 좁은지 코펜하겐과 바다 건너 스웨덴 제3의 도시 말뫼 사이를 오가는 길이 있을 정도이며, 유럽 전역과 연결되는 기차도 다닌다.

이렇게 덴마크와 스웨덴을 연결하는 길이 있다는 것은 두 나라가 문화적·정서적으로 일체감을 이루고 있다고도 볼 수 있다. 두 나라가 붙어 있다고 해도 적대적이라면 보이지 않는 국경선조차 철조망과 벽으로 막기 마련이니까.

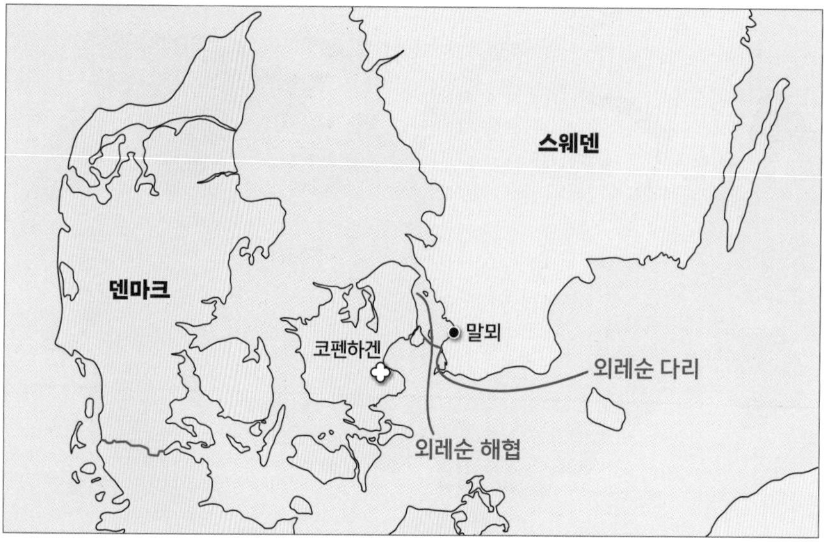

덴마크와 스웨덴 연결길, 외레순 다리

그래서 스칸디나비아 3국이라고 하면 반도에 위치한 스웨덴, 노르웨이, 핀란드가 아니라 스웨덴, 노르웨이, 덴마크 세 나라를 가리킨다.

덴마크와 스웨덴을 연결하는 외레순 다리

외레순 해협은 스웨덴과 덴마크를 구분하는 좁은 바닷길인데, 두 나라는 외레순 다리를 놓아 자유 왕래를 한다. 외레순 다리에는 자동차 도로와 철도가 함께 설치되어 있다. 덴마크 쪽은 인공 섬을 거쳐 해저터널로 지나간다.

북유럽 모습

북유럽에는 노르웨이, 덴마크, 핀란드, 스웨덴, 그리고 섬나라인 아이슬란드가 속하는데, 지구본에서 볼 수 있듯이 면적은 상당히 넓다. 그 까닭은 지구에서 가장 큰 섬인 덴마크 영토 그린란드가 속하기 때문이다. 그 외에 북극해에는 노르웨이 영토인 스발바르제도가 있는데, 이곳 면적 역시 6만 2,050km²로 상당하다.

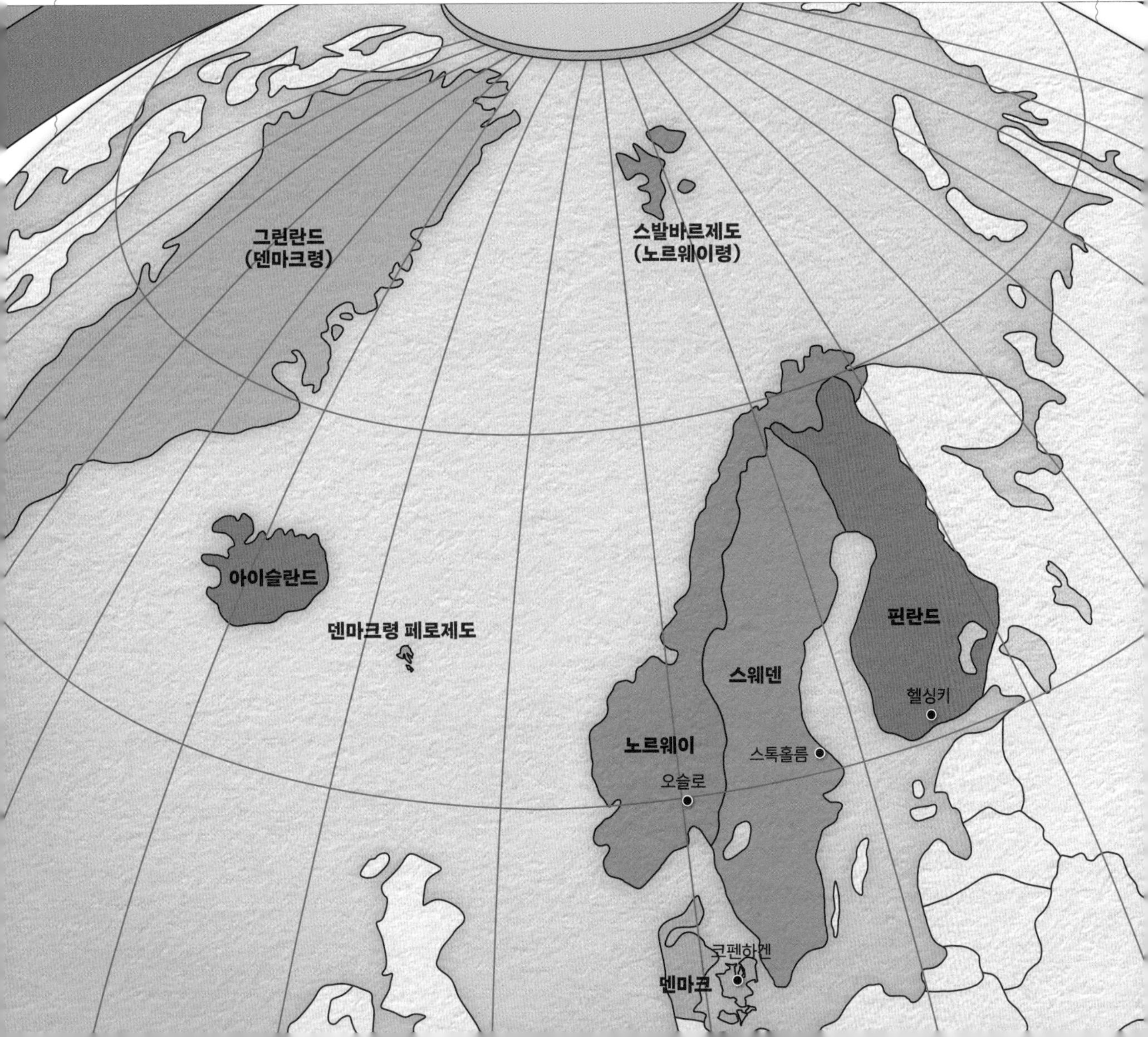

스칸디나비아 3국

스칸디나비아 3국을 지배했던 나라는 지금은 이 반도에 영토가 없는 덴마크였다. 덴마크는 9세기경 독립 국가를 이룬 후 스칸디나비아반도 전체를 지배하는 강대국으로 군림했는데, 셰익스피어의 유명한 희곡 《햄릿》이 덴마크 궁정을 배경으로 하고 있음은 그러한 역사적 배경을 보여 준다.

그 후 1523년 스웨덴이 독립하였고, 1814년에는 노르웨이마저 상실하였다. 그럼에도 오늘날 덴마크의 옛 영화를 보여 주는 영토가 있으니 세계에서 가장 큰 섬인 그린란드와 페로제도이다. 그린란드는 덴마크 자치령인데, 면적이 2,166,086km²에 이른다. 페로제도 역시 모두 1,399km²에 달하는 18개 섬으로 구성된 덴마크 자치령이다.

스발바르제도(Svalbard Islands)

남극은 대륙에 위치할 뿐 아니라, 남극 대륙 소유권은 어느 나라에도 속하지 않는다는 국제 협약이 있다. 그러나 북극은 북극이 위치한 대륙, 곧 북극 대륙도 없을 뿐 아니라 우리가 북극이라고 부르는 지역에도 분명한 선이 그어 있지 않다. 일반적으로는 그린란드나 러시아, 캐나다가 소유한 북쪽 지역과 그 지역이 있는 바다를 합해 북극이라고 부른다. 따라서 북극 모든 땅과 바다에는 주인이 있다. 물론 주장하는 나라들이 여럿 있는 경우도 있지만.

한편 우리나라는 남극 대륙에 세종과학기지를 설치한 것처럼 북극에도 북극다산기지(Dasan Arctic Research Station)를 설치했는데, 이 기지는 노르웨이가 소유한 스발바르제도의 스피츠베르겐섬에 위치한다.

스발바르제도는 총면적이 약 6만 2천km²에 달하는 상당히 큰 지역이다. 그러나 대부분 지역은 빙하로 덮여 있어 상주인구는 수천 명을 넘지 않는다.

한편 스발바르제도에는 세계종자저장소가 있다. 미래에 올지 모를 인류 문명 종말에 대비해, 세계에 존재하는 식물 종자를 모두 영구히 보존하는 것을 목표로 하는 스발바르 세계종자저장소에는 백만 종이 넘는 종자가 보관되어 있다.

스발바르 세계종자보관소 모습

노르웨이 정부가 건설하고, 노르웨이 정부와 세계작물다양성재단이 운영비를 부담한다.

앞서 살펴본 것처럼 스웨덴, 덴마크, 노르웨이는 오래전부터 같은 문화권에 속해 있었다.
스웨덴과 덴마크가 독립해 나가기 전까지 세 나라는 한 왕조였다. 그러다 보니 언어도 흡사해서 세 나라 사람들이 각기 자기 나라 말을 해도 의사소통이 가능할 정도다. 종교 역시 세 나라 모두 루터교(개신교)가 주류를 이룬다. 그러니 세 나라가 한편으로는 함께 살아가고 다른 한편으로는 독립하겠다고 싸우면서 같은 문화권을 일구어온 셈이다.

	국기	수도	면적 (단위: km²)	인구 (단위: 명)	언어	종교 (단위: %)	1인당 GDP (단위: 달러)
스웨덴		스톡홀름	450,295	1,050만	스웨덴어	기독교 61 이슬람 5	55,000
노르웨이		오슬로	385,207	550만	노르웨이어	기독교 76 이슬람 4	100,000
덴마크		코펜하겐	42,933 2,220,930 (자치령 포함 면적)	600만 (그린란드 약 5만 6천, 페로제도 약 5만)	덴마크어	기독교 76 이슬람 4	72,000

스칸디나비아 3국은 지구상에서 가장 앞서가는 복지국가의 본보기를 보여 준다. 1인당 GDP도 세계 최고 수준일 뿐 아니라, 정치경제 시스템은 다른 나라들과는 사뭇 다른데, 이를 가리켜 노르딕 모델(Nordic Model)이라고 부른다.
노르딕 모델은 스칸디나비아 3국뿐 아니라, 북유럽에 속하는 핀란드와 아이슬란드도 포함한다. 이 모델은 매우 높은 과세를 통한 부의 재분배, 무상 의료·무상 교육 등 사회 안전망과 모든 인간을 향한 평등의 지향을 추구한다. 그래서 미국식 시스템에 익숙한 이들에게는 사회주의라는 비판을 받기도 한다.
그러나 지금 세계 각국은 노르딕 모델이야말로 새로운 시대의 가치라는 인식을 공유한다. 더욱 놀라운 것은 이 지역 주민들이 이러한 제도 변경에 반대한다는 것이다. 그들은 더 많은 세금과 그를 바탕으로 한 더 큰 정부 역할을 긍정적으로 보고 있다.

노르딕 모델(Nordic model)

노르딕 모델은 단순히 경제 정책뿐 아니라 사회 정책, 정치적 시스템, 나아가 여성 문제로부터 교육, 복지 시스템, 무역 정책 등 나라 전반에 걸친 특색 있는 시스템을 가리킨다. 제2차 세계대전 이후 본격적으로 모습을 드러내기 시작한 노르딕 모델 특징은 다음과 같다.

1. 선거 제도에서 비례대표제 시행

2. 무료 교육 및 보편적 의료

3. 공적 연금 제도의 보편화

4. 청렴한 사회

5. 높은 노동조합 조직률

아이슬란드 90.7%, 덴마크 67.5%, 스웨덴 65.2%,

핀란드 58.8%, 노르웨이 50.4% (대한민국 12%)

6. 높은 공공지출 비율

GDP 대비 : 스웨덴 56.6%, 덴마크 51.7%, 핀란드 48.6%

7. 높은 세율

덴마크 45%, 노르웨이 40%, 스웨덴 44%,

핀란드 43%, 아이슬란드 37% (대한민국 28%)

8. 양성평등

특히 노르웨이는 국유기업 비중이 매우 높다. 그런 까닭에 노르웨이 경제 체제를 가리켜 혼합경제 체제라 부른다. 말 그대로 자본주의적 요소와 사회주의적 요소를 가미한 것이다.

노르웨이의 주 정부는 석유, 에너지, 알루미늄 생산, 은행, 통신 등 사회 기간산업의 소유권을 확보하고 있어, 갈수록 민영화를 추구하는 나라들과 큰 대조를 이룬다.

노르딕 모델을 채용한 나라들의 국기

왼쪽부터 핀란드, 아이슬란드, 노르웨이, 스웨덴, 덴마크 국기. 우연인지 의도된 것인지 국기 형태도 비슷하다.

노르웨이 의회 선거(2021)

정당명	득표율 (단위:%)	의석 획득율 (단위:%)
노동당	26.25	28.40
보수당	20.35	21.30
중도당	13.50	16.57
진보당	11.61	12.43
사회주의 좌파당	7.64	7.69
적색당	4.72	4.73
자유당	4.61	4.73
녹색당	3.94	1.78
기민당	3.80	1.78
기타	3.56	0.59

덴마크 의회 선거(2022)

정당명	득표율 (단위:%)	의석 획득율 (단위:%)
사회민주당	27.6	27.9
방스트레	13.3	12.8
온건당	9.3	8.9
녹색좌파당	8.3	8.4
덴마크민주당	8.1	7.8
자유동맹	7.9	7.8
보수대중당	5.5	5.6
적녹연합	5.1	5.0
덴마크 사회자유당	3.8	3.9
뉴라이트	3.7	3.4
대안당	3.3	3.4
덴마크인민당	2.6	2.8
기타	(페로제도, 그린란드)	2.2

노르웨이, 스웨덴, 덴마크 등 노르딕 모델을 추구하는 나라들의 선거 결과를 보면, 모든 나라가 다당제를 채택하고 있다. 또한 득표수에 따라 의석수를 확보함으로써 다양한 국민 의사를 대변한다. 핀란드와 아이슬란드도 이 나라들과 다르지 않다.

일반적으로 노르딕 모델을 채택한 나라들의 의회 진출 정당 숫자는 10개에 가깝거나 넘는다. 가장 많은 의원을 보유한 정당조차 의석의 30%를 넘는 경우는 거의 없다. 그만큼 정치사회적으로 다양한 의사를 의회가 대변하고 있는 셈이다.

반면 미국식 정당정치를 채택한 국가들은 대부분 2개 정당이 의회 대부분을 차지하는데, 대한민국 역시 2개 정당 소속 국회의원이 90% 이상을 차지한다.

노르딕 모델 국가들 공통점 가운데 또 하나 주목할 점이 양성평등이다.

여성의 사회적 역할이 본격적으로 구현되기 시작한 20세기에 접어들면서, 이른바 선진국들은 정치를 비롯한 사회 전반에서 여성 차별을 없애기 위해 부단히 노력해 왔다. 세상 절반이 여성이라는 당연한 명제가 아니더라도, 사회 구성원 모두가 자신의 능력을 십분 발휘하기 위해서는 모든 구성원을 차별 없이 대우해야 한다.

그러나 아직도 많은 나라에서는 가시적이거나 비가시적인 다양한 장치를 동원해 여성을 차별한다. 이러한 보이지 않는 차별을 가리켜 '유리천장'이라고 부른다.

영국 시사주간지《이코노미스트》는 2013년부터 OECD 회원국을 대상으로 직장 내 여성 차별 수준을 평가해 발표했다. 이를 가리켜 '유리천장지수(glass ceiling index)'라고 하는데, 이는 OECD 각국의 여성 차별 수준, 나아가 사회의 합리성을 보여 주는 지표다.

노르딕모델을 채택한 북유럽 국가들의 유리천장지수는 매년 가장 높은 수준을 유지한다. 반면에 대한민국은 일본과 함께 가장 낮은 수준을 벗어나지 못하고 있다.

핀란드

338,145km² 면적에 600만 명이 채 되지 않는 인구를 가진 핀란드는 스칸디나비아반도에서 러시아 국경에 이르는 지역에 위치한다. 그러나 나라의 뿌리를 살펴보면 스칸디나비아 3국과는 거리가 있다. 이것이 스칸디나비아반도에 위치한 핀란드를 스칸디나비아 3국에 포함하지 않는 이유다.

핀란드 주민은, 노르만과 게르만족인 스칸디나비아 3국과는 달리 러시아 동남부를 흐르는 볼가강 유역에 살던 핀족이 대부분이다. 그들은 이 땅에 이주해 온 후 스웨덴 지배를 받기도 했지만 강압적인 것은 아니었다. 핀란드의 주 종교 역시 루터교인데, 이는 당연히 스웨덴 영향을 받은 것이다.

언어 역시 스칸디나비아 3국은 인도유럽어족에 속하는 언어를 사용하면서 서로 의사소통이 어렵지 않지만, 핀란드는 이들 언어와는 뿌리가 다른 우랄어족에 속하는 핀란드어를 사용한다. 하지만 핀란드 서쪽 스웨덴 인접 지역에서는 지금도 스웨덴어를 사용하고 있어, 스웨덴어 역시 공용어로 채택하고 있다.

그 후 핀란드는 동쪽 러시아의 침략을 받았다. 핀란드를 점령한 러시아는 러시아어를 공용어로 하는 등 핀란드를 러시아 일부로 만들고자 했다. 클래식 음악을 좋아하지 않는 사람들도 대부분 아는 시벨리우스(Jean Sibelius, 1865~1957)의 교향시 〈핀란디아Finlandia〉는, 조국 핀란드가 러시아 압제에 시달리던 시기에 만든 애국적인 곡이다.

한편 러시아에서 일어난 사회주의 혁명으로 러시아 왕조가 무너지자 핀란드 역시 독립을 선언하였고, 그 후 들어선 구소련이 이를 승인해 드디어 핀란드가 독립 국가로 섰다.

그러나 좋은 시절도 잠깐이었다. 제2차 세계대전이 발발한 후 소련 침략에 맞서 싸웠지만 역부족이었다. 세계대전이 끝날 무렵 영토 일부를 소련에 할양했을 뿐 아니라 배상금까지 지불하면서 평화를 얻었다. 이때 상실한 영토는 카렐리야 지방 대부분, 페트사모 지방, 발트해의 몇몇 섬들이며, 핀란드 제2의 도시였던 비보르크까지 잃었다.

그 후 핀란드는 1995년 유럽연합에 가입하는 한편 국경을 맞대고 있는 러시아와도 우호적인 관계를 형성하였다. 다른 한편으로는 중립국을 선언하여 외교적 안정을 꾀하며 오늘의 풍요를 이루었다.

--- 제2차 세계대전 이전 국경
— 제2차 세계대전 이후 국경
— 카렐리야 자치공화국 국경
(러시아 내)

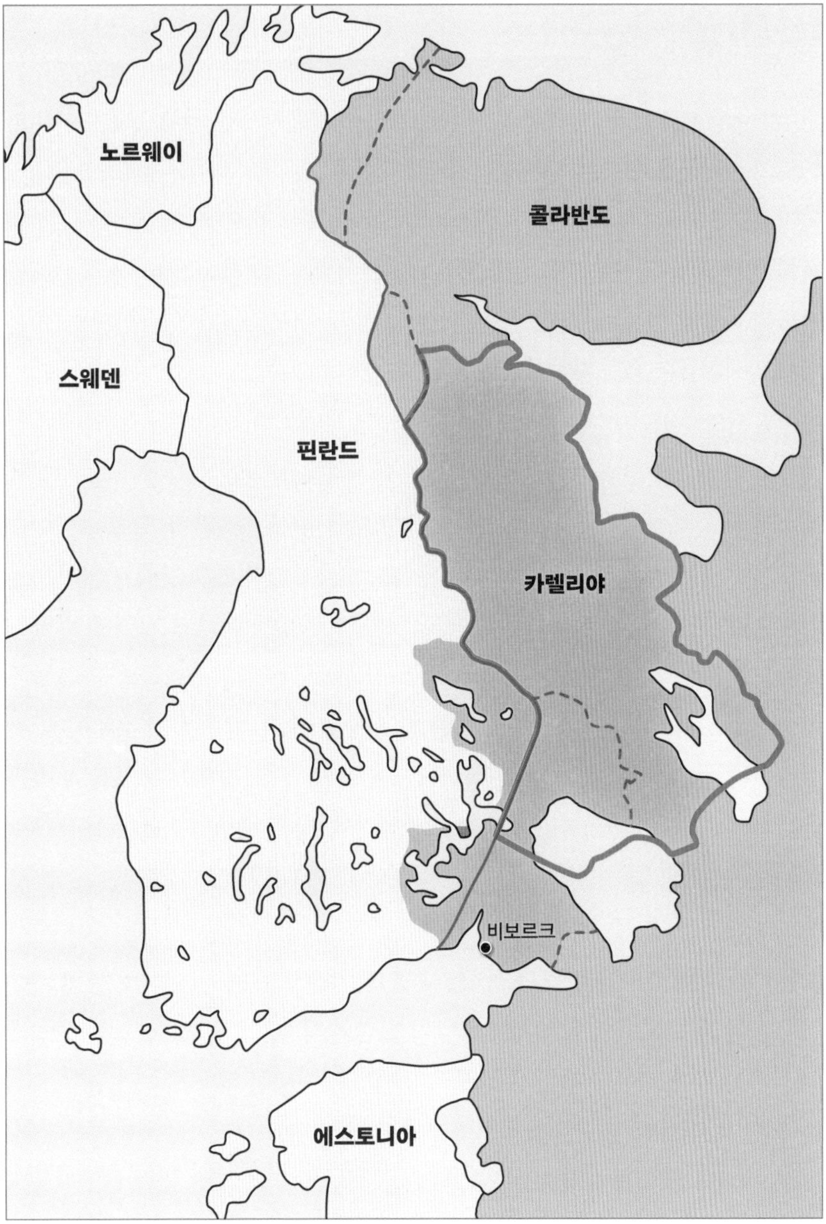

카렐리야*를 둘러싸고 벌인 러시아와 핀란드의 갈등

카렐리야인들은 오래전부터 북유럽에 거주하던 민족으로, 오늘날 핀란드와 러시아, 스웨덴 등에 흩어져 살고 있다. 카렐리야인들이 거주하던 지역을 카렐리야라고 부르는데, 이 지역을 놓고 핀란드와 러시아는 각축을 벌였다. 제2차 세계대전 이후 카렐리야 지역 대부분은 러시아에 복속되었는데, 러시아는 이곳에 카렐리야 자치공화국을 설치하였다.

* 《표준국어대사전》에 따르면 이 지역은 카렐리야이고, 이곳에 사는 주민은 카렐리야인으로 표기하고 있다.

	국기	수도	면적 (단위: km²)	인구 (단위: 명)	인종 구성 (단위: %)	언어	1인당 GDP (단위: 달러)
핀란드		헬싱키	338,145	560만	핀란드계 91 아시아계 3	핀란드어 스웨덴어	55,000
아이슬란드		레이캬비크	103,125	38만	아이슬란드계 86 폴란드계 6	아이슬란드어	80,000

아이슬란드

대한민국과 비슷한 103,000km² 면적을 가진 아이슬란드는 영국, 스칸디나비아 반도와 삼각점을 이루는, 대서양에 자리한 섬나라다.

아이슬란드(Iceland)라는 나라 이름이 말해 주듯, 북위 65도에 자리한 이 섬은 경작이 어려운 땅이 대부분이며 영토의 12%는 빙하다. 그러다 보니 면적은 대한민국에 버금갈 정도이지만 인구는 40만 명도 채 안 된다. 그러나 1인당 GDP는 세계 최상위 수준을 기록할 만큼 풍요로운 땅이다.

아이슬란드에 사람이 처음 상륙한 것은 870년 무렵이다. 이 무렵 노르웨이 출신 가족이 이곳으로 건너오면서 아이슬란드 역사가 시작되었다고 본다. 그런데 세계 최초 의회가 이곳에서 930년 무렵 시작했다는 사실은 놀랍다. 오늘날 아이슬란드가 누리는 다양성과 높은 수준의 문화는 이때부터 비롯된 것이 아닐까.

아이슬란드 역시 스칸디나비아 나라들처럼 오랫동안 덴마크 지배를 받다가 1944년 비로소 독립했다.

아이슬란드는 1인당 도서와 잡지출판 및 서점 비율이 세계 최고 수준이다. 척박한 여건에서도 아이슬란드가 세계적인 수준의 문화·경제적 풍요를 누리는 데는 이유가 있다. 아이슬란드의 문화에 대한 열정은 대외적으로도 인정받아, 2011년 수도 레이캬비크가 유네스코(UNESCO) 문학도시(City of Literature)로 선정되었다.

그뿐이 아니다. 아이슬란드는 동성결혼을 합법적으로 인정한 세계 최초 국가이며, 세계에서 남녀간 임금 격차가 가장 적은 나라다. 이는 나라와 주민 모두가 평등을 지향한다는 강력한 표시로, 소득불평등 정도도 세계에서 가장 낮다. 또 아이슬란드에는 민간 의료시설이나 의료보험이 없다. 즉, 의료 서비스는 100% 국가가 관장하고 제공한다. 자본주의 사회에서는 상상하기 힘든 일이니, 아이슬란드라는 나라를 어떤 체제라고 규정짓는 것 자체가 어렵다.

아이슬란드 내각과 수상 관저

아무리 아이슬란드 인구가 40만 명도 채 안 된다고 해도 1인당 GDP가 8만 달러에 달하는 나라의 내각과 수상이 집무하는 사무실치고는 너무 소박하다. 아니, 정치인이 그렇게 소박하기에 8만 달러 GDP에 평화롭고 평등한 사회가 유지되는 것일지 모른다.

서유럽

서유럽은 유럽의 서쪽이라는 지리적 요소 외에도 정치·역사·문화적 배경을 공유하는 나라들을 가리킨다. 좁게는 프랑스·영국·아일랜드, 그리고 이른바 베네룩스 3국(벨기에·네덜란드·룩셈부르크)을 가리키고, 넓게는 지리적으로 중부 유럽에 속하는 독일·오스트리아·스위스까지 포함한다. 이 책에서는 넓게 보아 위에 언급한 나라 모두를 서유럽에 포함하기로 한다.

서유럽 모습

서유럽은 우리에게 낯익은데, 유럽 여행 상품 가운데 대표적인 것이 '서유럽 0개국'이기 때문이기도 하다. 우리나라 여행사들은 관광지로 이름 높은 이탈리아도 서유럽에 포함하곤 한다. 하지만 이탈리아는 남유럽 국가의 대표적인 곳이다. 서유럽 면적은 매우 좁다. 중부 유럽에 속하는 나라들까지 포함해도 그렇다.

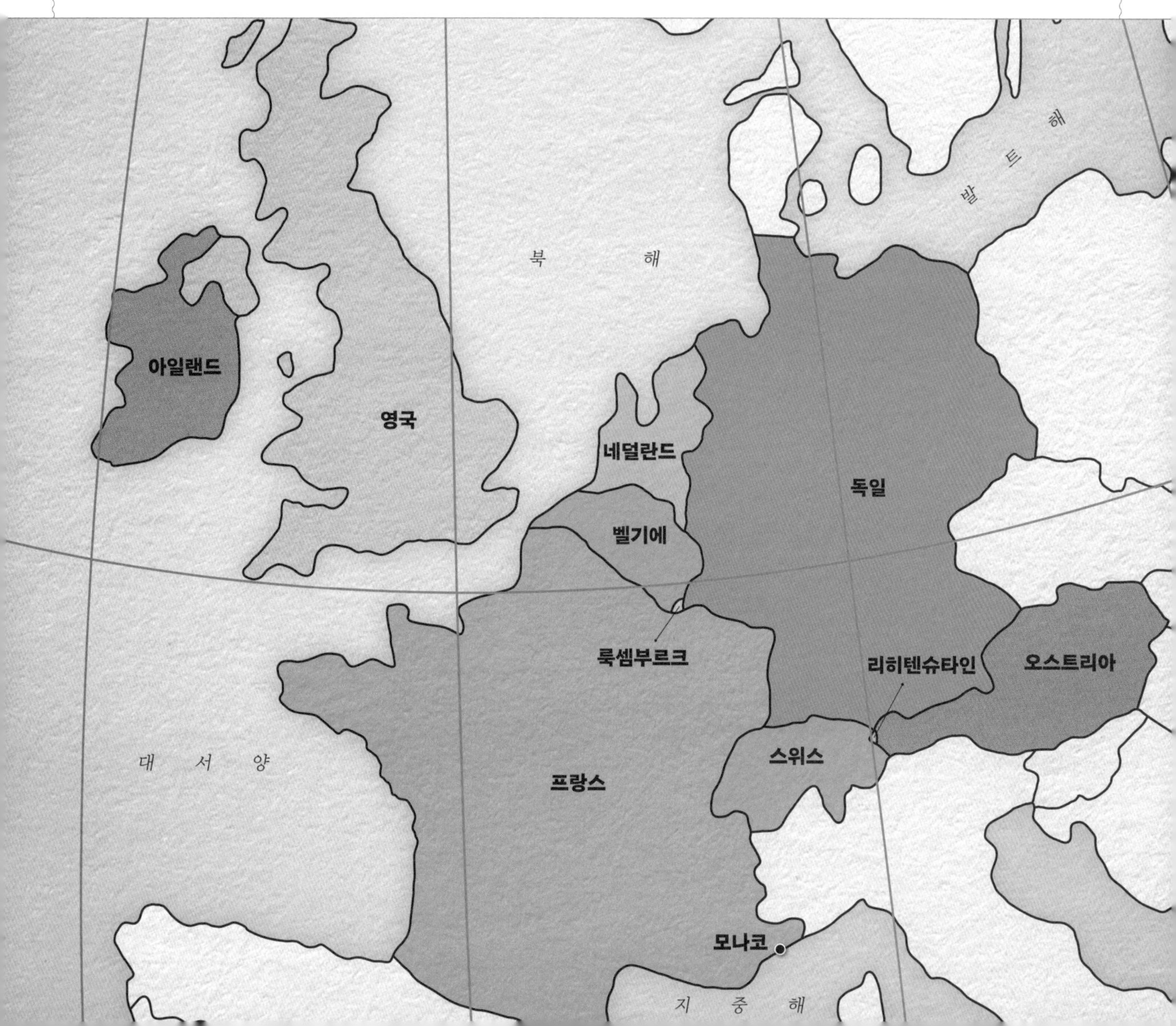

베네룩스 3국

베네룩스 3국은 영토를 다 합해도 대한민국보다 작다. 인구도 3천만 명 정도에 불과하다. 그런데도 세 나라는 전 지구적으로 존재감을 뽐내고 있다. 경제적으로 세계 최고 수준이라는 사실 외에도, 세 나라가 힘을 합쳐 대외적인 문제를 해결하려는 놀라운 발상 때문이다.

베네룩스 3국 가운데 가장 큰 나라는 네덜란드다. 반면에 지구본에서 잘 보이지도 않는 나라가 있는데, 룩셈부르크다. 그럼에도 유럽 역사를 훑어볼 때 빠질 수 없는 나라다.

고작 2,586km² 면적을 가진 나라가 왜 그리 중요한지는 지구본을 보면 알 수 있다. 룩셈부르크는 프랑스·독일·벨기에에 둘러싸인 요충지로, 이곳을 둘러싸고 여러 나라가 각축전을 벌여 온 탓이다. 룩셈부르크는 룩셈부르크어와 함께 독일어·프랑스어를 공용어로 사용하는데, 이를 통해서도 이 지역이 겪어 온 역사적 배경을 짐작할 수 있다.

10세기 무렵 처음으로 역사에 등장한 룩셈부르크는 이후 네덜란드, 프랑스, 독일, 다시 네덜란드 지배를 거쳐 1839년, 독립을 이루었다. 물론 그 후에도 여러 나라가 호시탐탐 이 지역을 노렸지만 굴하지 않고 오늘날까지 그 체제를 유지하고 있다.

벨기에 역시 에스파냐, 오스트리아, 프랑스 지배를 거쳐 네덜란드에 병합되었다가 1830년, 독립을 이루었다.

결국 베네룩스 3국의 뿌리는 네덜란드에 있다고 볼 수 있다. 세 나라가 네덜란드를 중심으로 병합되었다가 독립하여 세 나라를 이루었기 때문이다.

그럼에도 세 나라가 평화롭게 한 공동체를 이루며 살아가는 현실은, 일본의 침략을 받은 후 오늘날까지 세 나라 사이에 증오와 갈등이 이어지는 한·중·일, 3국과는 많은 차이가 있다.

그렇다면 베네룩스 3국의 출발점이자 앞서 아시아와 아프리카 여러 나라에 등장했던 네덜란드는 과연 어떤 나라일까?

네덜란드가 하나의 정체성을 띤 지역으로 자리매김한 것은 10세기경이다. 프랑크왕국이라는 서유럽 최초의 게르만족 통일국가에서 벗어나 여러 공국으로 분할된 후 근대가 전개될 무렵, 암스테르담이라는 교역 중심지를 발판 삼아 세계

베네룩스 3국 현황

벨기에 수도는 브뤼셀, 네덜란드 수도는 암스테르담, 룩셈부르크 수도는 룩셈부르크.

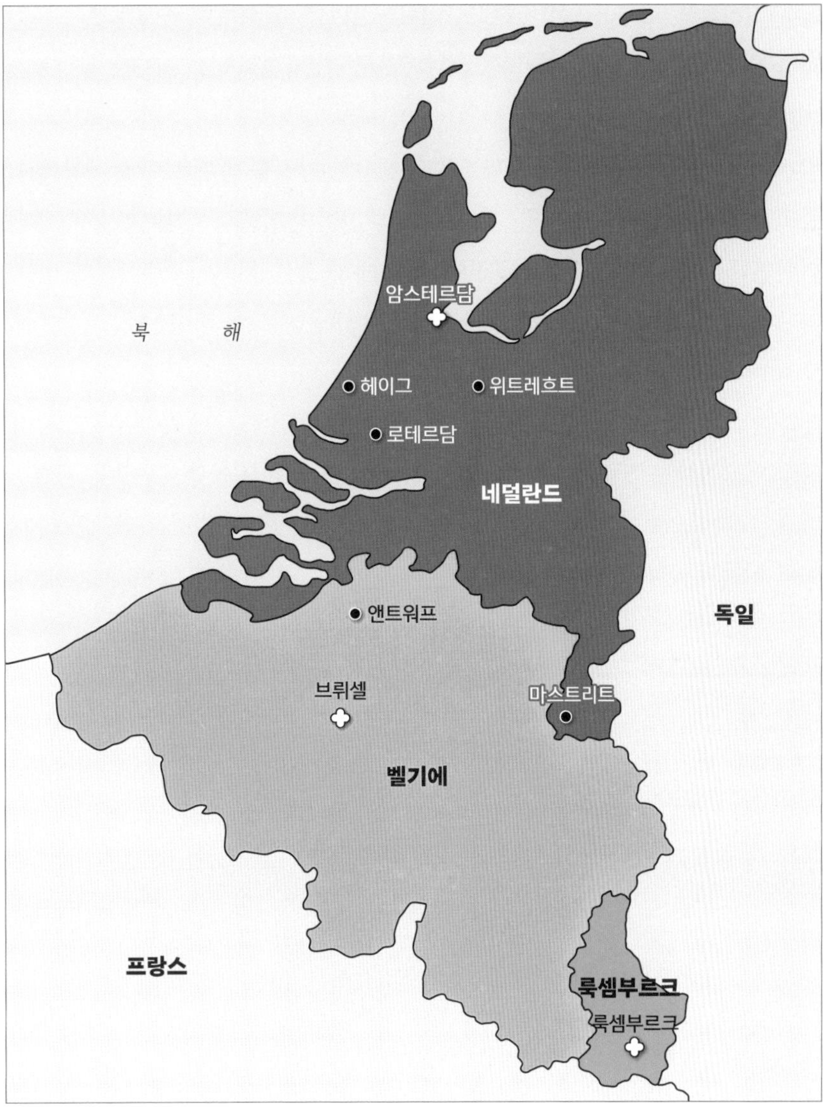

강국으로 우뚝 선다.

16세기경 종교개혁이라는 새로운 움직임이 일으킨 갈등의 중심에 있던 네덜란드는 가톨릭을 대표하는 스페인 지배를 받다가, 루터파 기독교를 수용한 네덜란드인을 중심으로 저항에 나섰고, 1581년 네덜란드 독립을 선언하였다. 그 후 1648년에는 신성 로마 제국에서도 벗어나 명실상부한 독립국이 되었다.

네덜란드는 그 이전부터 독립을 위한 저항과 더불어 세계 각국으로 진출하여 식민지 건설에도 앞장섰다. 오늘날 뉴욕이라는 세계 도시를 처음 건설한 것 역시 네덜란드로, 이곳에 뉴암스테르담이라는 명칭을 붙이기도 했다.(뉴암스테르담은 당연히 새로운 암스테르담이라는 뜻에서 붙인 명칭이고, 뉴욕은 영국 식민지로 바뀐 후 그 무렵 영국 왕의 동생 요크공 이름을 따서 붙인 명칭이다.)

한편 세계 강국이 된 뒤에도 프랑스 나폴레옹의 침공을 받아 프랑스 제국에 합병되는 수모를 겪기도 했지만, 제2차 세계대전이 발발하자 네덜란드는 중립을 선언한다. 그러나 세계 정복을 꾀하는 독일에게 그런 것은 아무런 영향도 미치지 못했다. 결국 독일군이 침략하자 이들은 새로운 시도를 하였는데, 그것이 바로 베네룩스 3국이라는 조직이었다.

제2차 세계대전으로 독일에 나라를 빼앗긴 네덜란드, 벨기에, 룩셈부르크의 세 나라 망명정부는 런던에 자리를 잡은 후 1944년, 베네룩스 관세동맹을 체결한다. 한 나라씩으로는 약해서 외부 자극에 적절히 대응할 수 없다고 판단한 세 나라의 이해가 맞아떨어진 결과였다. 이 관세동맹은 종전 후인 1948년에는 베네

오늘날에도 남아 있는 네덜란드 해외 영토

네덜란드 해외영토는 중앙아메리카 카리브해에 남아 있는데, 아루바·신트마리턴·쿠라사우는 자치령이고, 보네르·신트외스타티위스엔사바는 네덜란드 본국에 편입되었다.

한편 지도에서 볼 수 있듯이 카리브해에는 아직도 수많은 식민지가 있다. 지도에 표기된 섬 외에 표기되지 않은 섬들도 여럿 있다는 사실을 고려해야 한다. 지도에서 잘 보이지도 않는 섬들이지만, 암초 하나 가지고도 전쟁을 불사하는 현대 정치외교적 상황을 고려하면 이 섬들의 가치가 얼마나 큰지 알 수 있다.

룩스 경제연합으로 확장되었고, 오늘날에는 정치·경제·사회·군사 등 다양한 분야에서 전면적인 협력으로 이어지고 있다.

그뿐 아니라 베네룩스 동맹은 후에 유럽 국가들에게 영감을 불어넣어, 1952년 네덜란드·벨기에·룩셈부르크·프랑스·이탈리아·서독이 참여한 유럽석탄철강공동체(European Coal and Steel Community, ECSC)라는 조직 탄생에 기여했다. 그리고 이 조직은 오늘날 유럽 전역을 하나의 나라로 묶어가는 유럽연합(EU)의 주춧돌이 되었다.

	국기	수도	면적 (단위: km²)	인구 (단위: 명)	언어	종교 (단위: %)	1인당 GDP (단위: 달러)
벨기에		브뤼셀	30,689	1,200만	네덜란드어 프랑스어 독일어	가톨릭 60 개신교 3 이슬람 7	54,000
네덜란드		암스테르담	41,865	1,800만	네덜란드어	가톨릭 20 개신교 15 이슬람 5	62,000
룩셈부르크		룩셈부르크시티	2,586	66만	룩셈부르크어 프랑스어 독일어	가톨릭 64 개신교 10	135,000

프랑스

서유럽, 나아가 유럽 전체를 조망할 때 빼놓을 수 없는 것이 게르만족 이야기다. 게르만족이 세계사에 등장하면서부터 역사가 복잡해진다. 그리스·로마 역사까지는 재미있게 배우던 사람들조차, 게르만족이 로마 제국으로 이동하면서 전개되는 역사에는 고개를 절레절레 휘두른다.

그도 그럴 것이 특별히 한곳에 정착하지도 않은 수많은 게르만족 일파들이 여기저기서 작은 왕국, 공국을 만들고 이합집산하면서 역사를 전개해 나가기 때문이다. 게다가 그들이 세운 왕조는 또 얼마나 많으며, 그 왕조들 사이에 혼인을 통해 이렇게 저렇게 얽히다 보니, 도무지 어떤 나라가 어떤 나라인지 구분조차 할 수 없을 정도다.

일반적으로 서유럽은 프랑크 왕국(481~843)으로부터 시작한다고 본다.

게르만족 일파인 프랑크족이 세운 이 나라는, 서로마 제국이 쇠퇴하면서 공백 상태가 된 유럽을 지배하는 동시에 로마 교황청과도 연합하여 중세 유럽을 지배하였다. 메로빙거 왕조(481~751)와 카롤링거 왕조(751~987)를 거치며 전성기를 구가하던 프랑크 왕국은 843년 베르됭 조약에 의해 3등분된다.

베르됭 조약은 프랑크 왕국의 루도비쿠스 경건왕(Louis the Pious, 778~840, 재위 813~840) 사후 그의 세 아들이 프랑크 왕국을 셋으로 나누어 지배하기로 한 조약이다.(유럽 왕들 가운데는 이름 외에 '경건왕'이니 '대머리왕'이니 '비만왕'이니 하는 별칭이 붙은 경우가 많다. 인물의 특징을 살려 붙인 것인데, 초상화를 보지 않아도 모습을 짐작할 수 있다.)

이에 따라 프랑크 왕국은 중부 제국(로트링겐·부르군트·북이탈리아), 동프랑크 왕국(라인강 동쪽), 서프랑크 왕국(론강·손강·셰르트트강 서쪽)으로 나뉘었다. 그 후 중부 제국 로트링겐 국왕이 사망하자 이 지역을 서프랑크 왕국이 병합하려고 하였다. 이에 동프랑크가 반발했고, 결국 870년 메르센 조약을 통해 동프랑크 왕국과 서프랑크 왕국이 그 지역을 분할 통치하기로 하였다.

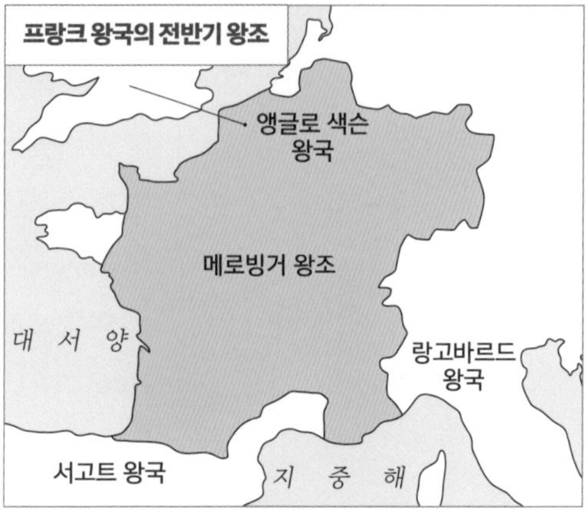

프랑크 왕국의 출범

분열된 상태로 할거하던 프랑크족을 통일한 인물이 클로비스(재위 482~511)였다. 그는 정적과 주변 인물들을 모두 제거한 후 할아버지에서 시작한 메로빙거 왕조 전성기를 열었고, 프랑크왕국은 이로부터 시작하는 것으로 본다. 그로부터 250여 년이 지나 궁재(궁정 실권을 장악한 인물) 출신 카를 마르텔의 아들 피핀 3세가 메로빙거 왕조 마지막 왕 힐데리히 3세를 폐위한 후 스스로 왕위에 오르는데, 이로부터 카롤링거 왕조(751~987)가 열린다.

카롤링거 왕조는 피핀 3세의 아들 샤를마뉴 대제 때 서유럽을 통일하고 로마 교황으로부터 황제 칭호를 얻는다.

그러나 그가 죽은 후 프랑크 왕국은 베르됭 조약을 거쳐 중부 제국, 동프랑크 왕국, 서프랑크 왕국으로 3등분되었다가 이후 메르센 조약으로 동프랑크 왕국과 서프랑크 왕국이 분할 통치하면서 오늘날 독일, 프랑스의 기반이 형성되었다. 남은 중프랑크 왕국과 롬바르디아 지방은 이탈리아의 기반이 된다.

게르만족의 대이동 경로

부르군트족 동게르만계의 일파. 로마 제국 용병으로 활동하다가 로마 세력이 약화한 틈을 타 세력을 확대하였다. 후에 아틸라가 이끄는 훈족 출신 로마 용병에게 패해 멸망하였다.

반달족 게르만 대이동 시기에 북아프리카를 침략하여 카르타고를 중심으로 반달왕국을 건국했다. 이때가 반달족 전성기인데, 후에 내분이 일어나면서 동로마 제국에게 멸망하였다.

고트족 스칸디나비아반도에서 거주하던 고트족은, 남하하여 다뉴브 북쪽에 기반을 마련한 것이 서고트족, 흑해 북서해안에 마련한 것이 동고트족이 되었다. 동고트족은 게르만족 출신 로마 용병을 이끌고 서로마 제국을 멸망시킨 오도아케르를 물리치고 이탈리아를 정복하는 등 전성기를 맞았으나, 왕위 상속을 둘러싼 내분으로 동로마 제국에게 멸망하였다. 한편 서고트족은 게르만족 대이동을 가져온 중심 세력인데, 후에 에스파냐를 중심으로 서고트 왕국을 세웠다. 그 후 프랑크 왕국과 동로마 제국의 공격을 받으면서도 꿋꿋하게 버텨 나갔으나 711년, 아프리카에서 건너온 이슬람 세력에게 멸망하였다.

랑고바르드족 게르만족의 일파인 랑고바르드족은 6세기 무렵 이탈리아를 공격하여 랑고바르드 왕국을 건설하였다. 그러나 774년, 프랑크 왕국 샤를마뉴 대제에게 멸망하였다. 오늘날 북부 이탈리아의 중심 주인 롬바르디아는 랑고바르드에서 그 명칭이 유래하였다.

색슨족 오늘날 영국인을 가리키는 색슨족 역시 게르만족의 한 일파다. 본래 영국에는 켈트인이 자리를 잡고 있다가 색슨족에게 밀려났는데, 사실 켈트인도 청동기시대에서 철기시대 초에 걸쳐 대륙에서 이곳으로 건너가 선주민을 밀어낸 후 정착하였다. 색슨족은 앵글족, 색슨족, 유트족 등을 아우르는 말이다.

프랑크족 서게르만족에 속하는 일파로, 살리족, 리부아리족, 카티족 등 라인강 동쪽에 정주한 부족을 가리킨다.

이렇게 해서 오늘날 프랑스 연원인 서프랑크왕국과 독일 연원인 동프랑크왕국이 형성된다.

서프랑크왕국은 987년 카페왕조가 출범하면서 프랑스 시대를 연다. 프랑스라는 나라가 역사에 등장하는 것은 이때부터인 셈이다. 카페왕조 시대에 전성기를 구가하던 프랑스는 1328년, 카페왕조 뒤를 이은 발루아왕조로 연결된다.

발루아왕조 시대의 가장 중요한 사건은 1337년에 시작해 1453년에 끝나는 백년 전쟁이다. 백년 전쟁은 영국의 침략으로 시작했는데, 전쟁 초기에는 영국이 우위를 점하였다. 그러나 유명한 잔다르크가 등장하면서 전세는 프랑스에 유리하게 전개되었고, 결국 영국이 철수하면서 전쟁은 끝났다.

한편 발루아왕조 뒤를 이어 1589년에는 프랑스 최후 왕조인 부르봉왕가가 출범한다. 부르봉왕가는 프랑스 절대왕정의 전성기를 구가하는데, 1789년부터 1794년에 걸쳐 일어난 프랑스 혁명(French Revolution) 결과 왕위에서 쫓겨났다가, 나폴레옹이 쫓겨난 후 다시 복위한다. 그러나 1830년, 샤를 10세가 퇴위하면서 부르봉왕가 역사도 끝이 난다.

샤를마뉴 대제의 대관식 모습. 프리드리히 카울바흐 작

샤를마뉴 대제는 800년 교황 레오 3세로부터 서로마 황제로 인정받았다. 동로마 제국에 맞선 서로마 세력의 부활을 꿈꾼 교황과 샤를마뉴의 이해가 맞아떨어진 결과였다.

프랑스 혁명

오늘날 프랑스를 만든 기반은 누가 뭐라고 해도 프랑스 혁명이다. 프랑스 혁명은 유럽뿐만 아니라 세계에도 큰 충격을 던졌다. 국왕·귀족·성직자가 권리를 독점하고 시민들은 의무만을 부담해야 했던 봉건제 시대, 그리고 왕이 나라를 다스리는 것이 당연한 시대에, 시민의 힘으로 왕을 끌어내렸다는 사실만으로도 프랑스 혁명은 유럽에 대변혁을 가져왔다. 그에 더해 신분제도를 철폐하고 공화제를 채택함으로써 수많은 사람에게 새로운 시대의 영감을 주었다.

이러한 프랑스 혁명 정신은 오늘날에도 면면히 이어오고 있다. 프랑스 국가(國歌)인 〈라 마르세예즈〉는, 1792년 프랑스 혁명 파급을 우려해 공동으로 프랑스 공격에 나선 여러 나라 군대와 싸울 때 프랑스 의용군들이 처음 불렀고, 그 후 국가로 채택되었다.

또 프랑스 국기인 삼색기(Le drapeau tricolore) 역시 프랑스 혁명 때 국민군 총사령관으로 임명된 라파예트가 시민에게 나누어준 모자 색에서 유래한 것으로, 파랑은 자유, 흰색은 평등, 빨강은 우애를 상징한다.

그러나 프랑스 혁명 정신은 명분일 뿐, 프랑스 역시 제국주의 시대에는 전 세계로 침략의 발길을 돌려, 앞서 아시아와 아프리카에서 살펴본 것처럼 베트남을 비롯한 인도차이나반도, 그리고 아프리카 및 아메리카 대륙 여러 곳에 식민지를 건설하였다.

프랑스는 면적이 640,801km²에 달하며 인구 또한 7천만 명에 가까운 강대국이다. 종교는 가톨릭이 인구 절반가량을 차지하고, 아프리카에서 이주해 온 인구 역시 상당해 이슬람교도가 10%를 넘는다.

자유, 평등, 우애의 상징, 프랑스 국기

프랑스 혁명은 프랑스 국민에게는 새로운 시대를 알리는 서곡이었지만, 다른 유럽 국가들의 왕과 지배층에는 공포의 상징이었다. 하루아침에 자신들도 나락으로 떨어질 수 있기 때문이었다. 그래서 유럽 지배층은 프랑스 혁명의 영향력이 자신들이 다스리는 민중에게 미치지 못하도록 온 힘을 다했다.

	국기	수도	면적 (단위: km²)	인구 (단위: 명)	언어	종교 (단위: %)	1인당 GDP (단위: 달러)
프랑스		파리	643.801	6,800만	프랑스어	기독교 34 이슬람 11 무교 53	47,000

프랑스 대혁명(French Revolution, 1789. 5. 5. ~ 1799. 11. 9.)

프랑스 대혁명은 인류 역사상 가장 중요한 사건 가운데 하나다. 프랑스 대혁명은 그 자체만 중요한 것이 아니라 그 사건이 도미노처럼 불러일으킨 다양한 결과, 그로부터 유래한 근대 사회의 변혁, 문화적으로 새로운 도약을 불러온 정신과 철학 등 인류 역사 전반에 영향을 끼쳤기 때문이다.

여기서는 프랑스 대혁명의 편년체적 기술을 통해 언제 어떤 과정을 거쳐 프랑스 대혁명이 시작되고 종말을 맞이했는지 살펴본다.

프랑스 대혁명 이전, 프랑스에서는 90%에 달하는 시민계층이 납세의 의무를 지고 있었지만, 왕족·귀족·성직자들은 아무런 노동도 하지 않고 납세 의무도 지지 않으면서 화려한 생활을 했다. 이러한 체제는 중세 봉건사회의 기반이 된 절대왕정, 즉 왕의 권한은 신으로부터 받은 절대적인 것이라는 사상에 바탕한 것이었다.

그러나 루이 16세(1754~1793, 재위 1774~1792)가 즉위한 후 프랑스는 재정적 어려움에 빠졌다. 가장 큰 이유는 독립 전쟁을 일으킨 미국을 지원했기 때문이다(프랑스는 전통적으로 영국과 경쟁 관계였기 때문에, 영국의 적은 곧 프랑스의 우군이었다. 따라서 미국이 영국을 상대로 독립 전쟁을 벌이자 미국을 지원한 것이다). 이에 재정총감 칼론은 시민 외에 귀족과 성직자 모두에게 세금을 부과하는 안을 냈고, 이는 당연히 귀족과 성직자의 반발을 불러왔다.

결국 후임 재정총감 네케르는 1614년 이후 한 번도 열리지 않아 무력화된 삼부회*, 즉 성직자·귀족·평민 대표로 구성된 회의를 1789년에 개최하겠다고 발표하였다.

삼부회는 1789년 5월 5일 베르사유 궁전에서 개최하였는데, 약 600명으로 구성된 삼부회는 성직자와 귀족 대표가 300명, 평민 대표가 300명이었다. 이에 성직자와 귀족 대표들은 신분별로 투표하자고 주장하였고, 평민 대표들은 다수결로 하자고 주장했다. 타협에 실패하자 평민들은 그들만의 국민의회를 결성하였다.

이에 왕과 귀족들은 반대했으나 평민의원들의 권위에 눌려 결국 국민의회를 승인하였다. 이렇게 출범한 국민의회는 7월 초 '헌법 제정의회'로 명칭을 바꾸고, 새로운 헌법과 의회 설치

* 1302년 카페왕조의 11대 왕 필리프 4세가 처음 소집했는데, 사제·귀족·평민 대표를 모아 왕에 대한 협력을 요청하는 자문기관으로 출발했다. 그러나 삼부회는, 왕이 나서 다른 국민의 이야기를 들으려고 한 것이 아니라, 왕권을 제한하려는 교황 세력에 대항하는 데 국가의 힘을 결집하기 위한 것이었다. 필리프 4세는 삼부회를 적절히 활용, 교황에 적극적으로 대항하여 교황청을 아비뇽으로 옮기는 이른바 '아비뇽 유수' 시대(1309~1377)를 열었다.

절대왕정의 상징인 베르사유 궁전에서 1789년 5월 5일 개최한 삼부회 모습

프랑스 대혁명은 이날 시작되었다고 역사는 기록한다.

에 착수하였다.

그러나 이러한 변화를 수용할 수 없었던 왕은 네케르를 파면하였고, 이 소식을 들은 파리 시민들은 1789년 7월 14일, 바스티유 감옥을 습격하였다.

이 소식이 전국으로 퍼져나가자 평소 왕정에 불만을 품고 있던 농민들은 격렬한 시위에 나섰고, 프랑스 전역은 공포 분위기에 빠져들었다. 이에 8월 4일 밤, 헌법 제정의회는 봉건적 신분제와 영주제 폐지, 농민의 세금과 부역 폐지를 선언하였다. 또 8월 26일에는 그 유명한 프랑스 '인권선언'을 발표하였다. 이는 세계 최초의 인권선언일 뿐 아니라 인권은 하늘이 내린 것으로 주권재민, 즉 주권은 백성에게 있음을 선언한, 그 시대로서는 완전히 새로운 관념이었다.

바스티유 습격 사건

프랑스 대혁명 하면 떠오르는 게 바스티유 감옥 습격 사건(1789년 7월 14일)이다.

그런데 이 개혁의 시간에 결정적인 사건이 벌어진다. 1791년 4월, 삼부회 평민 대표 출신으로 국민의회 온건파인 미라보(Honoré Gabriel Riquetti Comte de Mirabeau, 1749~1791)가 갑자기 사망한다. 미라보는 파리 시민들의 인기를 한 몸에 받고 있으면서도 왕비 마리 앙투아네트와 밀통하고 있었다. 그런 미라보가 사망하자, 궁에서 한 걸음도 나가지 못한 채 생활하던 왕과 가족들은 불안을 느꼈고 그해 6월 20일, 마차를 타고 탈출에 나섰다. 그러나 일행은 국경 부근에서 체포되어 파리로 끌려왔다.

이는 온건파의 입지를 좁혔고 다시 프랑스는 혁명의 불길에 휩싸인다. 그해 9월 프랑스 최초 헌법을 제정하고, 이를 근거로 10월 1일 입법의회가 출범하였다. 새로운 헌법은 입헌왕정(헌법을 제정하고 이에 따라 왕에게 제한된 권력만을 부여하는 정치 체제)을 국시로 내세울 만큼 온건했다. 그런데도 유럽 각국 정부는 프랑스 혁명에 불안한 눈길을 지우지 않은 반면, 유럽 시민들은 프랑스 혁명 정신을 수용하려는 움직임을 보이고 있었다.

1792년 4월, 프랑스는 반혁명 세력을 끊임없이 고무하고 외교적으로 압박을 가하는 오스트리아와 프로이센, 두 나라에 선전포고를 했다. 그러나 프랑스군은 무력 면에서 두 나라의 상대가 되지 않아 오히려 궁지에 몰렸다. 이에 파리 시민들은 입법의회의 보수파 의원들을 공격하는 한편, 루이 16세가 국외의 반혁명 세력과 내통한다고 여겼다.

그해 7월, 입법의회는 "조국이 위기에 빠졌습니다."라는 선언을 발표했고, 이에 따라 프랑스 각지에서 의용군들이 파리로 속속 집결하였다. 이들은 적과 싸우기 전에 내부의 적을 무찔러야 한다고 판단, 왕이 머물던 튈르리 궁전을 습격하였다. 이에 왕은 의회로 피했으나 결국 유폐되기에 이른다.

1792년 8월 10일 일어난 튈르리 궁전 습격 모습

그런 와중에도 오스트리아와 프로이센 군대는 프랑스 진격에 성공, 파리 외곽까지 진출했다. 그 무렵 마르세유의 의용군 700명이 〈라 마르세예즈〉라는 노래를 부르며 지원차 파리로 들어왔다. 이렇게 프랑스 각지에서 모인 의용군들은 심기일전하여 전투에 임했고, 결국 발미 전투에서 프랑스군이 결정적인 승리를 거둔다.

발미 전투가 종료되자마자 프랑스 입법의회는 해산하고 이튿날인 1792년 9월 21일, 국민공회를 수립하였다.

프랑스 대혁명에 전환점이 된 발미 전투

발미 전투에서 프랑스가 패했다면, 프랑스 대혁명 세력과 체제는 물거품이 되었을 것이다. 이 전투에는 유명 작가 괴테가 프로이센군의 참모로 참전했는데, 그는 전투가 끝난 후 이런 말을 남겼다. “1792년 9월 20일을 기점으로 세계사의 새로운 시대가 열렸다.”

국민공회는 왕정을 폐지하고 공화정을 채택하면서 완전히 새로운 프랑스 건설에 나서고, 11월에는 유럽 전역의 혁명 세력을 지원하겠다고 선언하였다.

국민공회는 온건파인 지롱드파와 과격파인 산악파가 대립하였는데, 이들이 첨예하게 대립한 사안이 국왕을 어떻게 할 것인가였다. 결국 투표를 통해 산악파가 승리, 루이 16세는 1793년 1월 21일, 단두대에서 목이 잘리고 만다.

루이 16세의 단두대 처형

단두대 앞 석조물에는 루이 16세의 할아버지 루이 15세 동상이 있었으나, 프랑스 대혁명이 일어난 후 파괴되었다.

1794년 7월 28일, 로베스피에르는 자신이 앞장서 처형한 루이 16세의 뒤를 이어 단두대에서 생을 마감했다. 이를 역사에서는 '테르미도르의 반동'이라고 부른다.

이 사건으로 프랑스 내부에서는 과격파가 주도권을 잡았고, 대외적으로는 많은 나라가 프랑스 혁명정부에 반기를 들기 시작하였다. 국민공회를 완전히 장악한 산악파는 농민들에게 토지를 무상으로 분배하는 등 급진적인 정책을 펴는 한편, 반혁명 세력을 진압한다는 명분으로 과격파인 로베스피에르가 공안위원회에 출마, 독재적인 권력을 소유한다.

이에 프랑스는 유럽 각국의 공격을 받게 되었고, 프랑스군이 밀리기 시작하였다. 그러자 공안위원회는 혁명재판소 강화, 통제경제 실시, 전 국민 병역의무를 내걸고 혁명정부 수립을 선언하였다. 그리고 왕비 마리 앙투아네트와 많은 반혁명 세력을 처단하는 공포정치를 시행하였다.

그러나 시간이 흐르면서 산악파 내부에서 갈등이 일어났고, 다른 한편으로는 공포정치에 대한 반작용으로 로베스피에르 반대파가 힘을 얻었다. 결국 1794년 7월 27일, 의회에서는 로베스피에르에 대해 유죄를 선고하고, 이튿날 그를 비롯한 일파를 처형하였다. 이를 '테르미도르의 반동(反動)'이라고 부른다.

그 후 프랑스 정부는 부르주아 공화주의자들에게 넘어갔고, 이들은 평민층과 왕당파 모두로부터 공격을 받기에 이른다. 이러한 정부의 위기를 노려 1795년 10월 왕당파들이 쿠데타를 일으켰는데, 이 쿠데타를 진압한 것이 유명한 나폴레옹 보나파르트(Napoleon Bonaparte, 1769~1821)이다. 이때 나폴레옹 나이가 고작 26세인 점을 떠올린다면 그가 얼마나 대단한 인물인지 상상할 수 있을 것이다.

일약 프랑스 전체의 신망을 한 몸에 받게 된 나폴레옹은 이탈리아 전쟁에서 승리하면서 더욱 유명해졌고, 프랑스 전체에 영향력을 행사하기 시작했다. 이 무렵 프랑스를 통치하던 세력은 총재정부였는데, 로베스피에르 제거 후 새롭게 수립된 정부로 5명의 총재가 행정부를 다스리고 있었다.

1799년 11월 9일, 나폴레옹은 자신을 따르는 장군들과 함께 군대를 이끌고 파리로 진격, 의회를 해산하고 총재정부 요인들을 감금·사퇴시킨 후, 원로원을 동원하여 총재정부 해체를 승인토록 한다. 이를 '브뤼메르 18일의 쿠데타'라고 하는데, 이때 나폴레옹은 이렇게 말했다. "혁명은 끝났다." 그리고 그의 말대로 역사는 이날을, 프랑스 대혁명이 끝난 것으로 기록하고 있다.

한편 나폴레옹은 그 후 3인의 임시통령을 거쳐 제1통령, 종신통령에 오른 후 1804년, 황제에 오른다.

브뤼메르 18일의 쿠데타를 지휘하는 나폴레옹

독일

독일의 출발은 동프랑크왕국이었다. 이때 동프랑크는 여러 공작령으로 구성된 상태여서, 동프랑크왕국은 명목상 왕국일 뿐이었다.

962년, 오토 1세가 황제에 오른 후 1806년까지 독일 지역을 다스리던 제국을 가리켜 신성 로마 제국이라고 부른다. 신성 로마 제국(Heiliges Römisches Reich)이라는 명칭은 말 그대로, 신성, 즉 '기독교에 바탕한 로마 제국'이며 독일어로도 '성스러운 로마 제국'이다.

서로마 제국이 사라진 후, 정치적으로는 그를 계승하고 종교적으로는 기독교를 채택한다는 이 제국이 독일을 비롯한 주위 지역에 자리하면서, 독일 역사는 신성 로마 제국 역사와 함께한다.

그러나 신성 로마 제국에서는 교황이 황제의 권력보다 강한 전통이 이어져, 신성 로마 제국 내에서는 중앙집권국가가 수립되기 어려웠다.

그러다 1273년, 합스부르크 가문 출신 루돌프 1세가 독일 국왕에 선출되면서부터 합스부르크 가문이 독일에 개입하기 시작했다. 합스부르크 가문은 점차 힘을 키워나가 오스트리아와 보헤미아를 획득했으며, 15세기 중반에 이르러서는 독일 황제위까지 이었다.

합스부르크 가문은 이어서 에스파냐까지 통치하였으며, 그 무렵부터 합스부르크 가문은 신성 로마 제국 황제와 에스파냐 왕을 겸하였다. 그 후 합스부르크 가문은 에스파냐를 잃는 대신 오스트리아와 독일, 헝가리 등을 다스리며 프랑스 부르봉 왕가와 경쟁을 벌인다. 그러다 나폴레옹 시대에 프랑스에 패한 후 신성 로마 제국이라는 명칭은 포기하고, 오스트리아 황제를 칭하면서 독일에 대한 개입 역시 중단된다.

그러나 합스부르크 가문 지배 기간에도 그 지배 형태는 강력한 중앙집권 국가가 아니라서, 신성 로마 제국은 여러 지역에 다양한 도시들이 독자적으로 발달하면서 자치권을 행사하고 있었다. 그 결과 강력한 국가를 형성하지 못한 독일은, 서유럽 여러 나라가 전 세계를 상대로 식민지배에 나서던 기간에도 식민지 경쟁을 벌이지 못하였다.

이러한 역사적 배경 때문에 세계적인 강대국 독일이지만 식민지가 거의 없다.

신성 로마 제국

신성 로마 제국(Heiliges Römisches Reich, 962~1806)이라는 명칭은 유럽 역사에 자주 등장한다. 그러나 처음부터 이러한 제국이 존재했던 것은 아니며, 이 명칭이 사용된 것은 15세기부터이다.

신성 로마 제국 역사는 프랑크 왕국의 샤를마뉴 대제(742~814)에 기원을 둔다. 샤를마뉴 대제는 고대 서로마 제국 대부분을 정복한 후 로마 교황마저 북쪽 이민족 위협으로부터 구해 준다. 그러자 교황은 샤를마뉴에게 황제 직위를 하사한다. 이렇게 해서 샤를마뉴는 대제가 되고, 프랑크 왕국 역시 제국으로 승격한다.

그 후 앞서 살펴본 것처럼 프랑크 왕국이 세 나라로 분할되었고, 동프랑크 왕국을 다스리던 오토 1세는 교회를 보호하는 정책을 펼침으로써 귀족 세력을 억압하고 왕권을 강화했다. 이에 교황은 오토 1세를 높이 사 그에게 황제 지위를 내렸고, 그때부터 동프랑크 왕국은 신성 로마 제국이 되었다. 물론 명칭은 로마 제국 또는 제국이라 불렸지만.

신성 로마 제국 영토는 독일, 이탈리아, 부르군트에 이르렀지만, 실질적인 지배권은 대부분 기간 동안 독일에 국한되었다.

한편 신성 로마 제국 황제들은 교회 권력을 보호했지만, 속내는 황제권 강화에 두고 있었다. 결국 황제와 교회의 보이지 않는 권력 다툼이 겉으로 드러나게 되었으니, 하인리히 4세(1050~1106, 재위 1084~1105) 때의 일이었다.

카노사의 굴욕을 묘사한 작품

1862년 에드아르트 슈보이저 작.

독일 국왕, 이탈리아 국왕, 아를 국왕을 겸직하고 있던 그는 주교 서임권(주교를 임명하는 권한)을 놓고 교황 그레고리우스 7세와 갈등을 빚었다. 그 결과 교황이 하인리히 4세를 파문하기에 이르렀고, 이에 하인리히 4세는 교황이 머물고 있던 카노사성 앞에서 맨발로 사흘 동안 기다린 끝에 교황의 용서를 받았다. 이 사건이 이른바 '카노사의 굴욕'이다. 그로써 교황은 이전과는 달리 황제 위에 군림하게 되었다.

그러나 이 결과는 그리 오래가지 못했다. 처음에는 교황 편에 섰던 귀족들이 교황의 힘이 너무 세지는 것을 우려해 하인리히 4세 편을 들었고, 그는 교황을 폐위하고 자신의 뜻대로 새 교황을 옹립했다. 이를 대립교황이라고 부른다. 그 여세를 몰아 하인리히 4세는 로마로 쳐들어가 그레고리우스 7세를 몰아내고 대립교황을 정식 교황에 옹립하였으며, 이때부터 하인리히 4세는 명실공히 신성 로마 제국 황제가 된다. 그 후 출현한 호엔슈타우펜 왕조 대에 이르러 신성 로마 제국은 전성기를 구가한다.

한편 왕조 최후 황제인 프리드리히 2세는 궁정을 시칠리아로 옮기고 그곳에 머물렀다. 그러자 독일 영내에 대공위 시대(大空位時代, 1254~1273), 즉 국왕 자리가 빈 기간이 이어졌고, 이러한 무질서 시대가 끝난 후에도 제대로 된 왕가가 형성되지 못하다가, 오스트리아의 합스부르크 가문이 황제를 계승하면서 합스부르크 시대가 열린다.

합스부르크 가문은 본래 오스트리아에 기반을 두고 있었던 까닭에 독일 통일에는 무관심했고, 프로이센의 출현과 더불어 신성 로마 제국은 명목상 제국에 불과하였다. 그리고 나폴레옹이 출현한 후 국제 정세 변동에 따라 1806년, 제국의 제후들이 라인동맹을 결성하면서 제국에서 분리해 나가자 신성 로마 제국은 소멸하고 말았다.

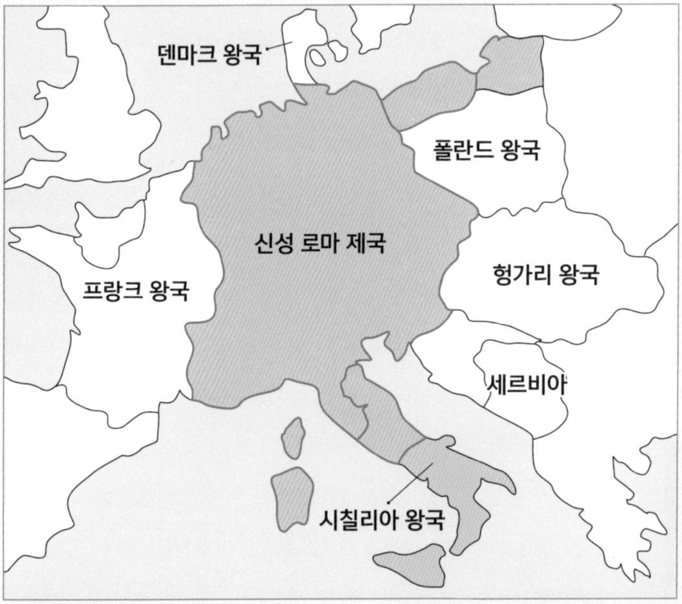

13세기 무렵 호엔슈타우펜 왕가 지배하의 신성 로마 제국 영토

신성 로마 제국 전성기를 나타낸다. 그러나 호엔슈타우펜 왕가의 직할 통치령 지역은 중심부에 국한될 뿐, 나머지 지역은 수많은 공국들로 이루어져 있다. 호엔슈타우펜 왕가는 하인리히 4세의 아들 하인리히 5세가 후사 없이 사망한 후, 여러 제후 가운데 호엔슈타우펜 가문의 콘라트 3세가 즉위하면서 시작한다. 한편 하인리히 5세는 생전 교황과 서임권 문제를 타협, 부친과는 달리 교황과 좋은 관계를 유지하였고, 이에 따라 교황령 영토도 인정하였다. 또 이탈리아 남부와 시칠리섬을 지배하던 시칠리아 왕국은 신성 로마 제국 왕위에 대한 권리를 소유하고 있었다.

라인동맹을 맺고 있는 나폴레옹과 독일 제후들

라인동맹은 나폴레옹 후원 아래 조직한 남서 독일 16개국 연방으로, 독일 제국에서 탈퇴함으로써 나폴레옹에게 힘을 실어주었다. 그러나 나폴레옹이 전쟁에서 패하자 등을 돌림으로써 해체되었다.

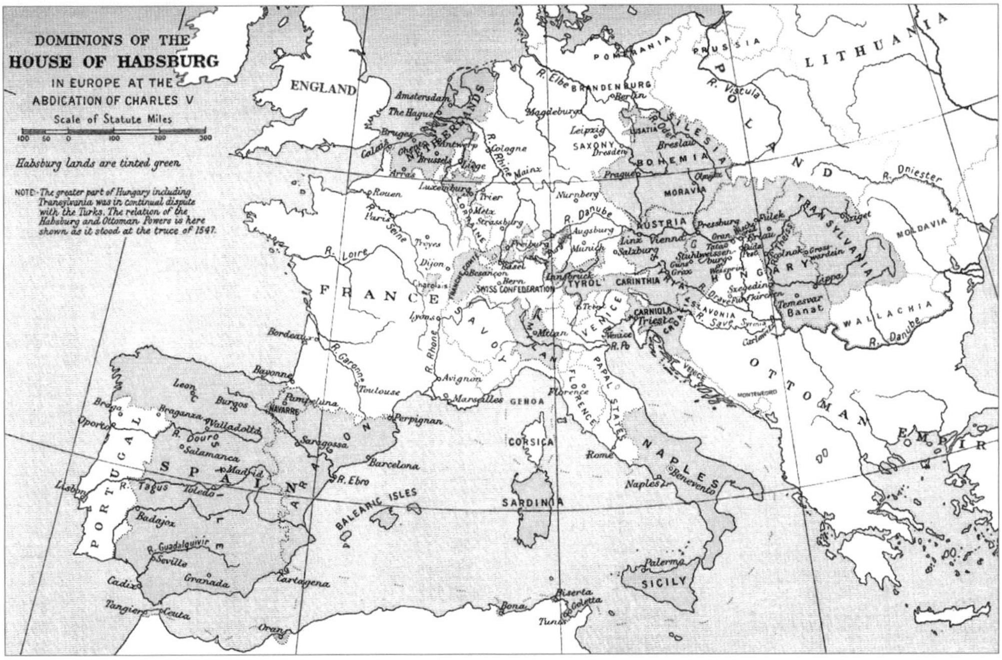

합스부르크 가문이 관할하던 최대 영토

합스부르크 가문은 10세기 무렵 처음 가문이 일어난 이후 20세기 초 몰락할 때까지 유럽 명문가로 가장 오랜 기간 명성을 떨쳤다. 가문 전성기는 카를 5세 통치 시절인데, 에스파냐, 네덜란드, 벨기에, 신성 로마 제국까지 아우르는 제국을 통치하였다. 그렇다고 이 지역이 모두 합스부르크 가문 소유는 아니다.
특정 지역에서는 결혼을 통해 왕위에 오르고, 또 어떤 지역은 관리권을 갖는 등 다양한 방식으로 영향력을 행사했다고 보는 편이 정확할 것이다. 그 후 19세기에 이르러 프로이센에게 주도권을 빼앗기면서 독일에서 밀려났고, 제1차 세계대전에서 오스트리아가 패하면서 가문은 몰락의 길을 걸었다.
지도는 20세기 초 영국에서 제작한 것이다. 지도 제목이 〈합스부르크가의 지배령, Dominions of the House of Habsburg〉인 것만 보아도, 직접 통치하는 영토 외에 지배권, 관할권 등을 갖는 지역까지 포함함을 알 수 있다.

한편 17세기에 접어들면서 신성 로마 제국에 포함되지 않은 프로이센 지방에서 새로운 왕국이 출범한다.
브란덴부르크는 12세기 무렵 변경백(邊境伯)*의 땅이었는데, 1701년에 프로이센 왕국으로 승격하였고, 점차 영향력을 넓혀 나가 영토를 확장하였다. 이후 나폴레옹과의 전쟁에서 승리한 후 빈회의**에서 베스트팔렌과 라인란트를 얻고,

* 타국과 영토가 맞닿은 일부 봉토의 영주를 특별히 일컫는 말로, 일반적인 영주의 권리에 더해 군사권과 자치권이 폭넓게 인정되었다.

** 1814년에서 1815년에 걸쳐 프랑스 혁명과 나폴레옹 전쟁에 대한 사후 수습을 위하여 빈에서 개최한 유럽 여러 나라의 국제회의.

다시 프로이센-오스트리아 전쟁(1866년)과 프로이센-프랑스 전쟁(1870년)에서 승리하면서 드디어 1871년, 독일 제국이 성립하기에 이른다.

그렇게 성립한 독일 제국은 연방제를 채택하였다. 다양한 지역이 뭉쳐 제국을 이루는 과정에서 당연한 귀결이다. 그 후 히틀러가 이끄는 제3제국을 거치면서 연방이 해체되기도 했지만, 오늘날 독일은 다시 연방 공화국을 이루고 있다.

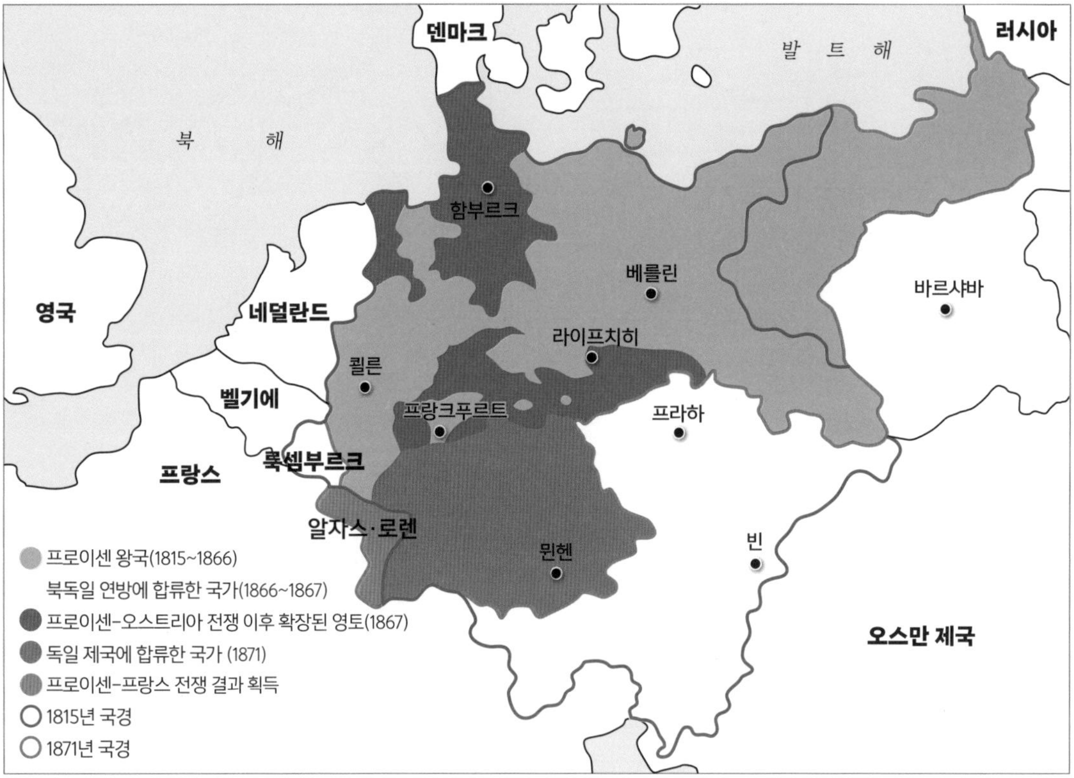

독일 강역의 변화

붉은 선으로 그은 부분은 1815년 결성한 독일 연방 지역인데, 독일 지역 통일을 염두에 두고 이 지역 자유도시와 군주국들이 모여 만든 것이다. 의장국은 오스트리아가 맡았는데, 프로이센-오스트리아 전쟁이 발발하자 당연히 독일 연합은 해체될 수밖에 없었다. 전쟁 종결을 위해 프라하 조약을 체결하였는데, 이 조약에서는 독일 연방 해체, 오스트리아의 독일 문제 불개입, 프로이센의 슐레스비히, 홀슈타인, 하노버 병합 등이 결정되었다. 이로써 독일 통일에 한걸음 다가갔고, 1871년, 독일 제국 국경이 확정되면서 독일의 1차 통일이 완성되었다. 물론 22개 연방과 3개 자유시로 구성된 독일 제국 역시 각국 정치제도와 법률을 그대로 유지했을 뿐 아니라 행정권도 독자적으로 소유하였지만, 제국의회를 구성하고 프로이센 국왕이 독일 황제에 즉위하는 등 독일 지역 역사상 가장 독립국가에 가까운 체제가 완성되었다.

독일은 서유럽 여러 나라와 달리 강력한 중앙집권적 국가가 매우 늦게 출범했다. 그런 까닭에 아시아, 아프리카, 아메리카 대륙을 두고 서방 여러 나라가 벌인 식민지 확보 경쟁에 뛰어들지 못했다.

독일 제국이 성립한 후 제3대 황제로 즉위한 빌헬름 2세(Wilhelm II, 1859~1941, 재위 1888~1918)는 늦었지만 독일도 이에 뛰어들어야 한다고 판단했다. 이러한 움직임은 당연히 영국·프랑스·러시아 등 주변 나라들과 갈등을 겪었고, 유럽 대륙은 독일 제국·오스트리아-헝가리 제국·이탈리아로 구성된 삼국동맹과 프랑스·영국·러시아의 삼국협상이 대립하기 시작했다. 그리고 1914년 사라예보에서 발생한 황태자 피격사건을 계기로 제1차 세계대전이 발발한다.

제1차 세계대전은 1918년 11월, 독일이 항복함으로써 끝이 난다. 그리고 이듬해인 1919년 6월, 프랑스 베르사유 궁전에서 제1차 세계대전의 전후 처리 문제를 결정한 베르사유 조약을 체결하였다.

베르사유 조약은 체결 당시부터 많은 논란을 불러일으켰다. 아무리 전쟁 책임자라고 해도 독일에 대한 처벌 수위가 너무 강했기 때문이다. 이렇게 독일을 궁지에 몰아넣으면 부작용이 일어날 거라는 주위 우려에도 영국 수상 데이비드 로이드 조지, 프랑스 총리 조르주 클레망소, 미국 대통령 우드로 윌슨, 이탈리아 총리 비토리오 에마누엘레 오를란도, 그리고 일본 총리가 파견한 전권대사 사이온지 긴모치 등이 나서 독일과 조약을 체결했다.

주요 내용은 독일의 해외 식민지 박탈, 알자스로렌 지방의 프랑스 반환, 독일 동부 지역의 폴란드 귀속 등으로 독일은 영토의 13%, 인구의 10%를 잃게 되었다. 또 육군 병력과 해군 병력에도 제한을 가했으며, 공군 보유는 금지되었다. 게다가 전쟁 배상금으로 1,320억 마르크를 지불해야 했으며, 그 외에도 여러 불이익을 감수해야 했다.

독일 국회 앞에서 벌어진 베르사유 조약 반대 시위

베르사유 조약은 조인서 도장이 채 마르기 전부터, 독일에 대한 가혹한 처벌은 훗날 골칫거리가 될 것이라는 의견이 지배적이었으며, 이때부터 독일 내에서도 국제사회 조치에 반대하는 기운이 번지기 시작하였다.

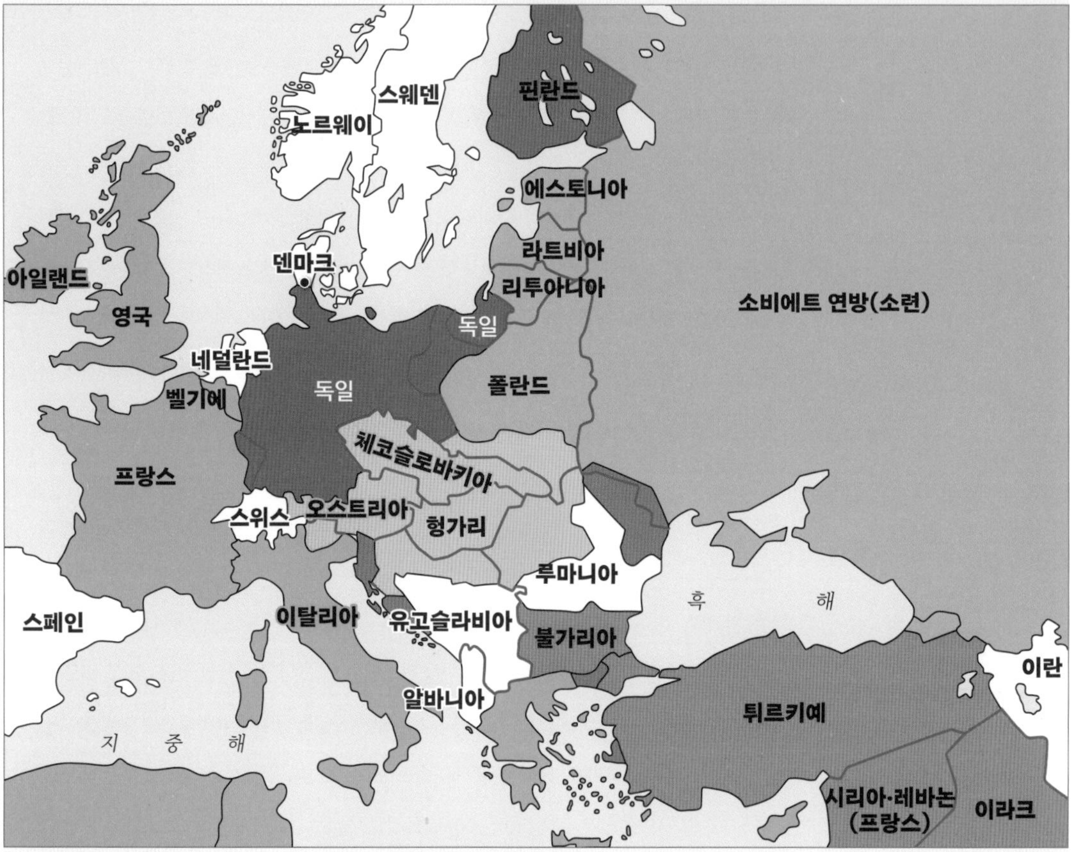

- 새로 탄생한 국가
- — 새로운 국경
- 승전국
- 과거 러시아 영토

패전국 과거 영토

- 독일
- 오스트리아-헝가리 제국
- 오스만 제국
- 경합지역

제1차 세계대전 종전 후 유럽의 변화

전쟁에서 패한 독일은 알자스로렌 지방을 포함해 전 영토의 13%를 상실했다. 또 오스트리아-헝가리 제국은 뿔뿔이 분열되어 체코슬로바키아(오늘날 체코와 슬로바키아), 헝가리, 루마니아 등이 독립하였다. 반면에 폴란드와 프랑스는 영토를 확대하였다. 발트해에 인접한 칼리닌그라드는 독일이 지켰으나, 제2차 세계대전에서 패한 후 결국 구소련(러시아)에게 빼앗기기에 이른다. 한편 핀란드는 오랜 독립 염원에도 불구하고 제1차 세계대전 이전까지 러시아에 속해 있었다. 1917년, 전쟁 와중에 러시아에서 사회주의 혁명이 일어나자 그 틈을 노려 독립을 선언했고, 1918년 최초로 독립 국가를 이룩했다.

그 후 독일에서는 바이마르 공화국이 출범한다. 바이마르 공화국은 독일 제국과는 달리 민주적인 헌법을 제정하는 등 새로운 출발을 다짐했지만, 베르사유 조약 내용이 끊임없이 발목을 잡았다. 사회는 혼란에 빠지고 경제는 나락으로 빠져들었으며, 이러한 혼란을 틈타 아돌프 히틀러(Adolf Hitler, 1889~1945)라는 인물이 등장한다.

1919년, 독일노동자당이라는 작은 정당에 가입한 히틀러는 1921년에는 탁월한 지도력을 발휘하여 국가사회주의독일노동당(Nationalsozialistische Deutsche Arbeiterpartei, 나치스)이라고 명칭을 바꾼 당의 당수에 올랐다. 1923년 11월, 쿠데타를 일으켰으나 실패하여 육군형무소에 수감된다. 그곳에서 히틀러는《나의 투쟁》을 저술하면서 출옥 후 자신의 계획을 꿈꾼다. 1929년, 세계적인 대공황 여파로 독일 경제가 수렁에 빠진 틈을 타, 1930년 실시한 선거에서 나치스는 사회민주당에 이어 제2당에 오른다. 그리고 1932년에 실시한 대통령 선거에서 히틀러는 37% 가까운 득표율로 2위를 기록하며 독일 정치계의 주요 인물로 부상한다.

이때 대통령에 선출된 힌덴부르크는 국내 혼란을 수습하기 위해 히틀러를 수상에 임명하는데, 1934년 힌덴부르크가 사망하자 히틀러는 스스로 총통 및 수상이라고 칭하며 독일의 1인자 자리에 오른다.

그 후 그는 군비 확장, 경제계와 협력 등을 통해 독일을 급격히 발전시키며 국민의 열광적인 지지를 얻는다. 그리고 이를 바탕으로 제2차 세계대전을 벌인다. 그리고 우리 모두가 아는 것처럼 그 끝은 히틀러 사망과 독일 패망이었다.

1923년, 쿠데타를 일으킨 피고들 모습

반역죄를 저지른 피고들임에도 태도가 당당한 것이 눈에 띈다. 이들 가운데 일찍 사망한 이들을 제외하고 나머지는 대부분 히틀러와 뜻을 함께하여, 제2차 세계대전에서 주요 역할을 담당한다. 오른쪽에서 네 번째가 히틀러. 맨 오른쪽은 후에 바덴 지역 책임자 등을 지낸 로베르트 바그너.

1938년 3월 15일, 빈 광장에서 오스트리아 합병을 발표하는 히틀러

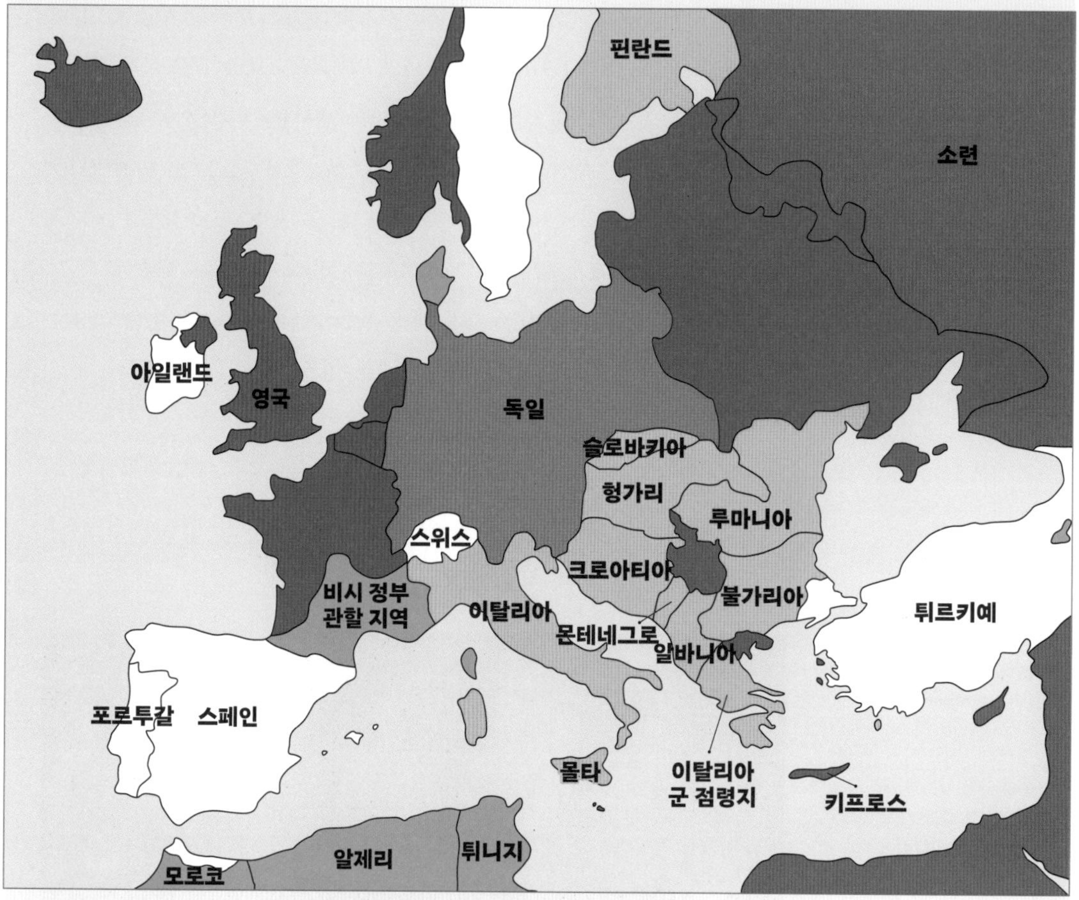

패전국 과거 영토

- 나치 독일
- 독일 점령지
- 독일 동맹 및 우호 지역
- 명목상 비점령지
- 연합국
- 중립국

제2차 세계대전이 한창인 1942년 무렵 유럽의 강역

1942년 유럽 상황을 보면 국력은 방어가 아니라 침략이라는 히틀러의 호언장담이 말장난이 아니었음을 보여 준다. 그러나 과유불급이라는 말은 국제적인 수준에서도 통하는 듯하다. 불과 3년 후 제국 몰락과 함께 본인의 몰락이 동시에 다가올 줄은 꿈에도 몰랐을 것이다. 프랑스 남부는 그 무렵 프랑스 비시 정부 관할이었는데, 비시 정부는 나치 독일과 정전협정을 맺은 친독일 정부였다. 따라서 명목상 프랑스 정부였을 뿐 실제로는 독일 점령지라고 할 수 있다.

제2차 세계대전이 독일 패배로 막을 내린 후 독일은 분단 시대를 맞는다. 제2차 세계대전 후 독일은 미국, 영국, 프랑스, 구소련 4개국에 의해 분할되었다. 1949년에는 연합군 점령지(미국, 영국, 프랑스 점령지)에 독일 연방 공화국(서독, 수도 본)이 수립되었다. 반면 소련군 점령지에는 독일 민주공화국(동독, 수도 동베를린)이 수립되었다. 이로써 독일은 서독과 동독으로 분단되었다.

수도 베를린 역시 분할되어 동베를린은 동독 수도가 되었고, 서베를린은 미국, 영국, 프랑스 점령지로 남았다.

그 후 서독은 미국의 대 서유럽 지원 정책인 마셜플랜에 따라 급속한 경제성장을 거두었으며, 이내 강대국으로 거듭났다. 반면 동독은 비밀경찰과 독재의 그늘을 벗어나지 못한 채 서유럽의 낙후 지역이 되어갔다. 결국 구소련 장악력이 약화한 1989년 11월 9일, 동베를린과 서베를린을 가로막고 있던 베를린장벽이 시민의 힘에 무너지면서 분단 체제는 막을 내린다. 그 후 양국 정치가들은 통일을 어떻게 이룰 것인지 논의에 나섰고, 1990년 10월 3일, 동독과 서독은 역사적인 재통일을 이룬다.

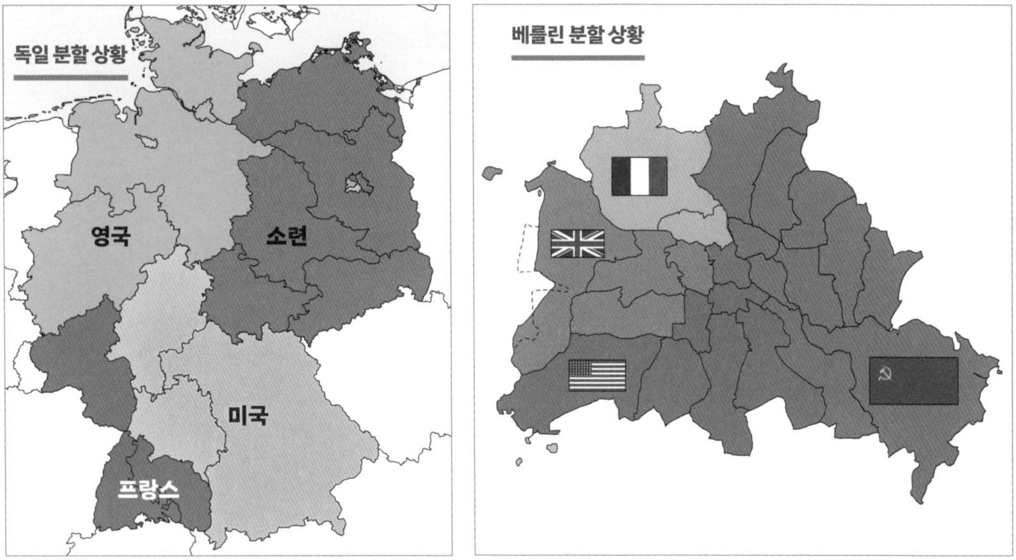

제2차 세계대전 직후의 독일 상황

독일은 미국, 영국, 프랑스, 소련의 4개국이 분할 점령하고, 수도 베를린 역시 4개국이 분할 점령하였다. 이 상황은 1949년까지 지속되었고 1949년 5월 연합군 점령지에 독일 연방 공화국이 수립되었고, 소련 점령지에는 1949년 10월 독일 민주공화국이 수립되면서 분단 체제로 이어졌다.

1984년, 서베를린 건물 위에서 바라본 베를린장벽 모습

베를린이 동베를린과 서베를린으로 분단되어 있던 시절, 동독에서는 서베를린과 교류를 막고자 베를린장벽을 건설하였는데, 이를 '죽음의 띠'라고 불렀다. 이때부터 베를린 시민들은 양측 통행이 금지되었고, 그 과정에서 많은 희생자도 발생하였다. 1989년 11월 9일, 자유 왕래가 허용되면서 베를린장벽 역시 무너졌고, 오늘날은 일부 장벽만 역사의 현장으로 보존하고 있다.

마셜플랜

제2차 세계대전이 막을 내린 후 세계는 급속히 자본주의 세력과 사회주의 세력으로 양분된다. 이러한 움직임은 제2차 세계대전이라는 위기 속에서는 힘을 합쳐야 했지만, 내심으로는 전후 세계 질서 재편을 염두에 둔 미국과 소련에 의해 가속화한다.

정식 명칭이 유럽부흥계획(European Recovery Program, ERP)인 마셜플랜은 이러한 세계 질서 재편 과정에서 유럽에 대한 소련의 영향력 축소를 위해 세운 계획이었다.

미국 국무장관 마셜이 제안한 마셜플랜은, 제2차 세계대전으로 고통받는 유럽 국가들의 빈곤 퇴치와 경제적 불안 해소를 통해 전후 세계의 정치·경제적 안정을 목표로 내세웠다. 그러나 그 무렵 소련 영향력 아래 있던 동유럽 국가들은 배제함으로써, 미국이 이끄는 자본주의 체제를 확립하는 데 역점을 두었다.

한편 마셜플랜이 유럽 국가들에 대한 지원을 목표로 하고 있었지만, 미국의 속내는 전 세계적으로 사회주의 세력에 대항하는 체제 구축에 있었고, 그에 따라 태평양 지역에서는 일본이 그 역할을 담당하도록 설계했다. 그 설계도를 완성한 것이 앞서 살펴본 바 있는 샌프란시스코 강화조약이었다.(1-87쪽 참조)

이런 과정을 거쳐 독일과 일본이라는 제2차 세계대전 책임 당사자들은, 전후 급속한 경제 회복을 달성하면서 미국 중심 체제의 핵심으로 자리 잡았다.

마셜플랜은 결과적으로 큰 성공을 거두어 오늘날까지 서유럽의 지위를 확고히 한 것으로 평가한다.

1948년, 서베를린 건설 현장에 붙은 표지판

표지판에는 '마셜플랜의 지원을 받은 베를린 긴급 프로그램'이라고 적혀 있다. 마셜플랜은 전후 유럽의 경제적 안정을 통해 사회주의 세력의 위협을 제거하는 데 역점을 두었다.

	국기	수도	면적 (단위: km²)	인구 (단위: 명)	언어	1인당 GDP (단위: 달러)
독일		베를린	357,600	8,500만	독일어	53,000

영국

영연방

지구본에 나타난 영국은 과장해서 말한다면, 별 볼 일 없는 섬나라다. 위치 또한 유럽 서쪽 끝부분이요, 면적 역시 243,610km²로, 221,336km²인 한반도보다 조금 크다. 게다가 그 땅에는 늘 분란의 요인인 북아일랜드(14,120km²)가 있다.

그런데도 세계사에서 빠지지 않는 나라가 영국이다. 심지어 지구본을 살펴볼 때 중요한 요소 가운데 하나인 본초자오선이 영국에 있다. 그만큼 근대 세계 역사에서 영국은 핵심이 되는 나라다.

지도를 보면 알 수 있듯이 한 번이라도 영국 식민지였던 나라를 표기해 보면 '해가 지지 않는 나라'라는 말이 실감난다.

영국 식민지를 거친 나라들 가운데 많은 수가 오늘날에도 '영연방국가'라고 하는 국제기구에 소속되어 있다. 한때라도 일본 식민지였던 나라들이 모여 '일본연방국가'라는 조직에 속해 있는 셈인데, 대한민국 사람들로서는 상상도 할 수 없다.

영국 식민지였던 여러 자치공화국, 자치령, 직할 식민지, 신탁통치령, 보호령 등이 결합한 연합체인 영연방에는 2024년 현재 56개국이 가입해 있다. 물론 이 기구에 가입했다고 해서 영국의 영향을 받는 것은 아니다. 그렇다고 영국과는 무

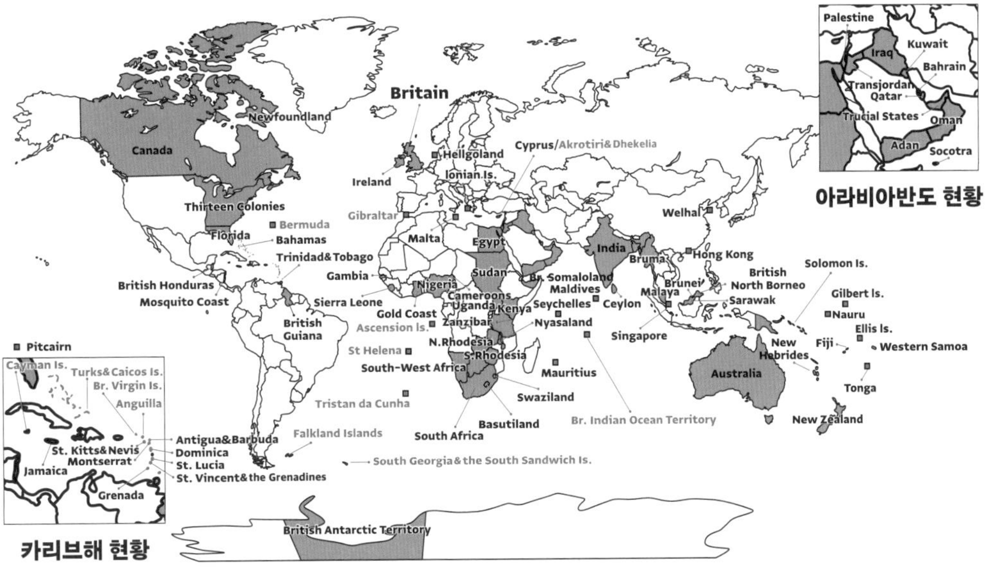

한때 영국 식민지였던 나라들과 오늘날 영국 식민지

위키피디아에 근거한 이 세계지도를 보면, 영국은 말 그대로 '해가 지지 않는 나라'였다. 한편 파란 글씨 지역은 오늘날에도 영국 식민지로 남아 있다.

관하다고 할 수도 없으니, 16개국은 명목상이라고는 하지만 영국 여왕을 국가 원수로 옹립하고 있다. 33개국은 군주제가 아니라 공화제를 채택하고 있고, 나머지 5개국은 자신들의 군주를 옹립하고 있다.

영연방은 영국 지배 아래 있던 수많은 나라들이 하나둘 국제적 추세 속에 독립해 나가면서 그 나라들끼리 정치·경제·문화적 결속을 유지하는 것이 필요하다는 취지에서 비롯하였다. 1949년 런던선언을 통해 '영국연방(British Commonwealth of Nations)'이라는 명칭을 '연방(Commonwealth of Nations)'으로 변경하여, 영국이라는 주체를 삭제하였다. 그러나 지금도 관례적으로 '영연방'이라고 부른다.

영연방은 느슨한 조직으로, 본래는 영국 통치를 받았던 지역을 대상으로 하였지만, 이후 모잠비크(포르투갈 식민지), 르완다(벨기에 식민지) 같은 나라도 가입하면서 일반적인 국제기구로 변모한다. 이에는 공용어가 영어인 나라가 많으며(국어가 아니더라도 영어가 통용되는 나라가 대부분이다), 국기에 영국기인 유니언잭이 포함된 나라도 있다.

영국 국기를 자국 국기에 포함한 나라들

호주, 뉴질랜드, 투발루

영연방기

영연방기를 따로 가질 정도로 영연방은 국제적인 연합이다.

오늘날 영연방국가들은 정치·경제·문화·스포츠 분야에서 다양하게 교류한다. 한편 영국 지배를 받던 국가들 가운데 영연방에 가입하지 않은 나라도 여럿 있는데, 그 가운데 대표적인 국가가 아일랜드다.

아일랜드는 오랜 기간 영국 지배 아래 있다가 1921년 독립을 선언하였고, 영연방에는 초창기에 가입했다가 1949년에 탈퇴하였다. 이는 아일랜드가 영국에 대해 품고 있는 다양한 감정을 표현하는 사례다. 아일랜드는 영국의 오랜 지배를 받으면서 대외적으로는 영국의 일부 또는 영국과 밀접한 나라라고 여기는 사람이 있을 정도인데, 막상 아일랜드인들은 자신들의 문화·종교 등을 지키면서 영국과 독립적임을 강조한다.

그 외에 이집트, 미얀마 등도 가입하지 않고 있다.

나라 이름이 도대체 뭐지?

우리는 영국을 영국이라고 간단히 부른다. 반면에 영국이 영어로 무엇이냐는 질문을 받으면 혼란스럽기도 하다. England, Great Britain, UK(United Kingdom) 등 다양한 명칭이 떠오르기 때문이다.

그렇다면 이러한 명칭들 사이에는 어떤 차이가 있을까?

영국 공식 국명은 United Kingdom of Great Britain and Northern Ireland, 번역하면 '그레이트브리튼과 북아일랜드 연합왕국'인데, 이를 줄여서 '브리튼 연합왕국(United Kingdom of Britain)' 또는 '그레이트브리튼(Great Britain)'으로 부른다. 반면에 잉글랜드(England)는 영국 국명이 아니다. 잉글랜드는 영국을 구성하는 4개 주요 지역 가운데 하나일 뿐이다. 네 지역 가운데 잉글랜드가 가장 넓지만. 그러니 영국을 잉글랜드라고 불러서는 안 된다.

나라 이름이 왜 이렇게 복잡할까? 그걸 알기 위해서는 영국 역사를 살펴볼 필요가 있다.

영국은 크게 잉글랜드, 스코틀랜드, 웨일스, 아일랜드(아일랜드는 독립해 나가고 지금은 북아일랜드만 남아 있다) 네 지역으로 나눈다.

영국을 구성하는 지방

영국은 잉글랜드, 스코틀랜드, 웨일스, 북아일랜드로 구성되어 있다. 북아일랜드와 같이 아일랜드섬에 있는 아일랜드 공화국은 독립국으로, 영국과 관련이 없다.

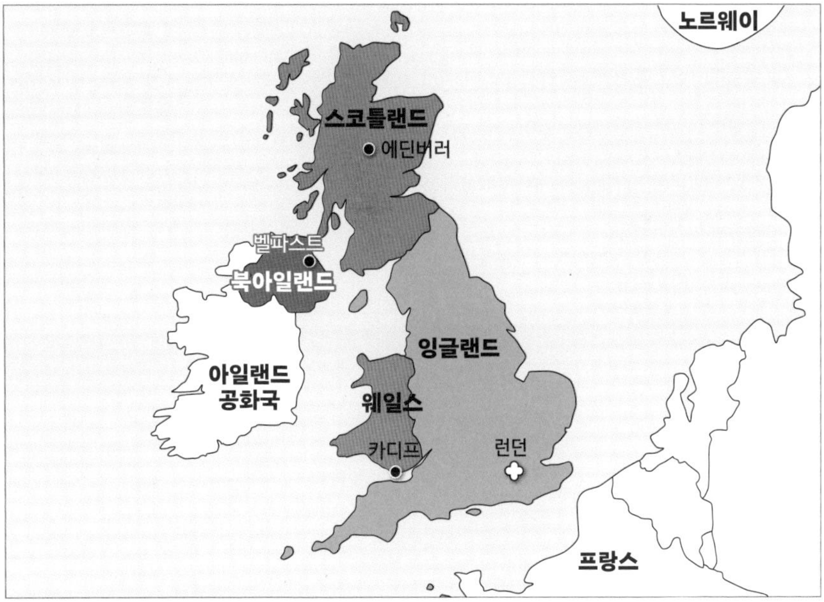

축구 이야기

축구는 영국에서 탄생했다. 그런데 월드컵이나 다른 국제 축구 대회에서 영국이라는 나라는 없다. 왜 그럴까?

영국은 축구 종주국이라는 이유로 국제축구연맹에 잉글랜드·스코틀랜드·웨일스·북아일랜드의 4개 축구협회가 각각 가입했다. 그래서 국제축구연맹이 개최하는 모든 대회에는 영국이라는 국가 대표팀이 아니라 잉글랜드, 스코틀랜드, 웨일스, 북아일랜드 축구연맹에서 각기 출전한다. 반면에 올림픽은 국가 대항전이다. 따라서 영국은 특별한 경우가 아니면 올림픽 축구 경기에 참가하지 않는다. 특별한 경우로 2012년에 영국 런던에서 개최한 올림픽에 참가하였는데, 이때는 자국에서 개최하는 올림픽이었기 때문이었다. 결국 잉글랜드와 웨일스 소속 선수들로 구성한 대표팀이 출전했지만 메달 획득에 실패했다.

한편 축구가 세계적으로 워낙 인기 있는 스포츠이다 보니 월드컵에 출전하는 잉글랜드가 영국 국명이라고 오인하는 분도 많고, 가끔 본선에 진출하는 스코틀랜드도 독립국가라고 여기기 쉽다. 그러나 잉글랜드, 스코틀랜드, 웨일스, 북아일랜드는 모두 영국을 구성하는 지역일 뿐이다.

한편 세계적인 현상이기는 하지만, 국가 간 축구 또는 지역 간 축구 경기는 어느 순간 도를 넘는 열기를 보이기도 한다.

유럽에서는 월드컵 축구대회 인기를 능가할 정도인 유로 2020 대회에서 잉글랜드와 이탈리아가 결승에서 맞붙었다. 그러자 같은 영국인 스코틀랜드 지역에서 발행하는《인디펜던트》지는 1면에 이탈리아야말로 마지막 희망이라며, 잉글랜드를 꺾어 달라는 기사를 내보내 국제적인 관심을 불러일으켰다. 그리고 그들 희망대로 이탈리아가 승리하자 다시 감격스러운 기사를 내보냈다.

갈등을 봉합하는 계기가 되어야 할 스포츠가 오히려 갈등을 부추기고 확산하는 사례는 이뿐만이 아닐 것이다.

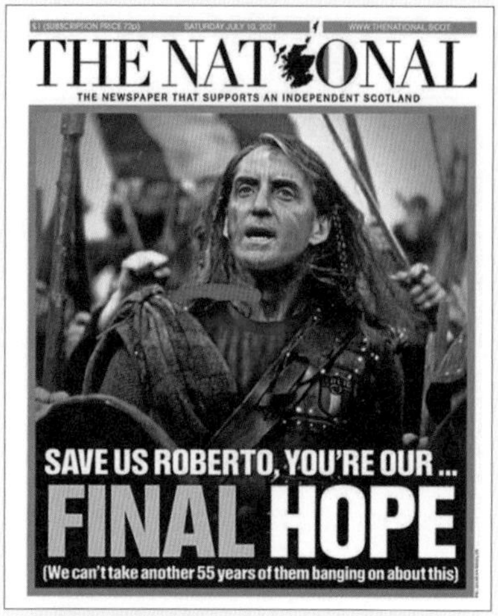

유로2020 결승전에서 잉글랜드의 패배를 기원하는 기사를 내보낸 스코틀랜드 신문 《인디펜던트》지

신문 제호인 〈THE NATIONAL〉 아래 '스코틀랜드 독립을 지지하는 신문'이라는 문구가 선명하다. 한 나라를 구성하고 살아가는 잉글랜드와 스코틀랜드인들 사이 감정이 어떠한지 단적으로 보여 주는 사례다.

영국의 탄생

영국은 수만 년 전에는 유럽 대륙과 이어져 있었고, 따라서 그 시대에는 유럽 여러 지역에서 건너온 종족들이 거주하고 있었다. 그 후 중부와 남부 유럽에서 건너온 켈트족이 원주민을 정복하기 시작하였다.

그러나 켈트족 역시 로마 제국의 침략을 받았으며, 그 후 다시 유럽에서 건너온 게르만족 침략을 받았다. 게르만족 침략을 못 이긴 로마 제국은 이곳에서 철수하였고, 이후 게르만족 일파인 색슨족이 켈트족을 웨일스, 스코틀랜드 지방으로 밀어내면서 잉글랜드 지방에 왕국을 세웠다.

색슨족은 그 후 11세기에서 12세기에 걸친 약 1세기 동안 노르만족 지배를 받은 후 플랜태저넷 왕조(통치 기간 1154~1399), 이후 플랜태저넷 왕조에서 갈라져 나온 요크 왕가(1461~1485) 통치로 이어졌다.
그 후 붉은 장미 휘장을 사용한 랭커스터 가문과 흰 장미 휘장을 사용한 요크 가문이 왕위를 놓고 싸운 장미 전쟁(1455~1485)에서 랭커스터 가문 출신인 헨리 튜더가 승리하면서 튜더 왕조(1485~1603)가 막을 열었다.
튜더 왕조의 대표적인 군주는 엘리자베스 1세(Elizabeth I, 1533~1603, 재위 1558~1603)로, 에스파냐 무적함대를 무찌르고 해상 진출의 교두보를 마련하는 등 내정과 외치에 성공해 영국 절대주의 왕정의 전성기를 이루었다.
영국에 커다란 경제적 성과를 가져다 준 동인도회사가 설립된 것도 이때고, 가톨릭과 개신교 사이 갈등을 봉합하면서 영국 국교회인 성공회를 정착시킨 것도 이때다. 또 셰익스피어가 등장하는 등 영국 문화가 꽃을 피운 것도 이 무렵이다.
그러나 빛이 있으면 그늘도 있는 법. 이 무렵 아일랜드까지 지배력을 넓히는 과정에서 아일랜드 독립 투쟁이 벌어졌는데, 아일랜드 독립은 좌절되고 말았다. 그러나 아일랜드 문제는 두고두고 영국을 골치아프게 한다.
엘리자베스 1세는 평생 독신으로 산 까닭에, 그녀가 사망한 뒤에는 스코틀랜드 왕 제임스 1세가 영국 왕위를 이었고, 이로써 스코틀랜드 왕실과 영국 왕실이 통합하였다.
제임스 1세 뒤를 이은 찰스 1세는 전제정치로 국내의 저항에 직면해 내전이 발발했고, 패한 찰스 1세는 의회파에 의해 참수되었다. 그 후 의회가 나서 제임스 2세를 폐위하고 윌리엄 3세를 왕으로 추대했는데, 그 과정이 평화롭게 진행되었다고 해서 명예혁명(1688)이라고 부른다. 이후 의회 요구에 따라 권리장전이

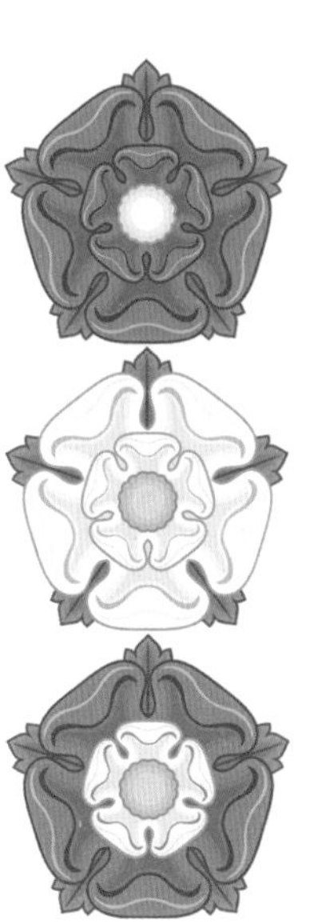

랭커스터 가문의 붉은 장미 휘장과 요크 가문의 흰 장미 휘장

맨 아래는 장미 전쟁 승자인 헨리 튜더가 연 튜더 왕조의 새로운 휘장.

엘리자베스 1세의 행진 모습

엘리자베스 1세 통치기는 대영 제국이라는 체제를 수립한 시대로, 영국 국교회인 성공회 정착, 본격적인 해외 식민지 개척, 스페인 무적함대를 물리치고 유럽 중심 국가로 발돋움하는 등 놀라운 성과를 거두었다. 그러나 그녀 집권을 마지막으로 튜더 왕조는 막을 내리고, 평생 그녀의 라이벌이었고 그녀 집권 시기에 반역죄로 참수형에 처한 스코틀랜드 여왕 메리 스튜어트의 아들 제임스 1세에게 왕위가 넘어가면서 스튜어트 왕조가 시작한다.

제정되었다.
권리장전 주요 내용은, 의회 동의 없이 제정한 법률이나 그 집행 및 과세의 위법, 의회 동의 없는 상비군 징집 및 유지 금지, 국민의 자유로운 청원권 보장, 의원 선거의 자유 보장, 의회에서의 언론 자유 보장 등이다. 이는 절대주의 왕권을 제한하면서 의회정치 기반을 마련하였다는 점에서 매우 중요하다. 그리고 후에 미국이나 프랑스 등의 독립선언이나 인권선언 등에도 큰 영향을 미친, 민주주의 역사의 중요한 진전이었다.
한편 1707년에는 영국과 스코틀랜드를 통합한 그레이트브리튼 왕국을 수립하였는데, 이때 웨일스도 포함하였다.

윌리엄과 메리 부부의 즉위식 모습. 찰스 로슈센 작

제임스 2세는 가톨릭교도로서 가톨릭 부활과 전제정을 꿈꾸었다. 그러나 의회는, 네덜란드 총독 오렌지공 윌리엄과 메리 부부에게 귀환해서 영국의 자유와 권리를 수호해 줄 것을 요청하였다. 1688년 11월 윌리엄과 메리 부부는 1만 5천 명의 군대를 이끌고 영국으로 건너왔다. 그러자 국내 귀족들이 그에게 호응하였고, 제임스 2세의 둘째 딸까지 윌리엄군에 가담하였다. 결국 제임스 2세는 해외로 도피하였으며, 이듬해 윌리엄과 메리 부부는 즉위하였다.

1714년, 앤 여왕(Anne, 1665~1714, 재위 1702~1714)이 후사 없이 세상을 떠나자, 독일 하노버 선제후(중세 독일에서 황제 선거 자격을 가진 7명의 제후를 가리키는 말)의 아들로 태어난 조지 1세가 영국 왕을 겸하면서 하노버 왕조가 시작되었다.
하노버 왕조 시대에 영국은 세계 곳곳에 수많은 식민지를 획득하였으며, 그 과정에서 나폴레옹과의 전쟁에서 이기는 등 최전성기를 맞이하였다. 특히 1837년 즉위한 빅토리아 여왕(Queen Victoria, 1819~1901, 재위 1837~1901)은 20세기가 시작되는 1901년에 사망할 때까지 말 그대로 '해가 지지 않는 나라'를 완성하였다. 그뿐 아니라 산업혁명을 일으켜 현대 자본주의 시대를 앞당겼다.
빅토리아 여왕이 사망한 후 영국 왕위는 장남 에드워드 7세에게 계승되었는데, 하노버 왕조는 여성의 왕위 계승을 인정하지 않았다. 결국 빅토리아 여왕은 영국 왕으로만 지냈으며, 에드워드 7세에 이어 왕위에 오른 조지 5세는 독일이 일으킨 제1차 세계대전 기간을 지내며 독일 흔적을 왕가에

빅토리아 여왕

빅토리아 여왕은 1837년부터 1901년까지 총 63년 동안 통치했다. 이 시기 영국은 전 세계를 향해 제국주의적 팽창 정책을 펼쳐 가장 거대한 제국을 형성했다. 또 우리가 잘 아는 《폭풍의 언덕》을 쓴 에밀리 브론테, 《제인 에어》를 쓴 샬럿 브론테, 제인 오스틴, 찰스 디킨스 등이 이 시기에 활동하면서 이른바 시민계급을 위한 소설이 만개하기도 하였다. 그런 까닭에 이 시기를 특별히 '빅토리아 시대'라고 부른다.

서 지우려고 했다. 이에 조지 5세는 자기 아버지가 속한 작센-코부르크-고타 왕가라는 가문 대신 새로운 왕가인 '윈저'를 채택하기로 결정했다. 윈저는 영국 왕실이 사용하던 오래된 별궁 명칭이었다.
이렇게 해서 오늘날 영국 왕실이 속한 윈저 왕조가 탄생하게 된다.

아일랜드

아일랜드는 스코틀랜드, 웨일스와 함께 켈트족이 주류를 이루는 나라로, 앵글로색슨족이 주류를 이루는 영국 내 잉글랜드와 사뭇 다르다. 게다가 아일랜드는 가톨릭이 강세여서, 성공회를 국교로 하는 영국과도 달랐다. 그래서 아일랜드, 스코틀랜드, 웨일스, 세 곳 모두 잉글랜드와 분리하기를 바란다. 그러나 스코틀랜드와 웨일스는 그 꿈을 이루지 못한 반면, 아일랜드는 비록 절반의 승리이기는 하지만 독립을 이루었다.
아일랜드는 오래전부터 영국의 수탈에 고통을 겪었는데, 특히 영국 출신 대지주들이 수확한 농산물 대부분을 영국으로 수출하였다. 결국 아일랜드 인들은 감자를 주식으로 삼을 수밖에 없었는데, 1845년 무렵 아일랜드에 감자잎마름병이 창궐하면서 수많은 사람들이 굶주리다 죽어 갔다.

더블린의 기념물

아일랜드 수도 더블린에는 지금도 '아일랜드 대기근'을 기리기 위한 기념물이 서 있다.

이 사건이 인류에게 안겨 준 충격은 너무나 커서 오늘날에도 '아일랜드 대기근(Great Famine)'이라는 명칭으로 역사는 기록하고 있다.
그런데도 영국은 이들을 방치했고, 급기야 8백만 명가량 되는 아일랜드 인구 가운데 백만 명이 넘게 사망하였다. 또 굶주림을 벗어나고자 백만 명 이상의 아일랜드 인들이 세계 각국으로 떠나갔다. 오늘날 아일랜드계로 분류되는 해외 체류자가 미국에만도 3천만 명이 넘는데, 이때 해외 이주한 사람들의 후손이다.
그 무렵부터 아일랜드인들의 독립 열기는 더욱 달아올랐고, 1921년 영국-아일랜드 조약

(Anglo-Irish Treaty)을 통해 자율권을 갖는 국가로 사실상 독립을 이루었다. 그리고 1937년에는 국명을 아일랜드어인 에이레(Éire)로 바꾸었다. 다시 1948년에는 영연방에서 탈퇴하고 공화국을 선언하였으며, 1949년에는 국명을 아일랜드 공화국(Republic of Ireland)으로 변경하였다.
아일랜드 역사를 살펴보면 왜 아일랜드가 영연방에서 탈퇴했는지 이해할 수 있을 것이다.

아일랜드 국기

영국과 관련이 있는 나라들은 영국의 유니언 잭 문양을 국기에 사용하는 데 비해, 영국과 가장 가까운 아일랜드는 뿌리 깊은 적대감으로 유니언잭과는 전혀 다른 국기를 사용한다. 반면에 아직도 영국령을 벗어나지 못하는 북아일랜드에는 유니언잭이 걸려 있다.

1846년 신문에 실린 삽화

굶주린 시민들이 빵집을 습격하고 있다. 아일랜드 대기근 시대에 아일랜드 주민들은 죽거나, 폭도가 되거나, 대지주인 영국인들로부터 쫓겨나 노숙자가 되거나, 다른 나라를 찾아 나설 수밖에 없었다. 미국 최초의 20세기 출생 대통령인 제35대 존 F. 케네디(1917~1963, 재임 1961~1963)도 아일랜드에서 미국으로 건너온 이민자 후손이었다.

북아일랜드

영국의 복잡한 내부 요인 가운데 핵심은 북아일랜드다.
켈트족의 섬 아일랜드는 오래전부터 영국과 갈등을 일으키다 1921년 독립했음을 살펴보았다. 그런데 이때 아일랜드 북쪽 지역은 독립 국가에 참여하지 않았다.
북아일랜드는 '얼스터(Ulster)'라 불렸는데, 17세기 무렵 영국 본토에서 개신교인들이 들어와 자리를 잡기 시작했다. 본래 가톨릭이 주류를 이루는 아일랜드에 종교 갈등이 발생할 소지가 생긴 것이다. 게다가 개신교인들은 그곳에 일찍부터 거주하던 아일랜드 인들을 지배하는 위치가 되었다. 아일랜드를 다스리던 잉글랜드에서 이주했으니, 지배층인 잉글랜드의 도움을 받아 권력을 차지한 까닭이었다. 그러니 민족 갈등, 종교 갈등에 덧붙여 사회경제적 갈등까지 더해진 셈이다.
결국 아일랜드가 독립할 무렵 북아일랜드는 이에 반대하였고, 아일랜드는 북아일랜드를 남겨둔 채 독립하였다. 이후 북아일랜드에서는 가톨릭교도와 개신교도 사이, 독립파와 잔류파 사이에 끊임없는 갈등이 벌어졌다. 그 결과 북아일랜드에서는 독립파인 IRA(아일랜드 공화국군)를 중심으로 다양한 형태의 무장투쟁, 테러가 벌어졌고, 많은 사람들이 죽거나 다쳤다.

최근에는 IRA가 무장투쟁 중단을 선언하여 평화가 유지되고는 있으나 언제든 갈등이 표출될 수 있어, 북아일랜드는 영국의 취약한 지점이다. 북아일랜드는 현재 자치정부가 다스리고 있어 북아일랜드에서만 활동하는 정당들끼리 경쟁한다.

한편 스코틀랜드, 웨일스 역시 정치적으로 상당한 자치권을 행사하고 있다.

1984년, 폭탄 테러로 파괴된 영국 브라이튼에 위치한 브라이튼 호텔

IRA 소속 패트릭 마기는 이곳에서 개최하는 영국 보수당 집회에서 마가렛 대처 수상을 암살할 목적으로 시한폭탄을 장치했다. 그러나 대처 수상은 가까스로 폭발을 피했다.

영국 각 지역과 아일랜드 섬

북아일랜드는 오늘날에도 영국의 골칫거리라고 할 수 있는데, 북아일랜드 사람들은 반대로 영국이 골칫거리라고 여길 것이다.

영국 각 지방 현황
그리고, 독립국 아일랜드

	수도	면적 (단위: km²)	인구 (단위: 명)	언어	종교 (단위: %)	1인당 GDP (단위: 달러)
잉글랜드	—	130,279	5,700만	영어	성공회	—
스코틀랜드	—	77,933	550만	영어 스코틀랜드어	스코틀랜드교회 (성공회 계열) 33 가톨릭 16	—
웨일스	—	20,779	330만	웨일스어 영어	웨일스교회 (성공회 계열) 50 가톨릭 30	—
북아일랜드	—	14,130	190만	영어 아일랜드어	가톨릭 40 아일랜드성공회 13 개신교 22	—
영국(전체)	런던	243,610	6,700만	영어 스코틀랜드어 웨일스어 아일랜드어	기독교 60 이슬람 5	49,000
아일랜드	더블린	84,421	660만	영어 아일랜드어	가톨릭 78	95,000

영국 국기

영국 국기는 유니언잭(Union Jack)이라고 부른다. 유니언잭은 그림에서 보듯이 +와 ×가 공존하는 기묘한 형태를 띠고 있다.

이런 형태를 띠고 있는 것은 복잡한 영국 역사와 연관이 있다. 잉글랜드 국기는 그림에서 보듯이 흰 바탕에 빨간 십자가를 그린 것인데, 이는 303년에 순교한 성 게오르기우스를 상징한다. 게오르기우스는 특별히 영국과 관련된 인물은 아니고, 여러 나라에서 그의 상징을 사용하고 있다.

한편 스코틀랜드기는 파란 바탕에 ×자를 그린 성 안드레아 십자가 모양이었다. 그 후 잉글랜드와 스코틀랜드가 통합하면서 두 국기를 함께 그려 넣은 것이 그레이트브리튼 왕국 기(유니언 잭)가 되었다. 다시 1801년에 아일랜드 왕국과 그레이트브리튼이 통합하면서, 흰 바탕에 성 패트릭 십자가를 그려 넣은 아일랜드 기가 추가되어 오늘날의 유니언잭이 탄생한다.

유니언잭

유니언잭은 잉글랜드 국기에 스코틀랜드 국기, 그리고 아일랜드 국기가 추가되어 형성된 복잡한 과정을 품고 있다.

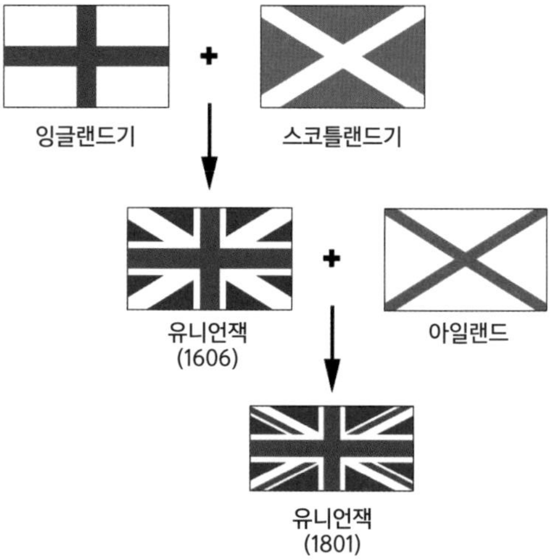

한편 영국을 구성하고 있는 네 지역 가운데 웨일스 상징만 포함되지 않았다. 웨일스는 처음부터 잉글랜드 일부로 포함했기 때문에 표시하지 않았지만, 웨일스 국기도 따로 있다. 이에 웨일스 사람들은 자신들의 상징도 유니언잭에 포함해야 한다고 주장하기도 한다. 그러나 현재는 웨일스의 상징이 빠진 유니언잭을 사용한다.

웨일스 국기와 새로운 유니언잭

왼쪽이 웨일스 국기이고, 오른쪽이 웨일스 국기가 포함된 형태의 유니언잭이다. 웨일스 주민들은 유니언잭이 이 형태로 변경되어야 한다고 주장한다.

오스트리아

오스트리아라는 명칭은 '동쪽 땅'이라는 뜻을 품고 있다. 그러니까 오스트리아는 동쪽에 있는 나라인 셈이다. 어디 동쪽에 있다는 말일까? 신성 로마 제국 동쪽에 있는 땅을 가리킨다.

오늘날 오스트리아는 부유한 나라지만 정치·군사적으로 강대국이라고 할 수는 없다. 특히 군사적으로는 더욱 그러하다. 오스트리아는 영구중립국을 선언하였기 때문에 특별히 강력한 군대를 보유하지 않는다.

그러나 중세 이래로 오스트리아는 유럽의 강대국이었다. 그건 오스트리아라는 지역 때문이 아니라, 오스트리아를 지배하던 합스부르크 가문이 유럽에서 가장 강력한 왕가를 수백 년 동안 유지했기 때문이다.

합스부르크 가문의 첫 신성 로마 제국 황제인 루돌프 1세(재위 1273~1291)는 오스트리아를 중심으로 삼았고, 그때부터 합스부르크 가문은 500년 이상 유럽 중심 세력이었다.

그러나 1804년, 나폴레옹과의 전쟁에서 패한 후 신성 로마 제국은 사라졌고, 그 뒤로는 오스트리아 황제만을 칭할 수 있었다. 그러다 1867년부터 프란스 요제프 1세가 헝가리 황제를 겸하면서 오스트리아-헝가리 제국이 탄생했다. 그 후 프로이센과 경쟁에서 패한 합스부르크 가문은 독일 지역마저 잃었다.
한편 제1차 세계대전에서 오스트리아-헝가리 제국이 패하면서 합스부르크 가문은 지구상에서 사라졌고, 오스트리아-헝가리 제국 역시 해체되어 헝가리와 체코슬로바키아가 독립해 나갔다. 그 결과 오스트리아 국토는 전쟁 전에 비해 1/4로 축소되었고, 1920년에는 연방 공화국으로 재탄생하였다.
이렇게 살펴보면 오스트리아의 오늘은 과거 영화에 비하면 초라하다. 그러나 오늘날 오스트리아는 영구중립국으로서 정치·외교적으로 주변 영향에서 벗어나 풍요롭고 평화로운 삶을 영위해 나가고 있다.

오스트리아 수도 빈의 모습

오스트리아 수도 빈은 비엔나라는 영어 이름으로 널리 알려져 있다. 도나우강에 접한 빈은 합스부르크 가문의 중심지이자 신성 로마 제국의 수도 역할을 한 근대 유럽의 핵심 도시였다.
그뿐 아니라 모차르트, 베토벤이 음악 활동을 본격적으로 수행한 도시이자 '왈츠의 왕' 요한 슈트라우스가 태어나 활동한 도시이기도 하다.
오늘날에도 수많은 관광객이 쇤브룬궁전, 슈테판 성당 등 역사적 명승지를 찾아 빈을 방문한다.

스위스

30년 전쟁(1618~1648)은 유럽, 특히 독일을 중심으로 한 루터(Martin Luther, 1483~1546)의 종교개혁으로부터 비롯된 개신교와 가톨릭 세력 사이에 벌어진 종교 전쟁이었다. 이 전쟁은 1648년 베스트팔렌 조약으로 마무리되었는데, 이에 따라 스위스는 독립국이 되었다.

이 조약의 핵심은 가톨릭과 함께 루터파, 칼뱅파가 동등한 지위를 승인받은 것이었다. 또한 가톨릭에 바탕하고 있던 신성 로마 제국이 실질적으로 붕괴하였고, 합스부르크 가문이 약화하고 프랑스가 강대국으로 부상하였다. 이러한 것이 베스트팔렌 조약의 결과였다는 점에서, 30년 전쟁이야말로 근대 유럽 탄생에 가장 중요한 전기였다.

스위스는 이때 네덜란드와 함께 독립국가가 되었지만, 지정학적 요인으로 오늘날에도 여러 민족이 섞여 살고 있고, 가톨릭·개신교·이슬람교 등이 공존한다. 언어는 독일어·프랑스어·이탈리아어·로망슈어(스위스 일부 지역에서 사용하는 언어로, 사용자는 수만 명에 불과하다) 등 4개 언어가 공용어로 쓰일 만큼 다양하다.

그런데도 41,285km² 영토에 900만 명 조금 못 미치는 주민이 세계 최고 수준의 민주주의 제도와 경제 수준을 유지하고 있다. 게다가 국제적십자위원회를 비롯한 22개 국제기구와 250개가 넘는 비정부 기구를 유치하고 있다.

국제기구 하면 떠오르는 스위스 도시 제네바는 수도가 아니며, 수도는 베른이다.

서유럽 내륙국가 스위스, 리히텐슈타인, 오스트리아 지도

스위스 최대 도시는 취리히, 제2도시는 제네바다. 수도 베른은 인구 규모로 다섯 번째 도시이다. 리히텐슈타인은 스위스와 오스트리아 사이에 있는 작은 나라로 인구는 5만명에도 못 미친다. 오스트리아 최대 도시이자 수도는 빈으로 인구가 200만 명에 가깝다. 한편 오스트리아 제4의 도시 잘츠부르크는 인구는 15만 명이 채 되지 않는 작은 도시지만 작곡가 모차르트의 고향으로, 매년 개최되는 잘츠부르크 페스티벌에는 전 세계에서 수많은 클래식 팬이 운집하는 것으로 유명하다.

30년 전쟁

1618년에 시작해 1648년에 베스트팔렌 조약으로 끝이 난 30년 전쟁은, 유럽 역사상 가장 중요한 전쟁 가운데 하나였다. 전쟁은 신성 로마 제국 영내에서 일어났지만, 그 무렵 유럽 국가 대부분이 관여했으며 전쟁의 피해 역시 막대했다.

신성 로마 제국 내 인구는 전쟁 이전에 비해 절반 가까이 줄었고, 수많은 사람들이 고향을 떠나 떠돌아야 했다. 그 과정에서 겪어야 했던 상상하기 어려운 기근으로 인해 식인 풍습이 생겨났을 정도로 약탈, 살육 같은 비윤리적인 상황이 일어났다.

30년 내내 전쟁이 이어진 것은 아니고, 중간에 쉬었다 재개하는 등 우여곡절을 겪었지만 30년 동안 전쟁을 벌였으니 유럽인들, 특히 전장에 나가 목숨을 걸고 싸워야 했던 시민들로서는 지긋지긋한 전쟁이었음이 분명하다.

30년 전쟁은 신성 로마 제국 황제의 신교도 탄압 정책에서 비롯되었다.

30년 전쟁은 전반기에는 그 출발이 보여 주듯, 막 힘을 키우기 시작한 유럽 신교도 세력과 기득권을 방어하기 위한 가톨릭 세력의 대결 양상이었다. 그러나 시간이 지나면서 종교라는 대의명분은 슬그머니 뒷전으로 밀려나고 본격적인 영토 전쟁으로 전개되었다. 전쟁이 끝날 무렵 유럽은 새로운 근대의 시대로 접어든다.

30년 전쟁은 1648년에 베스트팔렌 조약으로 종말을 맞는데, 조약 주요 내용은 다음과 같다.

1. 프랑스는 알자스-로렌 지역을 차지한다.

2. 스웨덴은 서부 포메른과 브레멘, 페르덴 등 발트해 연안을 차지한다.

3. 스위스와 네덜란드를 독립국가로 인정한다.

4. 프로이센은 동부 포메른, 마그데부르크, 덴 등을 차지한다.

5. 칼뱅파 신교도에게도 루터파 신교도와 동등한 권리를 부여한다.

6. 영주의 종교와 상관없이 개인적으로 자신의 종교 행사에 참가할 수 있다.

7. 제후들이 독자적으로 주권과 외교권, 조약 체결권을 행사할 수 있다.

8. 베스트팔렌 조약 내용에 대해서는 누구도 거부할 수 없다.

위 내용을 종합하면 다음과 같다.

첫째, 근대 유럽의 영토가 획정되었다. 둘째, 개신교와 가톨릭의 공존을 명시함으로써 더 이상 종교적 갈등이 발생하지 않도록 해결하였다. 셋째, 근대적 의미의 국가 체제가 출범하는 계기가 마련되었다. 넷째, 교황이 세속 영역에 간섭할 수 없게 되었다.

그리고 현실적으로는 합스부르크가문, 에스파냐, 신성 로마 제국, 교황의 힘이 약화된 반면, 프랑스의 영향력이 강화되었고, 프로이센이 독일 지방의 대표적인 국가로 발돋움할 수 있는 계기가 마련되었다.

일반적으로 30년 전쟁은 개신교 세력이 유럽 내에서 확고한 기반을 마련한 사건으로 알려져 있는데, 의외로 가톨릭 국가인 프랑스의 영향력이 강화되었다. 이는 30년 전쟁이 종교 전쟁 차원에 머무르지 않고 영토 전쟁 차원으로 확대되었음을 보여 준다.

30년 전쟁을 야기한 보헤미아 신교도들의 가톨릭 참사위원 투척 사건을 그린 그림

신교도 탄압 정책에 저항하는 신교도들이 가톨릭 참사위원들을 창밖으로 던지고 있다. 30년 전쟁은 이런 순간적인 사건으로 인해 시작한 것이 아니었다. 루터의 종교개혁에서 비롯한 신교도 출현과 그들에 대한 가톨릭의 탄압은 물론이거니와, 신교도 내에서도 루터파와 칼뱅파 사이의 이견 표출, 종교 갈등에서 비롯한 각국의 독립 움직임, 영토 욕심을 감추지 못한 황제와 왕 등 수많은 갈등 요인이 복합적으로 분출한 사건이었다. 그리고 종교간 갈등에서 비롯한 전쟁은 역사상 가장 참혹한 결과로 이어졌으니, 인류 역사상 종교는 평화와 화해보다는 갈등과 전쟁에 더 큰 기여를 한 듯하다.

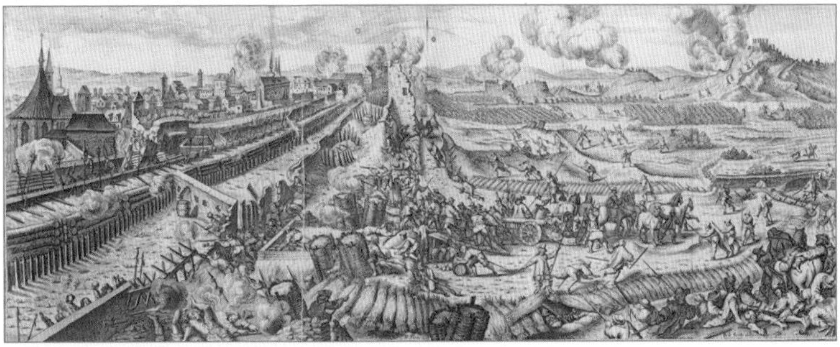

30년 전쟁의 마지막 전투인 프라하 전투 모습

베스트팔렌 조약 논의중에 벌인 프라하 전투를 끝으로 30년 전쟁은 막을 내렸다. 이로써 프라하는 30년 전쟁의 출발과 종말을 알리는 전투가 모두 벌어진 도시로 남았다. 한편 마지막 프라하 전투에서 스웨덴군은 전투 승리보다 전리품 약탈에 주안점을 둔 것으로 보이는데, 신성 로마 제국 황제 수장품 대부분을 약탈하여 바지선을 이용해 스웨덴으로 운송하였다.

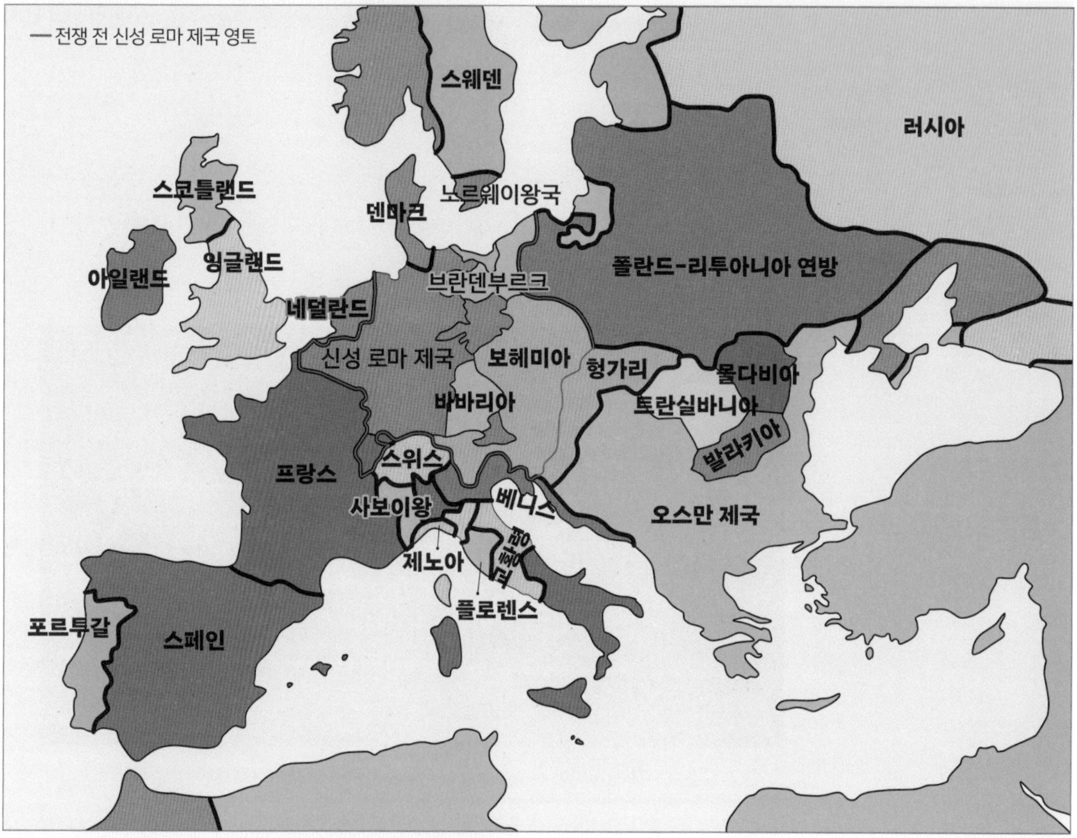

30년 전쟁 결과물인 베스트팔렌 조약에 따른 유럽 지역 재편

30년 전쟁 결과 스위스, 네덜란드가 독립국이 되었고, 프랑스 영역이 확대되었다. 또 스웨덴도 넓은 영토를 확보하는 등 오늘날 존재하는 여러 나라가 탄생하는 근대 유럽의 출발점이 되었다.

리히텐슈타인

신성 로마 제국 황제에게서 공작 작위를 받은 리히텐슈타인 공작이 다스리던 이 작은 나라는 1866년, 독립을 선언하였다. 그 후 오스트리아의 영향력 아래 들어갔다가 제1차 세계대전이 끝나면서 스스로 스위스 영향력 아래로 들어갔다. 그래서 오늘날에도 스위스 프랑을 화폐로 사용하고(당연히 경제도 스위스 체제 안에 있다), 몇몇 나라를 제외하고는 외교 관계 역시 스위스가 대신한다. 그래도 UN 가입국이므로 엄연한 독립국가다.

리히텐슈타인에 있는 세계적인 전동공구 제조업체 힐티(Hilti) 본사 전경

리히텐슈타인은 인구가 4만 명을 밑도는데, 힐티의 직원 수가 2만 명에 달한다. 당연히 노동력이 부족하고, 이에 따라 주위 국가인 독일, 오스트리아, 스위스 등지에서 국경을 넘어 출퇴근하는 노동자가 만 명이 넘는다.

리히텐슈타인은 영세중립국을 선언한 까닭에 군대도 없고 세금도 없으며 빈부격차도 거의 없다. 그런데도 1인당 GDP는 세계 최고 수준이다. 물론 나라 크기가 160km²에 인구는 4만 명도 채 되지 않으니 우표만 팔아도 충분히 먹고산다. 리히텐슈타인 우표 수입은 국가 수입의 약 1/3을 차지한다.

	국기	수도	면적 (단위: km²)	인구 (단위: 명)	언어	종교 (단위: %)	1인당 GDP (단위: 달러)
오스트리아		비엔나	83,879	900만	독일어	기독교 64 이슬람 8	59,000
스위스		베른	41,285	900만	독일어 프랑스어 이탈리아어 로망슈어	기독교 66 이슬람 5	105,000
리히텐슈타인		바두즈	160	4만	독일어	기독교 83 이슬람 7	180,000

남유럽

남유럽은 말 그대로 유럽 남부를 가리키는데, 지구본을 보면 알 수 있듯이 지중해를 끼고 있는 지역이다.

지중해는 5대양에 낄 만큼 넓은 바다가 아니다. 그렇지만 역사를 돌아보는 데, 나아가 오늘날 세계 정세를 살펴볼 때는 반드시 알아야 할 지역이다.

그림에서 볼 수 있듯이 지중해를 둘러싼 지역에는 기독교와 이슬람교가 탄생한 중동 지역, 세계 4대 문명 탄생지인 메소포타미아와 이집트가 가까이 있다. 그뿐이 아니다. 서양 문명의 요람인 그리스, 고대부터 근대에 이르는 2천여 년 동안 세계 역사의 중심에 있던 로마 제국도 지중해를 근거로 발달했다. 크레타 문명, 미케네 문명, 미노아 문명 등 이 지역을 발판으로 탄생한 서양 문명도 많다. 또 신대륙을 개척해 근대 세계 역사를 완전히 뒤바꾼 스페인과 포르투갈도 이 지역에 자리하고 있다. 문화적으로 르네상스 발상지이기도 하다. 그러니 지구본 여행에서 남유럽 여러 지역은 빼놓을 수 없을 뿐 아니라 틈만 나면 깊이 살펴볼

지중해 지역

지중해 지역은 서로는 포르투갈과 스페인이 자리한 이베리아반도에서, 동으로는 중동 지방이 자리한 아라비아반도까지 이어지는 고대 서양 문명의 핵심이다.

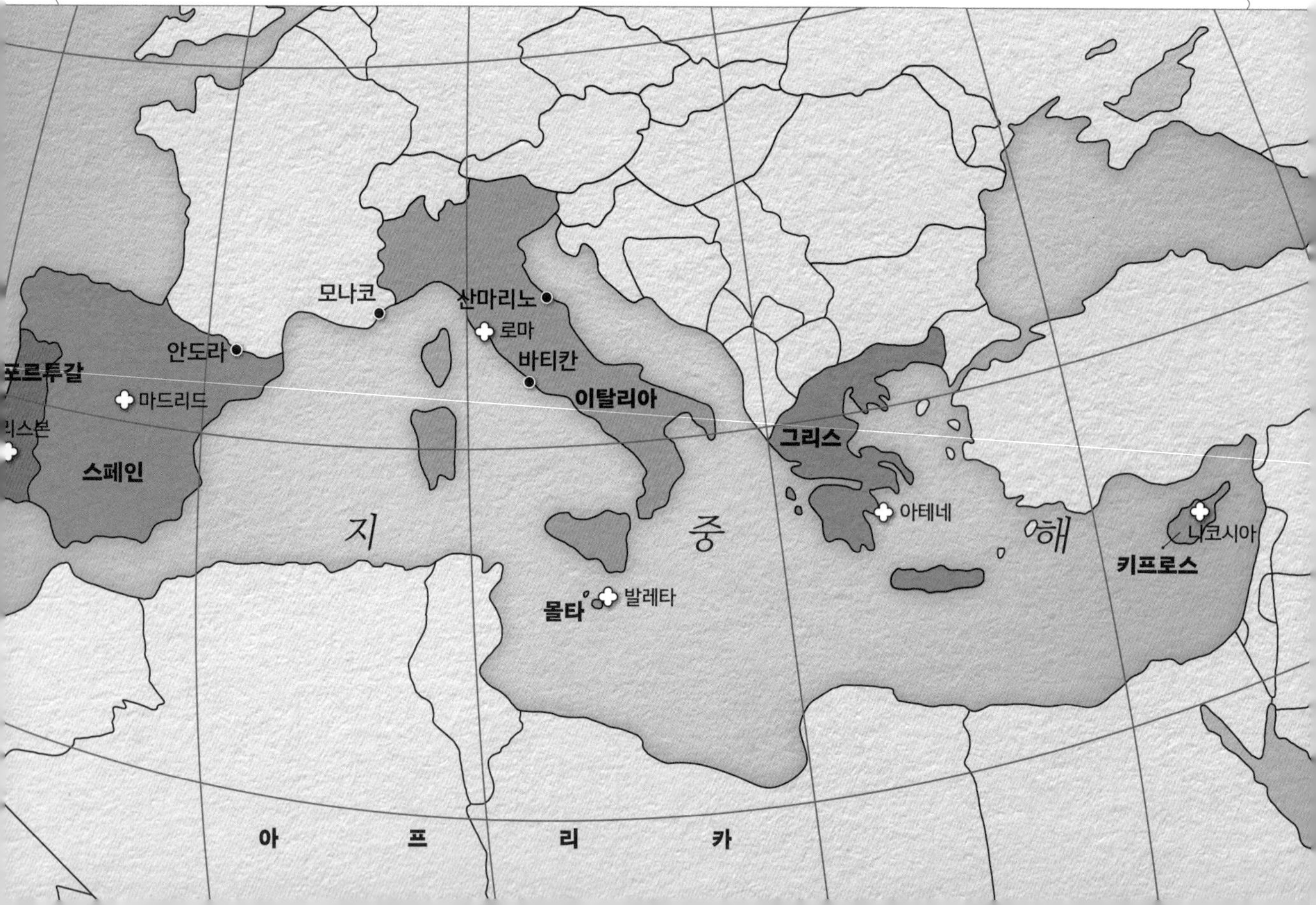

지역이다.

남유럽에는 그리스·이탈리아·스페인·포르투갈 외에 지중해 가운데 있는 몰타도 속한다. 또 이탈리아 내 소국인 바티칸과 산마리노, 프랑스 내 소국인 모나코, 스페인과 프랑스 국경에 위치한 안도라 등이 모두 남유럽 국가다.

앞서 리히텐슈타인 면적이 160km^2(우리나라 경기도 안산시 면적이 약 156km^2니까 한 도시 크기다)임을 살펴보았다. 하지만 리히텐슈타인은 모나코, 산마리노, 그리고 바티칸에 비하면 대국이다.

남유럽 작은 나라들

	국기	수도	면적 (단위:km^2)	위치	인구 (단위:명)	언어	1인당 GDP (단위:달러)	비고
모나코		모나코	2.08	프랑스 남부 지중해안	39,000	프랑스어	190,000	나라 길이는 약 3km, 너비는 약 500m. 국방과 외교를 프랑스에 위임한 실질적인 프랑스 보호령. 1993년 UN에 가입.
산마리노	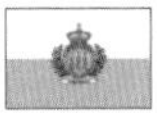	산마리노	61.2	이탈리아 아펜니노산맥 중동부	35,000	이탈리아어	59,000	관광업이 국가 재정의 60%를 차지. 이탈리아어 사용.
안도라		안도라라베야	467.63	피레네 산맥 동쪽, 프랑스 남부, 스페인 북쪽에 위치.	82,000	카탈루냐어	45,000	1993년 독립. 스페인계 43%, 안도라계 33%, 포르투갈계 11%, 프랑스계 7% 등으로 구성되어 있음. 공용어는 카탈루냐어, 스페인어, 프랑스어. 관광업이 약 80%를 차지.
몰타		발레타	316	지중해 중앙에 위치한 섬나라로, 20여 개의 유, 무인도로 구성되어 있음.	52만	몰타어 영어	39,000	영국 식민지였다가 1964년 독립.
바티칸시국		바티칸	0.49	로마 내에 위치한 시국.	800	라틴어	–	1929년, 이탈리아와 교황청 사이에 맺은 라테란협정에 의거, 독립함. 바티칸시국의 주권은 교황에게 있으며, 따라서 바티칸시국=교황청과 다름없음.

바티칸시국의 중심인 성 베드로 광장 모습

바티칸시국 국기

교황 모습은 자주 보지만 바티칸시국 국기는 볼 기회가 거의 없다.
그러나 바티칸시국 역시 엄연히 국가이기 때문에 국기가 있다.

모나코

면적이 2.08㎢라면 산술적으로 1km×2km이다. 그러니 자동차 드라이브는 엄두도 내지 못할 것이다. 세계에서 바티칸시국 다음으로 작은 이 나라의 통치자는 모나코공작이다. 그래서 나라 이름도 왕국이 아니라 모나코공국(公國, Principality of Monaco)이다.

나라는 작지만 역사는 오래 되어, 현재 모나코 지배 가문이 자리한 지 800년 가깝다.

엄연한 UN 가입국이기는 하지만 국방과 외교는 프랑스에 위임한 데다, 형식적이지만 공작 임명권도 프랑스가 가지고 있으니 독립국인지는 애매하다.

산마리노

이탈리아 북부 피레네산맥 중턱에 위치한 소국이지만, 모나코와는 비교할 수 없을 만큼 넓다. 면적이 약 $61km^2$인데, 인구는 4만 명이 채 되지 않는다. 국방은 이탈리아에 위임한 상태이지만 군대가 없지는 않다. 관광, 그리고 우표 수입이 나라 살림에 중요한 요소이다.

안도라

프랑스와 스페인을 가르는 피레네산맥 경사면에 위치한 안도라 역시 공국이다. 안도라는 1993년 독립했고, 그해 UN에도 가입한 독립국가이지만, 형식적 국가 원수는 프랑스 대통령과 스페인 카탈루냐 지역인 우르헬 주교가 공동으로 담당한다.

나라 대부분이 산지지만 경제적으로 매우 부유하다. 유제품과 담배, 술을 제외한 모든 상품이 면세여서 주변국 시민들이 이곳에 와서 물건을 구입하는 상품 수입, 그리고 매년 수백만 명에 이르는 스키 관광객, 조세피난처 역할을 하는 금융업 등이 큰 수익을 거두기 때문이다.

수도 산마리노에 있는 몬테 티타노 산에서 바라본 정경. 대부분이 산지 또는 그에 준하는 땅이다.

몰타

지중해상에 위치한 섬나라로, 지리적 이유로 인해 아랍계, 이탈리아 시칠리아계, 유럽계 인종이 함께 살아간다. 로마, 아랍, 튀르키예 등의 지배를 거쳐 영국 지배를 받다가 1964년, 영국으로부터 독립하였다.

몰타 수도 발레타 해안가 풍경

섬나라인 만큼 몰타에는 멋진 해안이 많다. 몰타 전체 면적은 316km²로, 강화도(302km²)와 비슷하다.

이탈리아

이탈리아 하면 가장 먼저 떠오르는 것이 고대 로마 제국이다. 오늘날 로마는 이탈리아의 수도에 불과하지만, 고대 로마는 오늘날 이탈리아와는 비교할 수 없을 만큼 강대국이었을 뿐 아니라 서양 역사의 뼈대 역할을 한 존재였다.

이탈리아반도는 고대부터 유럽과 지중해, 그리스, 그리고 아프리카에 이르는 세력권의 영향을 받았다. 그런 까닭에 여러 민족이 뒤섞여 살았는데, 오늘날 로마 지역에서 일어난 소규모 왕국인 '로마'가 이들을 통일하였다.

로마는 처음에는 작은 도시국가였다. 그러다 오늘날 아프리카 튀니지 지역에서 발흥한 카르타고와의 세 차례 전쟁(BC 264~BC 146, 제1차 포에니 전쟁, 제2차 포에니 전쟁, 제3차 포에니 전쟁)을 거치면서 시칠리아섬, 이베리아반도(스페인, 포르투갈이 위치한 지역)와 아프리카 북부 등 카르타고가 지배하고 있던 지역을 모두 장악, 유럽 최강국으로 거듭난다.

그 후 황제 옥타비아누스(B.C. 63~A.D. 14. 그는 아우구스투스, 즉 '존엄한 자'라는 칭호를 들을 정도로 로마 최전성기를 이끌었다) 시대에 최대 영토를 확보한 로마는 향후 200여 년 동안 이른바 '팍스 로마나' 시대를 열면서 서양을 지배하였다.

세 차례에 걸친 포에니 전쟁으로 확장된 로마 영토

로마 강역
카르타고 강역

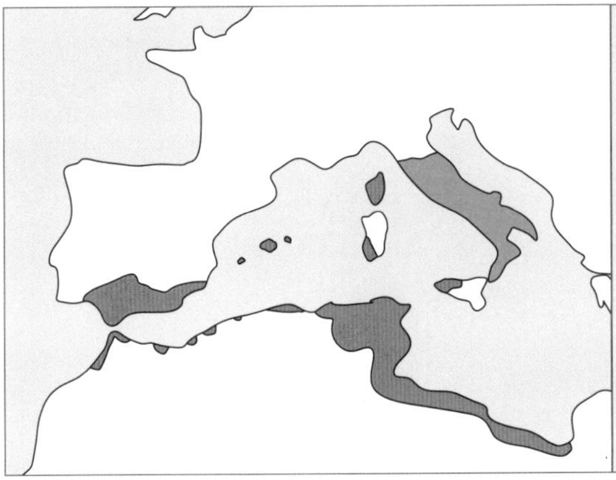

제1차 포에니 전쟁 결과
(기원전 264~기원전 241)

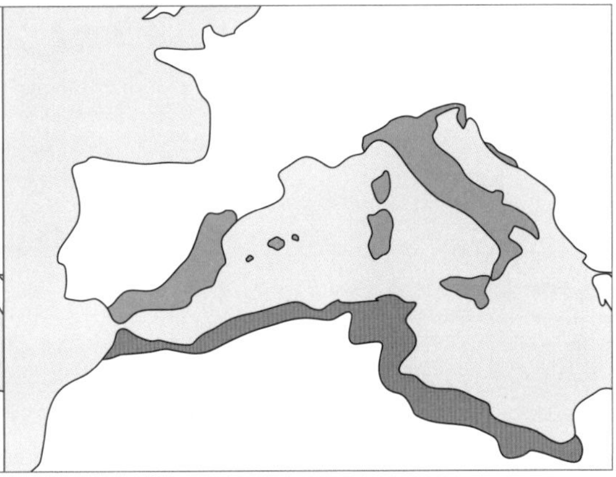

제2차 포에니 전쟁 결과
(기원전 218~기원전 201)

제3차 포에니 전쟁 결과
(기원전 149~기원전 146)

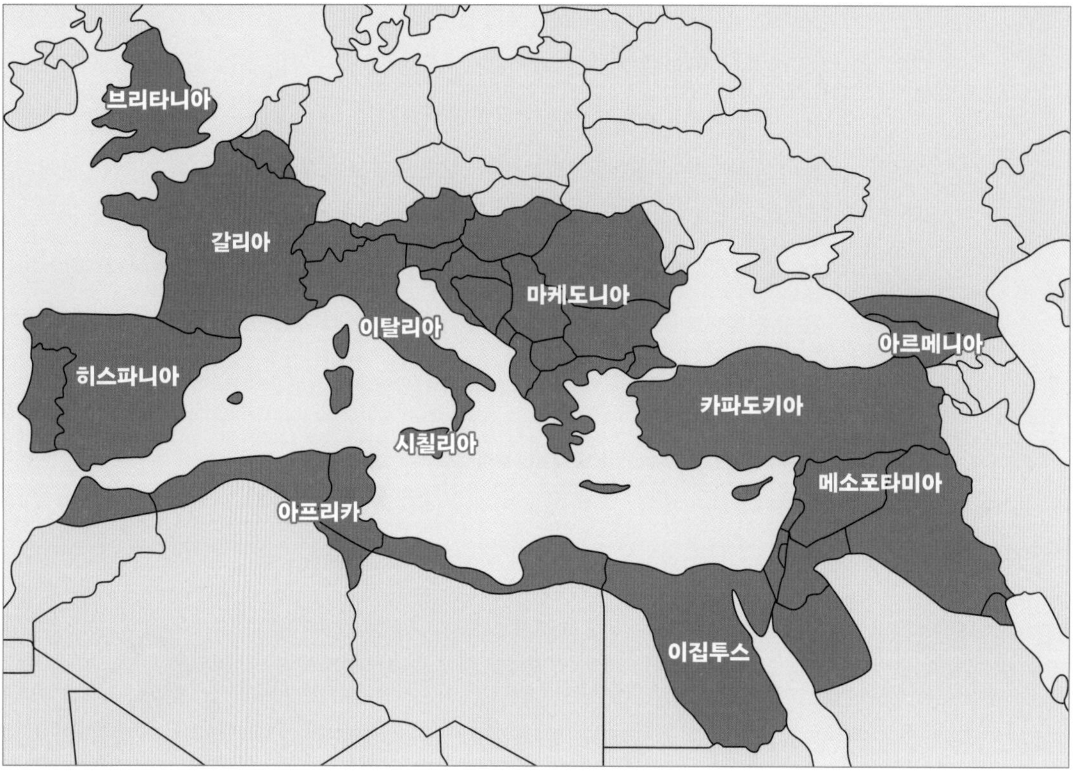

로마 제국 최대 강역(117년 무렵)

로마는 포에니 전쟁 이전에는 이탈리아반도에 국한되었는데, 세 차례에 걸친 포에니 전쟁 결과 세계적인 제국으로 거듭난다. 그 후에도 로마는 팽창을 거듭하였고, 서기 117년 무렵 로마는 지중해 주변과 흑해 주변, 나아가 카스피해와 페르시아만, 홍해 유역까지 진출하는 제국을 건설한다. 그 후 로마 제국은 정체기로 접어들다가 4세기 말에 이르러 동로마 제국, 즉 비잔틴 제국과 서로마 제국으로 분열되면서 제국으로서 황혼기에 접어든다.

하드리아누스 성벽

로마 제국 전성기에 로마는 브리타니아, 즉 오늘날 영국까지 지배했는데, 그 무렵 황제 하드리아누스(76~138, 재위 117~138)는 브리타니아 북방 이민족의 침입을 막기 위해 하드리아누스 성벽으로 불리는 성을 쌓았다. 이 성의 많은 부분이 오늘날에도 남아 있는데, 본래 총길이는 100km가 넘었다. 유네스코 문화유산에 지정되었는데, 라틴어를 새긴 조각에는 하드리아누스라는 이름과 브리타니아라는 로마 속주 이름이 새겨 있어, 그 역사를 전하고 있다.

팍스 로마나

팍스 로마나(Pax Romana)는 라틴어로 '로마의 평화'를 뜻하는데, 거대 제국 로마의 지배 아래 세상이 평화를 유지한 시기라는 뜻이다. 그러나 그건 로마의 평화일 뿐, 로마 지배 아래 있던 이민족들에게는 압제와 착취의 기간이기도 했다.

현대사에서도 이와 비슷한 용어가 등장했는데, 바로 '팍스 아메리카나(Pax Americana)'이다. 이는 제2차 세계대전 이후 초강대국이 된 미국의 군사력과 경제력에 의하여 유지되던 '표면적 평화의 시대'를 가리킨다. 그리고 이러한 '팍스~'의 왜곡된 의미를 다음 문장이 잘 표현하고 있다.

> "그러므로 저는 만연한 무지와 잊힌 진실에 대해 토론하기 위해 이 시간과 장소를 선택했습니다. 그것은 지구상에서 가장 중요한 주제인 평화입니다. 제가 의미하는 평화는 어떤 종류이며, 우리는 어떤 평화를 추구해야 할까요? 미국의 전쟁 무기로 세계에 강요하는 '팍스 아메리카나'는 아닐 것입니다. 무덤 속 평화도, 노예의 평안도 아닙니다. 나는 진정한 평화, 지구상의 삶을 가치 있게 만드는 평화를 말하려 합니다. 인간과 국가의 성장, 그리고 그들의 아이들을 위한 희망과 더 나은 삶을 가능케 하는 평화, 단순히 미국인을 위한 평화뿐 아니라, 모든 인류를 위한 평화, 지금 이 순간의 평화가 아니라 영원한 평화에 대해 말하고 싶습니다."
>
> -미국 제 35대 대통령 존 F. 케네디(John F. Kennedy, 1917~1963)가
> 1963년 6월 10일 워싱턴 소재 아메리칸대학교에서 행한 연설 일부.

한편 팍스 로마나라는 칭호가 생긴 이래 특정 제국이 득세할 때마다 그에 비견하는 표현이 등장했다. 팍스 브리타니아(영국 제국 시대), 팍스 시니카(중국 한나라 치세로, 서양의 팍스 로마나에 대비하는 개념), 팍스 몽골리아 등이 그것이다.

5현제(Five Good Emperors)

팍스 로마나 시대가 지속되는 동안 로마 제국을 다스린 뛰어난 황제 다섯 명을 가리켜 5현제라고 부른다. 왼쪽부터 네르바(재위 96~98), 트라야누스(98~117), 하드리아누스(117~138), 안토니누스 피우스(138~161), 마르쿠스 아우렐리우스(161~180).

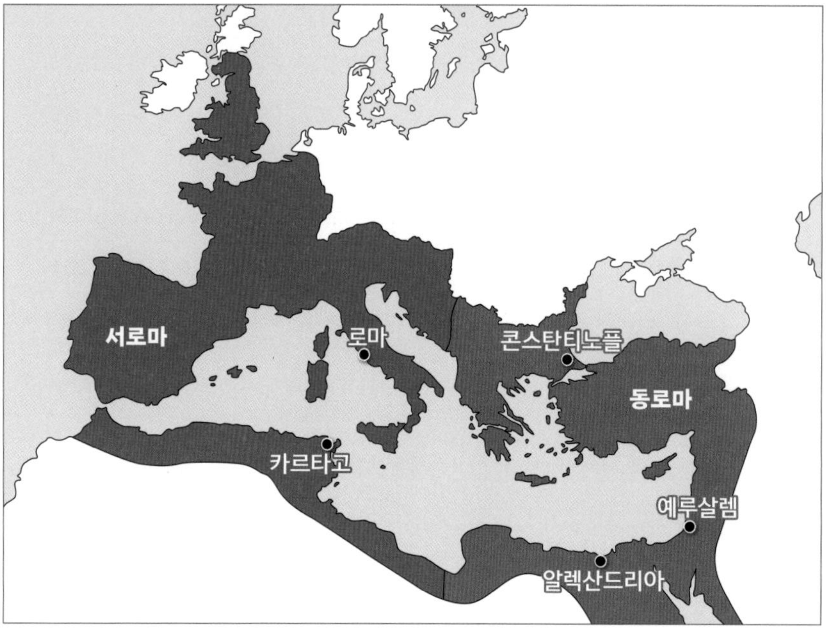

서로마 제국과 동로마 제국 분열 시대의 개막

'팍스 로마나' 시대는 3세기경부터 저물기 시작했다. 다스려야 할 제국이 너무 방대해진 결과 중앙집권체제를 유지하기 어려웠고, 이곳저곳에서 일어나는 이민족의 저항을 효과적으로 제압할 수 없었기 때문이다.

결국 게르만족의 침략과 교황 권력의 비대로부터 시작한 로마 제국의 쇠락은, 콘스탄티누스 황제(Constantinus I, 274~337, 재위 306~337)가 331년에 수도 로마를 버리고 동방의 콘스탄티노플(오늘날 이스탄불)로 도읍을 옮기면서 전기를 맞이한다. 그때부터 로마는 서로마 제국과 동로마 제국으로 분리되고, 서로마 제국은 476년, 게르만 용병대장 오도아케르에 의해 멸망하면서 종말을 맞았다.

그 후 이탈리아는 분열의 시대로 접어든다. 프랑크왕국과 신성 로마 제국의 지배를 거치는 동안 북부 이탈리아 도시국가들은 연합하여 신성 로마 제국 지배에서 벗어났다. 도시국가들은 자치권을 바탕으로 발전을 이루면서 이탈리아 르네상스 주역으로 성장하였다.

반면에 남부 이탈리아는 동로마 제국에 편입되었다가 이슬람 세력의 침략을 받아 이슬람 문화 영향권에 들었다. 그 후 11세기 무렵에는 북에서 내려온 노르만인들의 지배를 받았고, 다시 에스파냐 지배를 받기에 이른다.

오늘날까지 이어지는 북부 이탈리아와 남부 이탈리아의 정치·경제·문화적 이질감은 이런 과정을 거치면서 형성된 것으로 뿌리가 깊다.

한편 이탈리아 통일운동은 프랑스 대혁명의 영향으로 태동하기 시작, 결국 1870년에 이르러 이탈리아는 통일되었다.

- 본래 샤르데냐 왕국
- 1859년 샤르데냐에 병합
- 1860~1861 샤르데냐에 병합
- 이탈리아 왕국이 병합
- 가리발디 정복지

이탈리아 통일 과정

로마 제국이 쇠퇴한 후 이탈리아는 랑고바르드왕국 지배를 거쳐 프랑크왕국 지배를 받았다. 이때 피핀 3세가 교황에게 라벤나 지역을 바침으로써 오늘날 교황령이 탄생한다. 그 후 이탈리아는 교황령 지역, 신성 로마 제국 지역, 그리고 이들에게 저항하는 이탈리아 도시들 사이에 갈등이 지속되었고, 신성 로마 제국을 물리친 북부 도시국가들의 등장과 함께 유명한 이탈리아 르네상스가 시작한다.

근대로 접어들면서 북부는 오스트리아, 남부는 프랑스 지배를 받았고, 프랑스 혁명기를 거치면서 독립 열기가 불붙기 시작한다. 이후 샤르데냐 왕국이 주축이 되어 독립의 발판을 놓기 시작했고, 1861년 베네치아와 교황령을 제외한 전 이탈리아를 샤르데냐 왕국이 통일하면서 이탈리아 왕국으로 거듭났다. 이 과정에서 가장 큰 역할을 한 것이 가리발디여서 오늘날에도 이탈리아 통일운동의 주역으로 칭송받고 있다. 한편 베네치아와 교황령 역시 1870년에 흡수하여 명실상부한 이탈리아 통일을 이룬다.

사르데냐 왕국

사르데냐는 이탈리아반도 서쪽에 위치한 섬이다. 사르데냐의 역사는 매우 오래되었으며, 정치적으로도 이탈리아와는 독자적으로 전개되어 왔다. 그러다 프랑스를 근거로 11세기에 일어난 사보이 가문이 후에 이 지역을 차지하면서 사르데냐 왕국(Regno di Sardegna)이 성립하였다.

19세기에 접어들면서 이탈리아 통일운동의 아버지 가리발디(Giuseppe Garibaldi, 1807~1882)가 사르데냐 왕국을 중심으로 통일운동을 펼쳤고, 그가 시칠리아와 나폴리를 정복하여 사르데냐에 바치면서 이탈리아는 비로소 통일되었다. 이때부터 사르데냐 왕국은 사라지고 이탈리아 왕국으로 불린다.

오늘날 사르데냐섬은 이탈리아의 한 행정구역인데, 특별법으로 일정 수준의 자치권을 부여

받았다. 공식 명칭 역시 Regione Autonoma della Sardegna로, 번역하면 '사르데냐 자치구'라고 할 수 있다.

사르데냐에서는 이탈리아어뿐 아니라 이 지역 토착어도 공용어로 사용하고 있다.

샤르데냐 섬에 있는 로마 시대 대욕장

샤르데냐에는 오늘날에도 로마 시대 유적이 다수 남아 있다.

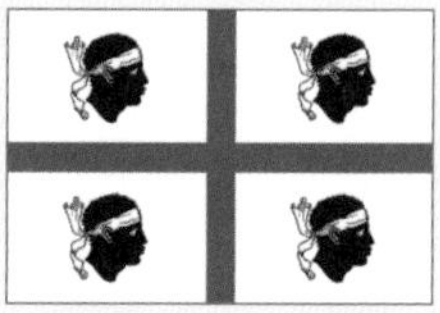

사르데냐 자치구의 국기

301,340km² 면적에 6천만 명이 넘는 인구를 보유한 이탈리아는 OECD 및 G7의 일원으로 오늘날에도 강국이다. 그러나 최근 이탈리아가 보여 주는 정치·사회적인 결과는 예전 고대 로마와는 비교할 수 없을 뿐 아니라 서유럽 여러 나라와 비교해도 아쉬운 점이 많다.

실비오 베를루스코니

21세기 이탈리아를 살펴볼 때 빠질 수 없는 인물이 베를루스코니(Silvio Berlusconi)다.

1994~1995, 2001~2006, 2008~2011년에 걸쳐 세 차례 총리를 지낸 그는 이탈리아 최고 갑부이자 이탈리아 최초 민영방송을 소유한 인물이다.

그는 국영방송을 제외하고 40%가 넘는 방송사를 소유하였을 뿐 아니라 출판사, 신문사 등을 소유하고 영향력을 행사하였다. 총리가 된 후에는 자신의 방송사와 분점하고 있던 국영방송까지 장악, 이탈리아 언론을 완전히 독점하였다.

이때 방송사들은 선정적인 오락프로그램을 통해 시민들을 현혹하고, 다른 한편으로는 베를루스코니의 치적을 홍보하고 반대파를 공격하는 사유 언론에 불과했다.

그는 권력을 자신의 사업 확장에 이용했을 뿐 아니라 온갖 불법, 탈법을 동원하여 자신만의 왕국을 만들려고 했다. 수도 없이 법원을 들락날락 했던 그는 마피아 연계, 자금 세탁, 탈세, 뇌물 등 여러 혐의로 기소되었다.

그가 이탈리아를 통치하던 시기, 그는 "지상파 방송과 신문, 인터넷 등 그가 소유한 미디어 매체들의 보호막 속에서 이탈리아인들이 보고, 읽고, 생각하는 것까지 조종한다"는 평가를 받았다.

당연히 그의 통치 기간 동안 이탈리아 사회는 퇴보를 거듭했고, 이탈리아에 닥친 디폴트(채무불이행) 위기로 인해 총리직에서 사임했으나 그 후 다시 하원의원에 복귀하였다. 이탈리아 파시즘의 아버지 무솔리니를 존경한다는 그가 민주주의 형식인 선거를 통해 선출되었다는 사실은, 우리가 민주주의를 지키기 위해 어떤 노력을 기울여야 하는지 생각하게 한다.

2009년 반 베를루스코니 시위대

베를루스코니 집권 시기인 2009년, 그가 네덜란드를 방문했을 때 열린 반베를루스코니 시위대 모습이다. 이탈리아인이 선출한 총리를 다른 나라 시민들이 '민주주의 학살자'로 평가하는 모습을 보고 그를 합법적 선거로 선출한 이탈리아인들은 무슨 생각을 했을지 궁금하다.

스페인

스페인* 하면 떠오르는 것 가운데 하나가 알타미라 동굴 벽화다. 이 벽화는 구석기시대에 만든 것이니까, 스페인 지역에는 구석기시대에도 상당한 문명을 형성한 인류가 거주하고 있었음을 알 수 있다.

그런 스페인이지만 지구본에서 확인할 수 있듯이 유럽 변방이요, 아프리카와는 나룻배로도 건널 만큼 가깝다. 그런 까닭에 스페인은 독자적인 국가를 발전

* 에스파냐라고도 부른다. 스페인 과거 명칭이 에스파냐인데, 오늘날에도 에스파냐와 스페인, 두 명칭이 함께 쓰인다. 영어 명칭은 Kingdom of Spain, 즉 스페인 왕국이고, 스페인어 명칭은 Reino de España로, 스페인과 에스파냐, 두 명칭이 혼재되어 쓰이는 이유를 알 수 있다.

시키기 전에 여러 나라의 침략을 받았다. 카르타고 지배를 거쳐 로마 지배를 받으면서 언어도 라틴어 계통으로 바뀌었는데, 이것이 오늘날 스페인어의 모태가 되었다.

그 후 8세기 초에는 이슬람 왕조인 옴미아드 왕조 침략을 받아 약 800여 년간 이슬람 세력의 지배를 받았다. 오늘날 스페인에 이슬람 유적이 많이 남아 있는 것은 이 시대 유산이다.

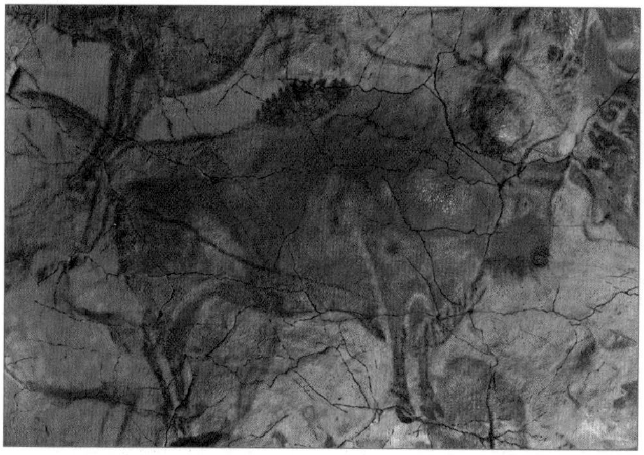

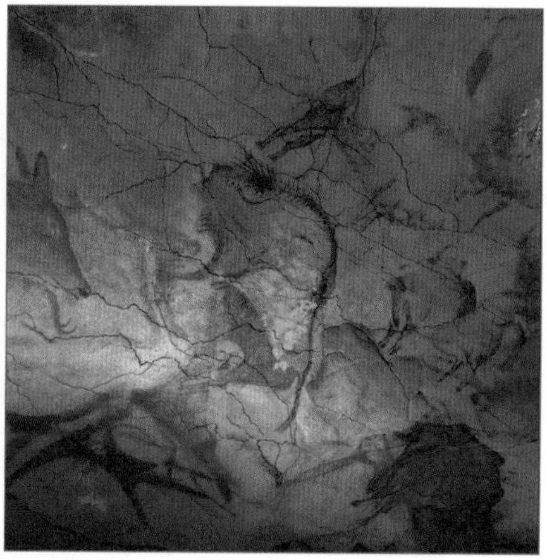

알타미라 동굴 벽화

벽화 수준이 너무나 뛰어나, 처음 발견하였을 때는 많은 학자들이 가짜라고 여겼다. 알타미라 동굴은 스페인 북부 칸타브리아 지방에 있는데, 현재는 보존을 위해 출입이 금지되었다. 주변에 복제한 동굴이 있다.

한편 이슬람의 지배를 받으면서 기독교 세력은 레콩키스타(국토회복운동) 활동을 벌였는데, 15세기 후반인 1492년에 이르러서야 결실을 맺었다. 이렇게 기독교를 바탕으로 한 통일국가를 형성한 에스파냐는, 그 무렵부터 아메리카 대륙을 정복하면서 '해가 지지 않는 스페인'을 건설한다.

이 무렵 스페인 침략 덕분에 오늘날 스페인어를 대표 언어 또는 공용어로 사용하는 나라는 20개국이 넘는데, 대부분은 아메리카 대륙에 있다.

전성기도 잠시, 30년 전쟁부터 스페인은 쇠퇴하기 시작하였고, 1898년 미·스페인 전쟁에서 패배하여 필리핀까지 상실함으로써 스페인 제국은 종말을 맞이한다.

그 후 스페인은 왕정, 군사독재, 공화정의 혼돈을 거듭하다가 1936년 2월 총선거를 통해 반파시스트 세력이 모인 인민전선 내각, 즉 공화국을 수립하였다.

그러나 프랑코가 이끄는 군부가 독일, 이탈리아 등 파시스트 세력의 지원을 등에 업고 쿠데타를 일으키면서, 20세기의 비극적인 전쟁 가운데 하나인 스페인 내전이 발발한다.

스페인 내전은 오랫동안 스페인에 깃들어 있던 문제점이 한꺼번에 폭발한 것이라고 볼 수 있다. 가톨릭과 왕정, 보수파의 스페인과 개방적이고 진보적이며 세계 지향의 스페인이 맞붙은 셈이다.

스페인 내전은 그 무렵 세계 지성인들에게 초미의 관심사였다. 그리하여 미국 소설가 헤밍웨이, 조지 오웰 등을 비롯해 전 세계 각지에서 지성인과 젊은이들이 스페인 공화국군에 참여하는 역사상 유례가 없는 전쟁으로 확대되었다. 이렇게 전 세계 각지 지원병들로 구성된 군대를 국제여단(Brigada Internaciona, 스페인어)이라고 불렀다. 국제여단은 유럽뿐 아니라 미국, 아시아 등 전 세계에서 찾아온 자원병으로 구성되었는데, 이러한 국제 지원에도 1939년 3월, 프랑코가 이끄는 군부 승리로 막을 내렸다.

그 후 스페인은 프랑코가 사망한 1975년에 이르기까지 독재 체제를 유지한 보기 드문 유럽 국가로 남았으며, 프랑코 독재 체제가 남긴 유산은 오늘날까지 스페인에 고통을 안겨 주고 있다.

카탈루냐

스페인의 프랑코 독재 체제가 남긴 대표적인 부정적 유산이 카탈루냐(Catalonia) 지방을 둘러싼 갈등이다.

스페인 북동부 지방인 카탈루냐는 오래전부터 스페인으로부터 독립을 요구해 왔다. 스페인 중심부와 지리적으로도 멀고 언어·문화·민족적 차이를 내포하고 있을 뿐 아니라 경제적으로도 독자적인 세계를 구축해 왔기 때문이다. 결국 오랜 갈등 끝에 1936년 스페인으로부터 자치권을 획득했다.

그러나 프랑코 독재가 들어서면서 카탈루냐 지방에 대한 억압이 본격화하였다. 프랑코는 우선 자치정부를 폐지하였고, 카탈루냐어 사용도 금지하였다. 이러한 정치·문화적 억압은 카탈

알람브라 궁전

스페인 여행에서 빠질 수 없는 알람브라 궁전은 대표적인 이슬람 양식 건축물이다. 이슬람 침략이 성공한 후 성채로 지은 이곳은 후에 궁으로 사용하였다.

루냐 인들의 저항을 가속화하였다. 결국 프랑코 독재가 종식을 고한 후, 카탈루냐 독립운동은 본격적으로 추진되었다.

2017년에는 카탈루냐 의회가 독립을 위한 국민투표를 실시했고, 92% 찬성으로 독립이 가결되었다. 이를 바탕으로 카탈루냐 정부는 그해 독립을 선언하고 카탈루냐 공화국을 선포했다. 그러나 스페인 정부는 이를 인정하지 않을 뿐 아니라 카탈루냐 지역 정치인들을 구금하는 등 탄압하고 있다.

오늘날에도 카탈루냐 지방 사람들은 스페인과 자신들은 다르다는 인식이 확고하다. 이러한 갈등은 세계에서 가장 인기 있는 스포츠인 축구에서 잘 드러나는데, 스페인을 대표하는 팀인 레알 마드리드와 카탈루냐를 대표하는 FC바르셀로나 경기는 전쟁을 방불케 한다.

카탈루냐는 오늘날 카탈루냐 자치구로 운영되고 있으며, 수도는 우리에게도 널리 알려진 바르셀로나다. 면적은 32,108km^2, 인구는 약 8백만 명에 달한다.

카탈루냐 지방을 대표하는 FC바르셀로나 축구팀

스페인 프로축구팀 FC바르셀로나는 단순히 축구팀이 아니다. 1900년대에 출범한 이 팀은 프랑코 독재 체제에 저항하는 활동으로 여러 제약을 받았다. 카탈루냐 국기와 언어를 사용하지 못한 것도 그 무렵이었다. 그 후에도 진보적인 활동을 이어나가, FC바르셀로나는 자유의 수호자로 알려져 왔다. 이는 진보성향인 카탈루냐 지방의 특성일 수도 있다. 2012년, 홈구장에서 열린 마드리드와의 경기에서 바르셀로나 관중들이 카탈루냐 국기 형상을 만든 모습.

카탈루냐 국기

피카소 작품 〈게르니카〉

스페인 출신 화가 파블로 피카소가 조국에서 일어난 비극을 소재로 그린 그림 〈게르니카〉는 그의 대표작 가운데 한 점이 되었다. 1937년 프랑코를 지지하던 나치 폭격기가 스페인 게르니카 지방을 폭격, 1,500여 명의 민간인이 희생되었다. 그 소식을 들은 피카소는 세로 349cm, 가로 775cm에 이르는 거대한 유화를 그리는데, 이 추상적인 그림 안에는 죽은 아이를 안고 절규하는 여인, 울부짖는 말, 잘린 시신 등 학살의 모습이 담겨 있다.

스페인 내전에 참가한 어니스트 헤밍웨이 모습(가운데), 국제여단의 일원으로 함께 싸운 네덜란드 출신 영화인 요리스 이벤스(왼쪽), 독일 작가 루드비히 렌(오른쪽).

어니스트 헤밍웨이(1899~1961)

미국 출신 노벨상 수상 작가 헤밍웨이는 스페인 내전이 발발하자 스페인으로 건너가 국제여단에 합류하였다. 이 전쟁에서 구급차 운전기사로 활동하다 부상을 입기도 한 그는, 스페인 내전을 소재로 작품도 썼는데 불후의 명작으로 이름이 높은 《누구를 위하여 종은 울리나(For Whom the Bell Tolls)》가 그것이다. 이 작품은 영화화되어 전 세계인에 큰 반향을 일으켰다.

스페인 지방 현황

카탈루냐는 오래전부터 언어도 자신들만의 카탈루냐어를 사용하면서 독립을 요구하여 스페인을 곤혹스럽게 하고 있다.
중부 바스크 지역 역시 다른 지역과는 다른 인종적 특성이 있다. 언어 역시 바스크어를 사용하면서 독립을 꿈꾸고 있다. 바스크 지방도 스페인 내전 때 프랑코 세력의 탄압을 받았는데, 피카소 작품 〈게르니카〉는 바스크 지방 소재 게르니카에서 일어난 비극을 그린 것이다.
바르셀로나에 접한 발렌시아 지역도 스페인어와 함께 발렌시아어를 공용어로 사용하고 있다. 또 서북부 갈리시아 지방 역시 갈리시아어를 사용하는데, 이 언어는 스페인어보다는 포르투갈어에 가깝다.

몬드라곤 협동조합

스페인에는 카탈루냐 지방 외에 또 다른 자치구가 있다. 바로 스페인 북부에 있는 바스크 지방이다. 프랑스와 국경을 이루는 피레네산맥 주변에 있는 이 지역도 스페인에 동화되기를 거부한다.

바스크 지역에 밀집해 거주하는 바스크인들은 인종적·언어적·문화적으로 스페인과 구분된다. 스페인 내에 거주하는 바스크인 숫자는 약 250만 명이며, 그 외에 프랑스, 미국 등지에도 수십만 명에서 수만 명이 거주하는 것으로 알려져 있다.

피카소가 스페인 내전을 소재로 그린 그림 〈게르니카〉의 배경이 되는 게르니카는 바스크 지방 작은 마을이다. 열렬한 공화주의자이자 훗날 프랑스 공산당원이 되는 피카소는, 프랑코 파시즘의 만행을 그대로 바라보고만 있지 않은 셈이다.

바스크 지방이 파시스트의 공격 대상이 된 것은 그 지방이 공화주의를 지향하며 반기를 들었기 때문이다. 그 결과 내전 때 큰 피해를 입었고, 바스크 지방은 프랑코 정권으로부터 심한 탄압을 당한다. 이에 인구 대부분이 이 지방을 떠나 공동화(空洞化) 현상이 일어난다.

그때 호세 마리아 아리스멘디아리에타(José María Arizmendiarrieta, 1915~1976)라는 긴 이름의 신부가 등장한다. 1941년 이곳에 부임한 호세 신부는 모두가 떠나가는 바스크 지방을 되살릴 방도를 찾은 끝에 1943년, 몬드라곤에 기술학교를 세워 실질적인 교육을 시작했다. 그리고 졸업생들 몇 명과 처음 설립한 회사가 석유난로를 생산하는 울고(ULGOR)였다. 1956년 설립한 울고는 호세 신부가 꿈꾼 협동조합 기업으로 출범했는데, 그 후 놀라운 성과를 거둔다.

오늘날 몬드라곤 협동조합은 세계적으로 200개가 넘는 기업, 8만 명이 넘는 종업원, 30조 원이 넘는 총자산을 보유한 거대 조직으로 성장했다. 그 외에 몬드라곤 대학교를 비롯, 여러 기술연구소를 보유하고 있다.

그러나 더욱 놀라운 것은 운영 방식이다. 몬드라곤 협동조합의 10대 운영 원칙 가운데는 모든 노동자에게 최고결정권을 부여한다는 내용, 1인 1표주의, 임금 균등화 등이 포함되어 있다. 실제로 몬드라곤 협동조합에서는 최고 임금과 최저 임금 격차가 6배 이내다. 게다가 몬드라곤 협동조합은 설립 이래 단 한 사람도 해고하지 않았다. 조합 내 회사가 파산하는 경우, 그 조직원은 다른 조직으로 전환 배치하는 것이 원칙이다. 그러면서도 스페인 재계 10위 안에 늘 들어가는 거대 조직으로 성장하였을 뿐 아니라 세계적인 첨단 기업을 배출하였다는 사실은 놀랍다.

바스크 지방은 오늘날 스페인 내에서 카탈루냐 지방과 함께 GDP가 가장 높은 지역에 속한다.

몬드라곤 협동조합 사인

포르투갈

포르투갈도 스페인과 역사가 비슷하다. 서로마 제국 지배를 받다 이슬람 세력의 지배를 받았고, 다시 레콩키스타 운동 과정에서 포르투갈이 탄생한 것이다. 또 아메리카 대륙에 식민지를 건설한 것 역시 스페인과 같은 길을 갔으며, 쇠락의 길을 걸은 것도 스페인과 비슷하다.

오늘날 포르투갈어를 사용하는 국가 가운데 대표가 브라질인데, 브라질을 최초로 발견한 포르투갈인 카브랄(Pedro Alvares Cabral, 1467/68~1520)로부터 비롯한다.

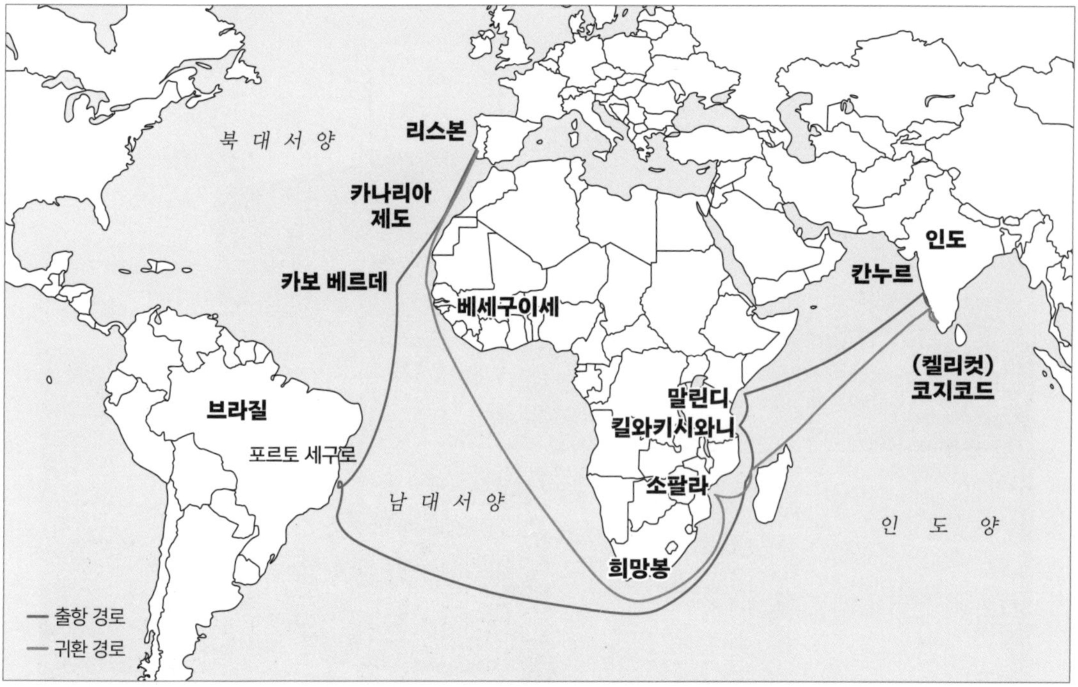

카브랄의 항해 경로

카브랄은 포르투갈–희망봉–인도 경로를 따라나섰다. 그러나 도중에 풍랑을 만나 경로를 이탈하였고, 얼떨결에 대서양을 건너 브라질에 착륙하면서 포르투갈에 상상도 하지 못할 선물을 안겨 준다. 그러나 카브랄이 새로운 땅을 찾기 위해 고의로 대서양을 넘었다는 의견도 만만치 않다.

토르데시야스 조약

오늘날 이베리아반도에 위치한 두 나라 스페인과 포르투갈은 세계를 좌우하는 강대국이라고 하기에는 부족하다. 그러나 근대가 시작될 무렵 전 세계를 좌지우지한 두 나라를 꼽으라면 스페인과 포르투갈이었다. 그리고 그 사실을 기록으로 확인해 주는 것이 바로 토르데시야스 조약(Treaty of Tordesillas)이다.

그 전, 포르투갈은 유럽 어느 나라보다 해상 정복에 열심이었는데, 그 주인공은 왕자 엔히크였다. 그는 동쪽으로 가는 항로를 열기 위해 서아프리카를 향해 항해를 추진했고, 그 과정에서 포르투갈은 큰 성과를 거두었다. 그 결과 1456년, 오늘날 아프리카 서사하라에 있는 보자도르곶과 기니 남쪽에서 발견하는 모든 새로운 땅은 포르투갈 영토라는 교황 칙서를 받았다. 스페인은 이 내용이 마음에 안 들었지만, 20여 년 후 카스티야 지방을 두고 포르투갈과 벌인 전쟁에서 포르투갈이 카스티야를 포기하는 대가로 받아들였다. 물론 이때는 아메리카 대륙의 존재를 누구도 알지 못한 상태였다.

그러다 1493년, 스페인의 후원을 받은 콜럼버스가 서인도 제도를 발견하고 돌아오는 놀라운 사건이 발생하였다. 그런데 지구본을 보면 알 수 있듯이 서인도 제도는 보자도르곶 남쪽에 있다. 스페인으로서는 닭 쫓던 개 신세가 될 처지였다. 그때 나선 것이 새로 교황에 오른 알렉산드르 6세인데, 그는 스페인의 지원을 등에 업고 교황에 올랐다. 결국 그는 1493년, '카보베르데 100리그(약 480km) 서쪽은 스페인, 동쪽은 포르투갈이 차지한다'는 칙령을 발표했다. 이렇게 되면 서인도 제도를 포함해 모든 아메리카 대륙은 스페인 차지가 되었다. 이에 포르투갈은 강력히 항의했고, 이듬해 새로운 조약을 체결하기에 이른다.

1494년 스페인의 토르데시야스에서 수정된 조약이 체결되었는데, 그 내용은 카보베르데 섬에서 서쪽으로 370리그(약 1,500km) 떨어진 경도선을 기준으로 서쪽은 스페인령, 동쪽은 포르투갈령으로 한다는 것이었다. 전 세계를 두 나라가 양분해서 갖는다는 놀라운 발상이었는데, 바닷길이 세계 교역과 통상, 전쟁을 지배하던 시대였기에 가능한 일이었다. 이 조약은 훗날 전혀 예상하지 못한 결과로 이어졌다. 바로 브라질이라는 땅이 존재한다는 사실이 밝혀졌기 때문이다. 카리브해 지역 외에 남아메리카 대륙과 브라질이 있다는 사실을 알았다면 스페인은 이러한 조약을 맺지 않았을 것이다. 그러나 1500년, 카브랄이 브라질에 불시착하면서 새로운 땅을 발견하였는데, 이 땅은 포르투갈에 다행스럽게도 카보베르데 섬에서 370리그 안쪽에 있었고, 브라질은 포르투갈 영토가 되었다.

토르데시야스 조약에 따른 두 나라의 권리 주장

- - 토르데시야스 조약 이전 교황 중재안(1493)
— 토르데시야스 조약에 따른 분할 경계(1494)
— 사라고사 조약에 따른 새로운 경계선

그런데 20여 년 후에 또 다른 문제가 발생한다. 마젤란의 항해를 통해 지구가 둥글다는 사실이 밝혀진 것이다. 그렇게 되자 카보베르데 서쪽 370리그라는 하나의 선만으로는 경계를 그을 수 없음을 두 나라 모두 깨달았다. 이에 두 나라는 다시 조약을 체결하는데, 바로 사라고사 조약이다. 이 조약에 따르면 카보베르데 서쪽 370리그부터 말루쿠제도 동쪽 297.5리그까지를 스페인, 그 서쪽은 다시 포르투갈로 한다는 내용이었다. 이로써 오늘날 중국인 마카오가 포르투갈 소유가 되었다.

그러나 이러한 조약은 다른 유럽 제국들로서는 받아들일 수 없는 내용이었기에, 유럽인들의 세계 진출과 함께 당연히 유명무실해졌다.

브라질은 오랫동안 포르투갈 지배 아래 있다가 1825년에 독립하였다. 이때부터 본국보다 훨씬 풍요롭고 넓은 브라질을 잃은 포르투갈의 국세는 급격히 기울었다. 포르투갈은 왕정이 끝나고 1910년 공화정이 시작된 후에도 끊임없이 군부 쿠데타, 왕정복고를 위한 쿠데타 등으로 점철되면서 옛 영화를 되찾지 못했다. 1974년에는 민주화를 내세우며 청년 장교들이 일으킨 좌파 쿠데타 성공과 함께 제3공화국이 출범하였고, 그때까지 남아 있던 포르투갈 식민지인 앙골라, 모잠비크 등이 독립하였다.

포르투갈 면적은 92,090km^2에 인구는 천만 명이 약간 넘는다.

	국기	수도	면적 (단위: km^2)	인구 (단위: 명)	언어	종교 (단위: %)	1인당 GDP (단위: 달러)
이탈리아		로마	301,340	6,000만	이탈리아어	기독교 85 (가톨릭 78)	37,000
스페인		마드리드	505,994	4,900만	스페인어	기독교 62 (가톨릭 60)	33,000
포르투갈		리스본	92,230	1,050만	포르투갈어	기독교 85 (가톨릭 81)	27,000
그리스		아테네	131,957	1,100만	그리스어	동방정교 90	24,000

포르투갈 과거 관할 구역

오늘날 포르투갈의 국세가 예전 같지 않아, 과거에 전 세계에 식민지 또는 그에 준하는 관할지를 여기저기 보유했다고 믿기 힘들다.

그러나 지도에서 보듯, 포르투갈은 전 세계 곳곳을 호령했다. 동아시아에도 중국 마카오와 일본 나가사키에 통상 근거지를 확보하고 있었다.

파두 음악을 전세계에 널리 알린 아말리아 호드리게스의 공연 모습

렐루서점 실내 모습

포르투갈 하면 누군가는 축구를 떠올릴 것이고, 또 누군가는 해리포터 작가로 유명한 조앤 롤링으로 인해 유명세를 탄 렐루서점을 떠올릴 것이다. 그러나 문화의 힘을 믿는 사람들이라면 파두를 빼놓을 수 없다. 포르투갈 전통 가요인 파두는 우울하면서도 인간 내면에서 우러나오는 힘을 표현하는 음악으로, 전 세계 음악 애호가들을 사로잡고 있다. 왼쪽 사진은 현대 파두 음악을 전세계에 널리 알린 대표적인 가수 아말리아 호드리게스의 공연 모습이다.

오른쪽 사진은 포르투갈 제2 도시 포르투에 있는 렐루서점 실내 모습. 매력적인 건축물 외에도 전 세계에서 모인 다양한 서적을 구비하여 책 애호가들을 사로잡는다.

8

아메리카로!

거대한 식민 대륙의 출현

멕시코 유카탄반도를 중심으로 활동한 마야인들이 남긴 마야어 자료

아메리카 대륙에서 가장 높은 문화 수준을 보유한 마야인들이 사용한 언어와 문화, 유물 등 자료가 대부분 사라진 결과, 마야어는 오늘날 해독하지 못하고 있다.

이제 대서양을 건너 아메리카 대륙으로 가자.

사람들은 아메리카 대륙을 '신대륙'이라고 표현한다. 그리고 처음 아메리카 대륙에 발을 디딘 유럽인들을 가리켜 '신대륙 발견자' 또는 '탐험가'라고 부른다. 그러나 유럽인들 눈에는 신대륙으로 보였을지 모르지만, 아메리카 대륙은 새로운 대륙이 아니다. 고유 문명을 형성하며 그곳에서 오랫동안 거주해 온 다양한 민족의 땅이었다. 만일 유럽인들 시각대로 아메리카 대륙이 온전히 '신대륙', 즉 새로운 대륙이라면 누구라도 그곳을 먼저 정복한 자가 주인이 될 것이다.

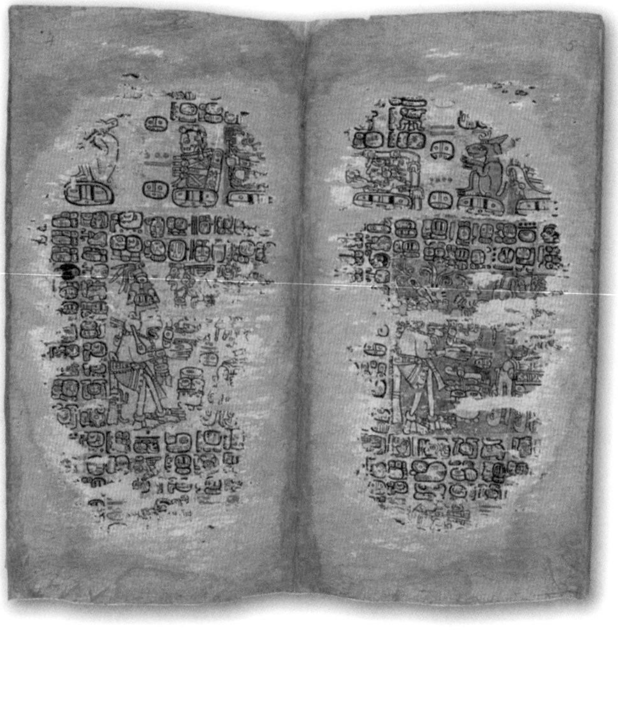

반면에 우연히 그 땅에 닻을 내린 유럽인들이 그곳에서 살아가는 사람들을 만났다면, 유럽인들은 그들을 침략하고 약탈했으며 살육한 장본인일 뿐이다. 그러니 유럽인들, 나아가 아메리카 대륙에 뿌리내린 백인들이 '신대륙'이라는 명칭을 포기할 리는 없다.

오늘날 북아메리카와 남아메리카에

거주하던 수많은 민족의 고유 문화와 문명은 대부분 사라졌다. 문명의 핵심인 언어도 사라졌다. 수백만 명이나 되는 원주민들 역시 유럽인들이 전한 전염병과 학살로 대부분 몰살했다.
오늘날 북아메리카에서 남아메리카에 이르는 광대한 지역에서는 토착어가 사라지고 영어와 스페인어, 포르투갈어를 비롯한 유럽어를 사용한다. 이러한 현실은 이 지역에 대한 유럽인들의 침략이 고유의 다양한 문명을 어떻게 말살했는지 보여 준다.
그리고 이 역사는 지구본을 보는 우리에게도 놀라운 사실을 알려 준다.

세계지도의 비밀!

오늘날 책에서 보는 세계지도를 한번 보자.
하나는 태평양을 중심에 둔 지도이고, 다른 하나는 대서양을 중심에 둔 것이다.

아시아와 태평양 중심 지도(위)와 유럽과 대서양 중심 지도(아래)

우리에게 익숙한 세계지도는 태평양을 중심에 둔 것이다. 반면에 유럽 및 아메리카, 아프리카 주민들은 대서양을 중심에 둔 지도를 사용한다.

두 지도를 보면 큰 차이를 느낄 수 있는데, 태평양 중심 지도에서는 5대양 7대륙을 통틀어 지구상에서 가장 넓은 면적을 가진 태평양이, 대서양 중심 지도에서는 거의 안 보인다는 점이다. 반면에 유럽 중심 지도에서는 대서양이 세상의 중심이 된다.

다음으로 큰 차이는 유럽과 아메리카 대륙 사이 거리다. 유럽 중심 지도에서는 유럽과 아메리카 대륙이 좁은 대서양을 사이에 두고 가까이 있지만, 아시아 중심 지도에서 유럽과 아메리카 대륙은 멀고도 먼 사이이다.

유럽이 근대의 시작과 함께 아메리카 대륙을 찾아 나설 무렵, 머릿속 세계는 유럽 중심 지도가 아니라 아시아 중심, 태평양 중심 지도였다. 물론 저 멀리 존재하던 아메리카 대륙은 아예 머릿속에 없었고. 그러니 동쪽으로 가면 중동과 아시아요, 서쪽으로 가면 끝없는 바다만이 있을 뿐이고, 그 바다를 건너면 다시 인도가 나올 거라고 믿었다. 유럽과 대서양을 사이에 두고 있는 아메리카 대륙을 전혀 몰랐던 것이다.

그러나 지구본을 돌려 대서양을 바라보면, 영국과 캐나다 사이 거리는 참으로 가깝다. 배를 타고 가면, 영국에서 뉴펀들랜드섬(캐나다 동쪽 끝에 있는 섬)까지 거리가 영국에서 이탈리아까지 거리보다 가깝다. 영국에서 배를 타고 이탈리아로

독일 지도 제작자 발트제뮐러가 1507년 제작한 세계지도

이미 아메리카 대륙이 발견된 후인데도, 발트제뮐러가 만든 지도에 아메리카 대륙은 저 먼 곳에 있는 땅일 뿐이다. 반면에 세계는 인도를 중심으로 전개된다. 한편 아메리카 지역이 한구석에 자리하고 있는 데에는 America라는 명칭이 붙어 있다.

India

아메리카 대륙을 발견하기 전까지 유럽인 모두가 눈독을 들인 인도. 위에 표기한 부분을 합하면 유럽인들의 심리에 인도 대륙이 얼마나 크게 자리했는지 알 수 있다.

America라는 글자가 선명하다.

가기 위해서는 이베리아반도를 타고 내려가다 지브롤터 해협을 거쳐 지중해로 가야 하기 때문이다.

그러니 16세기가 다 될 때까지 아메리카 대륙을 찾지 못한 것이 오히려 신기할 정도다. 그리고 그런 신기한 일이 일어나지 않았다는 게 역사적 사실이다.

서기 980년대에 바이킹 출신인 에리크 토르발드손이 고향 아이슬란드에서 추방되어 아메리카 대륙에 정착했다는 사실이 최근 드러났다. 그의 동료와 후손들 역시 이곳으로 건너와 거주한 사실을 유적을 통해 확인하였다. 그러나 그들은 먼저 아메리카 대륙에 자리하고 있던 이른바 인디언들에게 패해 사라졌다. 그 사회에 동화되었는지 고향으로 쫓겨났는지, 아니면 몰살당했는지는 알 수 없다.

그린란드 주변 지역

그린란드를 중심으로 보면 유럽과 아메리카 대륙은 무척 가깝다. 당연히 북부 유럽인들은 일찍 북아메리카 땅을 찾았고, 그곳에서 거주했다는 사실이 역사적으로 확인되었다.

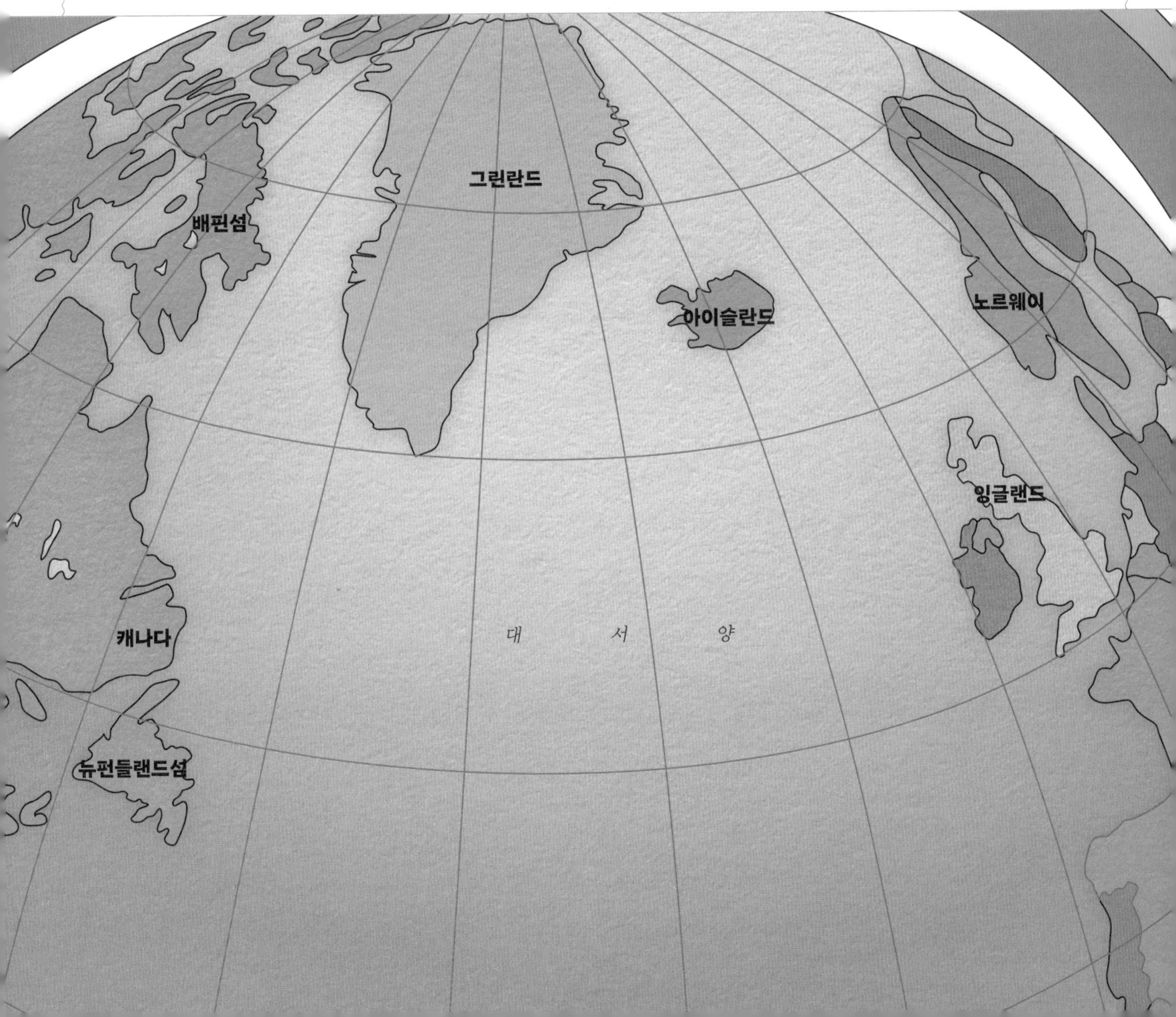

마르틴 베하임이 만든 최초 지구본 모형

아래는 지구본 표면 그림. 독일 지리학자 마르틴 베하임(Martin von Behaim, 1459~1507)은 콜럼버스 친구이기도 한데, 세계 최초로 지구본을 만들었다. 지구본에 당연히 아메리카 대륙은 없다. 오른쪽에 영국과 아프리카가 나오고, 가운데 바다를 건너가면 가장 먼저 나오는 큰 섬이 지팡구, 즉 일본이다. 한반도는 아예 보이지도 않는다. 그러니 콜럼버스도 서쪽으로 가면 인도가 나올 것임을 추호도 의심하지 않았을 것이다.

지구본 표면 그림

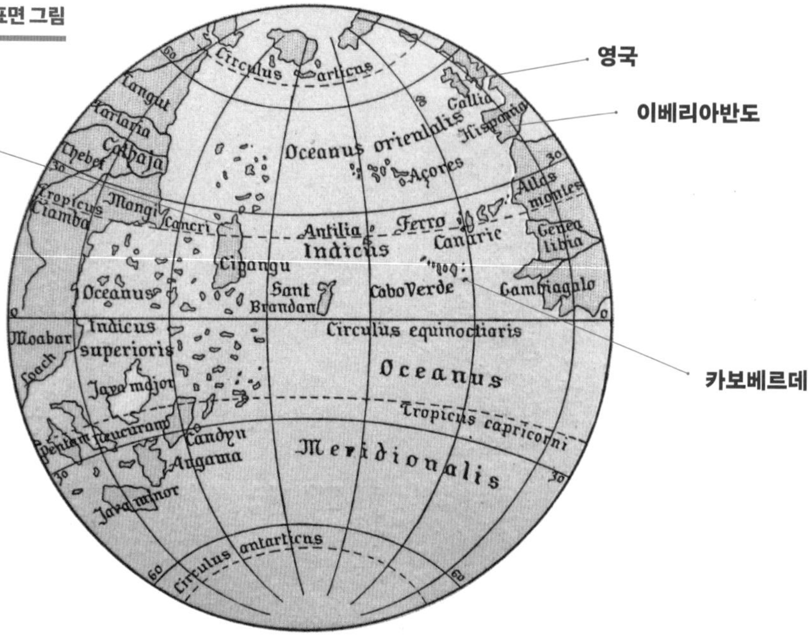

콜럼버스

콜럼버스가 발견한 곳이 '신대륙'이라는 사실을 깨달은 유럽은 완전히 새로운 시대로 접어들었다. 그리고 이 '주인 없는 땅'을 향해 오늘날에는 '탐험가'라고 부르지만, 그 시대에는 권력과 자본가 후원을 등에 업고 일확천금을 노린 사업가, 그리고 후에는 약탈꾼에 불과한 수많은 유럽인들이 몰려간다.

콜럼버스 역시 탐험가라는 호칭이 무색하다. 그는 1492년 4월, 아라곤 국왕 페르난도 2세, 여왕 이사벨 1세와 〈산타페 협약〉에 도장을 찍는다. 이 협약에 따르면, 콜럼버스에게 선단 지휘권을 부여하고, 발견한 땅의 부왕(副王)에 임명하며 식민지 총독 지위를 보장할 뿐 아니라, 이 지위는 후손에게까지 세습된다. 또 식민지에서 획득한 보물과 향신료 등 산물의 10%에 해당하는 소유권과 교역을 통해 얻게 되는 수익의 1/8을 보장받았다. 그는 탐험가라기보다는 세습 군주가 되고 싶었던 야망에, 큰 재산을 꿈꾼 인물일 뿐인 셈이다.

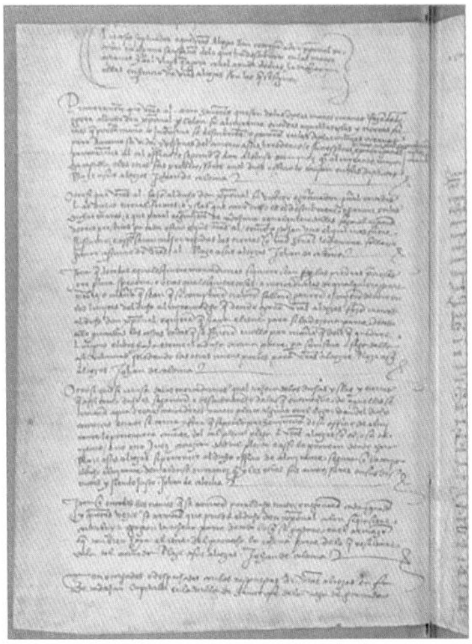

〈산타페 협약서〉 사본

원본은 사라졌고, 남은 것은 후에 왕실 확인서에 수록된 부속서류이다. 협약을 맺기 전 스페인 전문가들은 콜럼버스 계획이 터무니없는 것이라고 조언했다. 그러나 요직에 있는 신하들이 콜럼버스 계획이 실패로 돌아가면 눈에 보이는 작은 손실을 입는 반면, 성공하면 상상하기 힘든 수익을 거둘 수 있다며 협약을 부추겼다.

게다가 앞서 살펴본 것처럼 뉴펀들랜드섬에는 콜럼버스가 아메리카 대륙에 닿기 약 500년 전인 1,000년경에 이미 유럽에서 건너온 노르만인이 거주했다. 물론 노르만인이 건너오기 전에도 그곳에는 원주민들이 살고 있었다.

그러니 콜럼버스는 사업적으로 또는 약탈을 위해 아메리카에 '최초'로 건너온 인물이다. 탐욕의 충족을 위해 대단한 일까지 실행에 옮긴 콜럼버스의 말년은 불행했다. 네 번에 걸친 항해는 갈수록 그의 후원자들에게 실망을 안겨 주었다. 이는 금은보석이 가득하고 인도산 향신료를 가득 얻을 수 있을 거라는 그들의 믿음을 저버린 결과였다.

사실 콜럼버스가 처음 상륙한 서인도제도*와 후에 탐사한 중앙아메리카 지역에는 금은보화도 흔치 않았고, 인도산 향신료는 더더욱 없었다. 결국 이사벨 여왕이 사망한 후 산타페 협약 내용은 무산되었고, 1506년 콜럼버스 자신은 분명히 인도에 다녀왔다고 믿으며 세상을 떠났다.

한편 새로운 대륙 명칭에 자신의 이름을 붙이는 영광마저 이탈리아 출신으로,

* 이 명칭도 콜럼버스의 오해 때문에 생긴 것으로, 서쪽 인도라는 의미에서 붙었다. 오늘날 서인도제도는 남북아메리카 대륙 사이 카리브해에 위치한 수백 개의 섬을 가리키는 까닭에 카리브제도라고 부른다.

1,000년 무렵 오늘날의 캐나다 뉴펀들랜드섬에 상륙한 노르만인 거주지 유적(왼쪽)과 거주지 복원 모형(오른쪽)

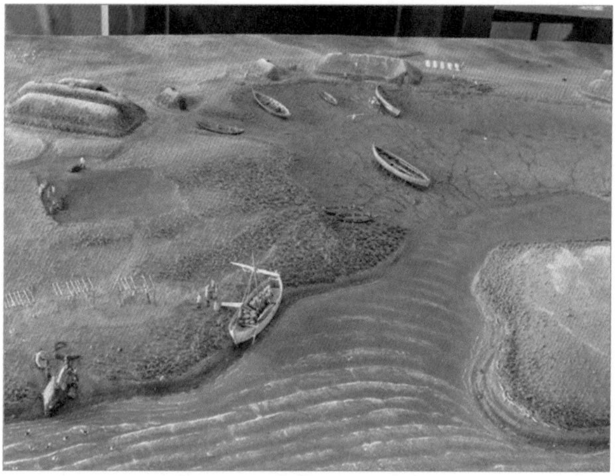

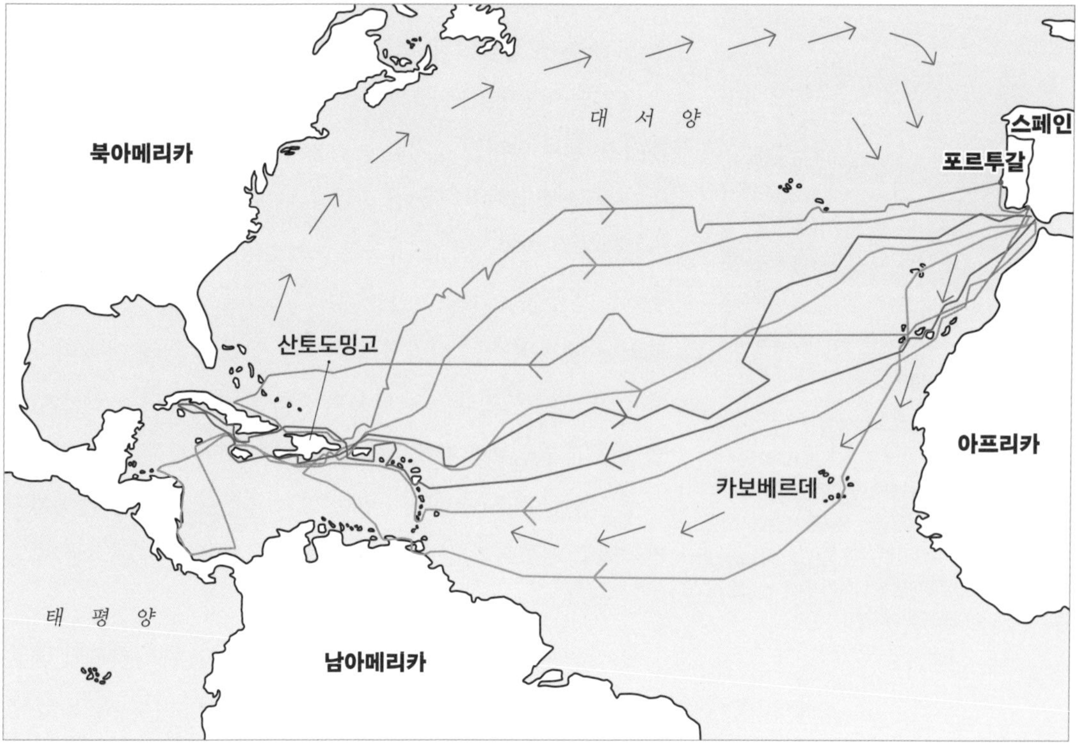

콜럼버스의 네 번에 걸친 항해 경로

— 1차 항해 (1492~1493)
— 2차 항해 (1493~1496)
— 3차 항해 (1498~1500)
— 4차 항해 (1502~1504)
→ 대서양 해류 흐름

지구본을 보면 대서양에는 시계방향으로 해류가 흐르는 것을 알 수 있다. 그러나 콜럼버스는 첫 항해에서 직접 서쪽을 향해 나아가고자 했다. 그 결과 첫 번째 항해에서는 상당히 고생했다. 그 후 이 사실을 깨닫고 나서는 해류를 따라 항해하였기에 두 번째 항해부터는 더 아래쪽 항로를 이용했다.

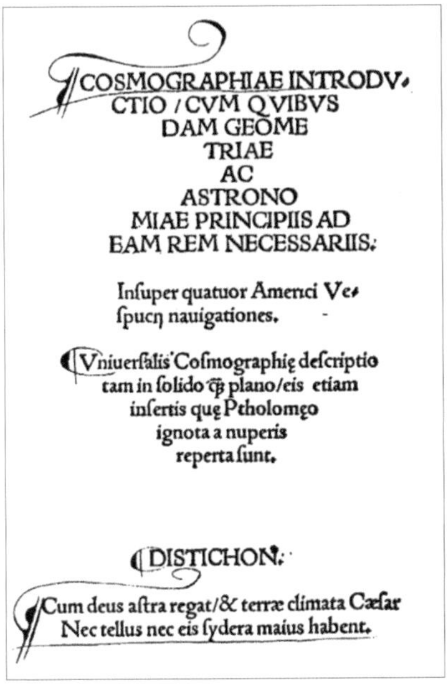
COSMOGRAPHIAE INTRODUCTIO / CVM QVIBUSDAM GEOMETRIAE AC ASTRONOMIAE PRINCIPIIS AD EAM REM NECESSARIIS.

Insuper quatuor Americi Vespucij nauigationes.

Vniuersalis Cosmographię descriptio tam in solido ꝙ plano/eis etiam insertis quę Ptholomęo ignota a nuperis reperta sunt.

DISTICHON.

Cum deus astra regat/& terræ climata Cæsar
Nec tellus nec eis sydera maius habent.

발트제뮐러가 펴낸 책 표지

후에 에스파냐 시민이 된 아메리고 베스푸치가 가져간다. 아메리고 베스푸치가 처음 아메리카 대륙에 도착한 것은 1497년이며, 그 뒤에도 여러 번 왕래한다. 그리고 1503년에는 《신세계》라는 소책자를 발간하는데, 이를 근거로 독일 지도 제작자 발트제뮐러(Martin Waldseemüller, 1470경~1520)가 1507년, 저서 《코스모그라피아》에서 이 새로운 대륙을 '아메리카'로 부르자고 제안하면서 인류는 그의 이름을 영원히 기억하게 된다.

그렇다고 콜럼버스가 지하에서 실망했을 것 같지는 않다. 남아메리카에 그의 이름에서 비롯한 국가 콜롬비아(Colombia)가 있으니까.

북아메리카와 남아메리카, 그리고 라틴아메리카

아메리카 대륙은 크게 북아메리카와 남아메리카로 나뉜다.

그런데 이런 분류 외에 우리에게 익숙한 명칭이 있는데, 바로 라틴아메리카다. 라틴아메리카는 라틴계 국가와 민족이 지배한 아메리카 지역을 가리키는 용어로, 처음 이 용어를 사용한 이는 그 자신이 라틴계인 프랑스 황제 나폴레옹 3세(Napoléon III, 1825~1892)였다. 유명한 나폴레옹 1세(Napoléon I, 1769~1821) 조카인 그는, 영국이 영향력을 행사하며 영국식 언어와 종교·문화를 이식한 북아메리카의 미국과 캐나다를 앵글로아메리카라고 칭하고, 프랑스를 비롯한 라틴계 국가들이 언어와 종교, 문화를 이식한 지역을 라틴아메리카라고 불렀다.

이처럼 나폴레옹 3세는 이 명칭을 지역적 특성보다는 문화적 특성에 맞추어 사용하였는데, 중앙아메리카에서 남아메리카에 이르는 지역을 라틴계 국가인 프랑스, 스페인, 포르투갈 등이 지배하였기 때문에 오늘날 북아메리카를 제외한 대부분 아메리카 대륙을 가리키는 명칭으로 쓰인다.

반면에 앵글로아메리카라는 명칭은 거의 사용하지 않는다. 앵글로아메리카에 속하는 나라가 미국과 캐나다 외에는 없기 때문이다.

앵글로아메리카가 특별한 지역을 제외하고 언어는 영어, 종교는 개신교, 인종은 백인과 아프리카계가 주류를 이루는 반면, 라틴아메리카는 스페인어와 포르투갈어, 프랑스어를 사용하고, 종교는 가톨릭, 인종은 백인과 그 지역 원주민 사이에 태어난 메스티소, 그리고 아프리카계(몇몇 나라에서)가 다수를 차지한다.

아메리카 대륙은 지리적으로 북아메리카와 남아메리카로 나뉜다. 그리고 북아메리카는 다시 앵글로아메리카에 속하는 북아메리카와, 라틴아메리카에 속하는 중앙아메리카로 나눈다. 북아메리카와 중앙아메리카를 통합해 북중미(北中美)라고도 부른다.

한편 파나마 운하를 경계로 남부를 남아메리카라고 부르는데, 이때는 중앙아메리카와 남아메리카를 합해 중남미(中南美)라고 부른다. 중남미는 곧 라틴아메리카이기도 하다.

이렇게 보면 중앙아메리카는 지리적으로는 북아메리카에 속하는 반면, 언어·문화·역사적으로는 남아메리카에 속하는 이중적인 성격을 띤 지역이다.

대표적인 나라가 멕시코다. 멕시코는 지리적으로는 북아메리카다. 대부분 자료에서도 북아메리카로 분류한다. 그러나 멕시코는 언어나 역사, 인종, 종교 등 문화적인 면에서는 라틴아메리카에 속한다. 그래서 그런지 유네스코에서도 라틴아메리카로 분류한다.

아메리카 대륙을 살펴보면서 다시 한번 확인할 수 있는 것은, 지구상의 지역 분류 방식은 단순히 지리적인 것도 아닐 뿐 아니라 고착화된 것도 아니라는 사실이다.

콜럼버스가 처음 아메리카 대륙에 발을 들여놓은 중앙아메리카, 특히 카리브해 연안에서부터 여행을 시작하자.

아메리카 대륙 모습

지구본을 앞에 놓고 북아메리카와 남아메리카 전 지역을 한눈에 보는 것은 불가능하다. 물론 지구본으로부터 거리를 뗄수록 한눈에 들어오기는 한다. 그러나 그렇게 하면 지구본 위 지형을 구체적으로 보는 것은 어렵다. 그만큼 아메리카 대륙은 길고 넓다.

캐나다
미국
멕시코
쿠바
벨리즈
도미니카 공화국
자메이카
아이티
푸에르토리코
과테말라
온두라스
엘살바도르
니카라과
코스타리카
파나마
베네수엘라
기아나
(프랑스령)
가이아나
콜롬비아
수리남
갈라파고스
(에콰도르령)
에콰도르
적 도
페루
브라질
볼리비아
파라과이
칠레
아르헨티나
우루과이

중앙아메리카

아메리카 대륙 중앙부에 위치한 나라들, 그리고 그 나라들 동쪽인 카리브해에 위치한 섬나라들로 구성된 중앙아메리카는 발칸반도만큼이나 국가밀도가 높다. 그만큼 좁은 지역에 많은 나라가 있는 셈이다.

중앙아메리카 대륙 면적은 약 52만km^2인데, 7개 나라가 있다. 또 카리브해에는 14개 나라와 여러 식민지가 있는데, 총면적은 235,667km^2에 인구는 5천만 명이 채 안 된다.

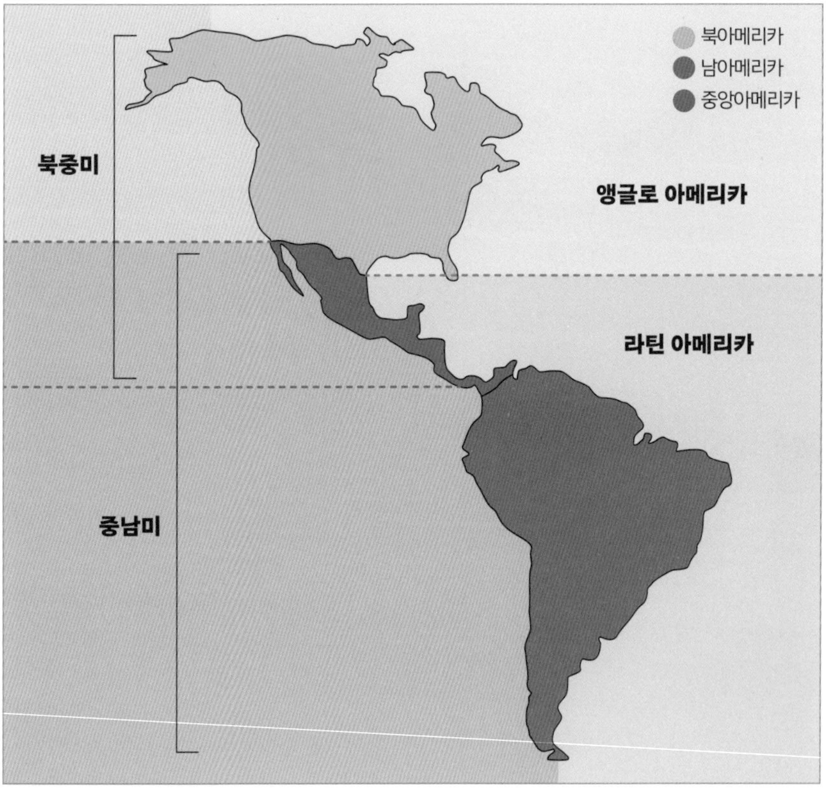

아메리카 대륙 분류 방식

아메리카 대륙을 분류하는 방식에는 여러 가지가 있는데, 지리적으로 북아메리카와 남아메리카로 나누는 것이 대표적이다. 다음으로 앵글로아메리카와 라틴아메리카로 나누기도 하는데, 이는 문화적 개념이 강하다. 또 지리적으로 북아메리카 내에서도 라탄아메리카에 속하는 멕시코 아래 지방을 중앙아메리카로 분류하기도 한다. 이때는 북아메리카와 중앙아메리카를 합해 북중미라 부른다. 중앙아메리카와 남아메리카를 합해 중남미라고 부르기도 하는데, 이때 중남미는 라틴아메리카와 같다고 볼 수 있다. 한편 라틴아메리카가, 본래 아메리카 대륙에 정주하고 있던 원주민들을 도외시한 채 유럽에서 건너온 라틴계 인종과 언어, 문화를 중시한 명칭이라고 여겨, 그 대신 중남미 또는 중남아메리카를 사용하자는 의견이 최근 대두하고 있다.

카리브제도

카리브해에 있는 수많은 섬을 통칭하는 카리브제도에는 14개 나라와 16개 식민지가 있다(이 또한 정확한 것이 아닌데, 두 나라 사이에 분쟁 중인 섬도 있고, 작은 식민지 섬의 경우 카리브제도에 속하느냐 아니냐를 두고 분류상 이견이 있기 때문이다).

물론 카리브해 또는 카리브제도, 카리브 국가라고 하는 범주에 어디까지를 넣을 것이냐에 이견이 있는 경우도 있다. 예를 들면 카리브해를 접해 있는 나라들 가운데 문화적 공통점이 있는 대륙 국가들까지 넣을 것인가, 카리브해를 벗어난 지역에 위치한 섬나라들도 카리브제도에 넣을 것인가 하는 따위의 문제가 있다.

우리는 카리브해에서 주변 바다까지 확장해, 그곳에 있는 모든 섬나라를 살펴보자.

서인도제도와 동인도제도

서인도제도(West Indies)는 아시아에 위치한 인도와는 아무런 관련도 없다. 다만 콜럼버스가 아메리카 대륙에 처음 와 만난 지역이 카리브제도였기에, 이들 섬을 인도 서쪽에 자리하고 있는 것으로 오인한 데서 서인도제도라는 명칭이 생겼다.

그렇다면 동인도제도는 없을까?

있다.

동인도제도(East Indies)는 '인도 동쪽에 위치한 여러 섬'이라는 의미로 붙었는데, 특별히 어떤 섬들을 가리켜 동인도제도라고 부른다는 규정은 없다. 다만 영국과 네덜란드가 인도에 대한 경제적 침략에 나서면서 설립한 '동인도회사'에서 유래하여, 인도 동쪽에 위치한 인도네시아, 필리핀, 인도차이나반도 남부, 나아가 중국과 일본에 속한 섬들까지 아울러 동인도제도라고 부르기도 했다.

그러나 최근에는 인도네시아에 속한 여러 섬, 즉 네덜란드가 보유하고 있던 섬들을 동인도제도라고 부르는 것이 일반적이다.

1492년 10월 12일, 한 달 남짓한 항해 끝에 콜럼버스 일행이 탄 배는 오늘날 바하마제도에 속하는 작은 섬 산살바도르에 닻을 내린다(100% 정확한 것은 아니고, 학자들이 이곳으로 추정한다). 본래 이곳에 거주하던 원주민들이 과나하니 섬이라고 부른 이곳에 닿은 콜럼버스 일행은 '구세주의 섬'이라는 뜻에서 산살바도르

섬이라고 부르기 시작했다.

이때 콜럼버스는 자신이 착륙한 곳이 인도라고 여겼고, 그런 까닭에 이 섬들에는 '서쪽 인도의 섬'이라는 의미에서 서인도제도(West Indies)라는 명칭을 붙였다. 이곳에 사는 사람들은 당연히 인도 사람이라고 여겨 인디언(Indian)이라고 불렀고.

카리브제도에 정확히 몇 개 섬이나 암초가 있는지 의견이 분분한데, 수천 개에서 만 개가 넘는다는 통계까지 있다.

카리브제도는 크게 앤틸리스제도, 소앤틸리스제도, 바하마제도, 세 지역으로 나눈다.

이곳에는 콜럼버스가 처음 상륙한 까닭에 스페인 식민지였던 나라가 많다. 그러나 시간이 흐르면서 아메리카 대륙에 눈독을 들인 서구 열강의 지속적인 침략으로, 각 섬마다 주인이 바뀌는 경우가 흔했다. 오늘날 이곳을 근거지로 한 여러 나라와 식민지는 각기 다른 역사적·문화적 배경을 가지고 있다.

카리브제도 현황

카리브제도에는 면적이 좁은 여러 나라가 자리하고 있는데, 그 가운데는 아직도 유럽 식민지로 남은 곳도 많다.

카리브제도의 독립국가들

	국기	수도	면적 (단위: km²)	인구 (단위: 명)	인종 구성 (단위: %)	언어	종교 (단위: %)	1인당 GDP (단위: 달러)	비고
바하마		나소	13,943	42만	아프리카계 91 유럽계 5	영어	기독교 93	35,000	1973년, 영국에서 독립.
자메이카		킹스턴	10,991	280만	아프리카계 92 혼혈계 6	영어	기독교 70	6,900	오랜 영국 식민지를 거쳐 1962년, 카리브 해의 영국 식민지 가운데 처음으로 독립.
쿠바		아바나	110,860	1,100만	유럽계 64 혼혈계 27 아프리카계 9	스페인어	기독교 60 토속신앙 18	13,000	1959년, 사회주의 국가의 시작.
도미니카 공화국		산토도밍고	48,671	1,200만	혼혈계 70 아프리카계 9 유럽계 18	스페인어	기독교 69	12,000	도미니카연방과는 다른 나라.
아이티		포르토프랭스	27,750	1,150만	아프리카계 95	프랑스어	기독교 87	2,200	카리브해 최빈국.
세인트키츠 네비스		바스테르	261	55,000	아프리카계 93	영어	기독교 95	19,000	1983년, 영국에서 독립.
앤티가 바부다		세인트존스	440	100,000	아프리카계 91	영어	기독교 93	19,000	1981년, 영국에서 독립. 본래 명칭은 Antigua and Barbuda.
도미니카 연방		로조	750	72,000	아프리카계 75 혼혈계 20	영어	기독교 94 토속신앙 3	9,500	1978년, 영국에서 독립. 영연방 및 프랑코포니 회원국.
세인트 루시아		캐스트리스	617	190,000	아프리카계 85 혼혈계 11	영어	기독교 90	14,000	1979년, 영국에서 독립.
바베이도스		브리지타운	439	30만	아프리카계 91	영어 토착어	기독교 76	22,000	1966년, 영국에서 독립.
세인트 빈센트 그레나딘		킹스타운	389	11만	아프리카계 66 혼혈계 19 인도계 6	영어	기독교 88	9,400	1979년, 영국에서 독립. 국명 Saint Vincent and the Grenadines.
그레나다		세인트조지스	349	13만	아프리카계 82 혼혈계 13	영어	기독교 96	12,000	1974년, 영국에서 독립.
트리니다드 토바고		포트오브 스페인	5,131	140만	인도계 38 아프리카계 36 혼혈계 24	영어	기독교 63 힌두교 24 이슬람 6	20,000	1962년, 영국에서 독립. 1976년, 대통령 중심제 공화국으로 변경.

쿠바

카리브해에 있는 국가 가운데 주목해야 할 곳은 쿠바다. 쿠바는 1959년 사회주의 국가가 수립된 이후 늘 국제사회의 관심을 받아왔다. 단순히 사회주의 국가라서가 아니라 다양한 이야기를 국제사회에 전하기 때문이다. 우리나라 또한 오랜 동안 쿠바와 소원한 관계를 유지했지만, 2024년 2월, 쿠바와 수교함으로써 국제무대에서 함께하게 되었다.

콜럼버스의 아메리카 상륙 이후 전개된 스페인 침략으로 인해, 쿠바에 거주하던 원주민 대부분이 몰살당했다. 아메리카 대륙 원주민들이 몰살당한 이유는 오랜 기간 격리된 채 살아가던 그들에게 유럽인들이 전한 전염병 탓이 가장 크다. 그 외에 강력한 무기로 무장한 유럽인들과 싸움에서 죽어 나간 이들도 많고, 유럽인들 농장에서 강제 노역에 시달리다 사라진 이도 부지기수였다.

무한의 노동력을 필요로 하는 담배와 사탕수수 재배가 주 수입원인 땅에서 원주민 노동력이 사라지자 아프리카 흑인 노예를 수입하기 시작했고, 그렇게 들어온 노예는 100만 명에 이르렀다. 이들은 스페인 출신 지배자들에게 갖은 착취를 당하였고, 이를 견디지 못한 노예들은 여러 번 반란을 일으켰다. 그러나 번번이 실패로 돌아갔고, 그때마다 더 가혹한 대가를 치렀다.

이러한 현상은 비단 쿠바만의 일은 아니었지만, 쿠바가 카리브제도 가운데 가장 넓어서 광범위한 착취가 이루어졌다.

그 후 쿠바 독립 영웅 호세 마르티(José Martí, 1853~1895)가 이끄는 쿠바 혁명당이 스페인을 상대로 독립 전쟁을 일으켰으나, 그는 이 전쟁에서 사망했다.

1898년 떠오르는 강대국 미국은, 쿠바의 아바나 항에 정박중이던 미국 선적 메인호에서 폭발이 일어나 수많은 사상자가 발생하자, 이를 빌미로 쿠바를 지배중이던 스페인에 대한 공격에 나섰다.

이렇게 시작한 전쟁이 미국-스페인 전쟁이다. 우리가 아는 것 이상으로 세계 역사에 큰 영향을 끼친 미국-스페인 전쟁은 미국의 일방적 우세 속에 끝났다. 전쟁은 쿠바에서 일어난 메인호 폭발이 발단이 되었지만, 결과는 동서양에 영향을 미쳤으며, 미국이라는 신생국가의 세계적 팽창으로 귀결되었다.

1898년 12월 10일, 두 나라는 파리 평화조약을 체결하였는데, 주요 내용은 다음과 같다.

쿠바의 독립 영웅 호세 마르티

시인이기도 했던 호세 마르티는 근대주의 시의 선구자로도 이름을 남겼다.

호세 마르티와 메인호 사건을 다룬 미국 카툰

'메인호를 기억하라! 그리고 굶주리는 쿠바인을 잊지 말라!'
제호는 그럴듯한데, 이후 역사를 보면 과대홍보임이 분명해 보인다.

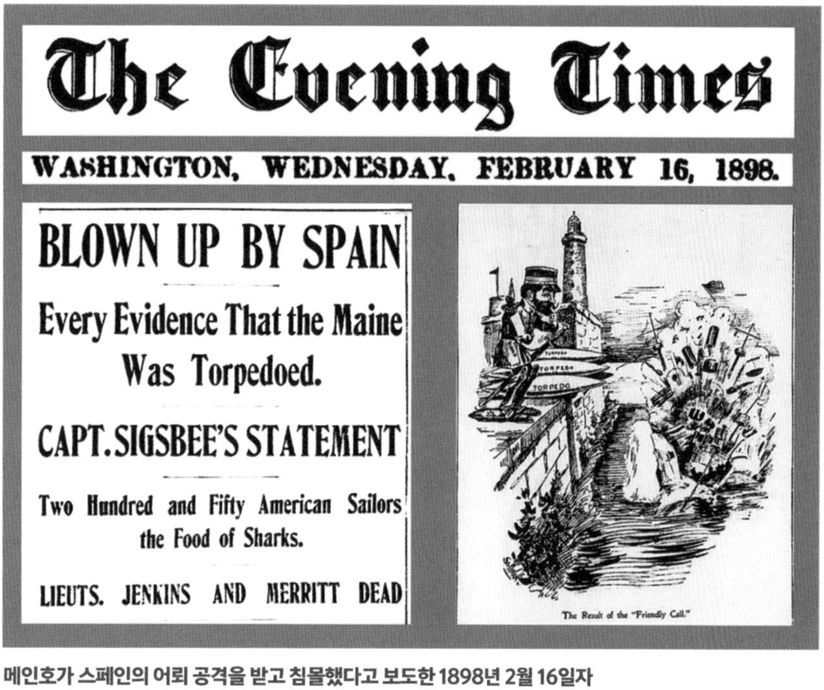

The Evening Times

WASHINGTON, WEDNESDAY, FEBRUARY 16, 1898.

BLOWN UP BY SPAIN

Every Evidence That the Maine Was Torpedoed.

CAPT. SIGSBEE'S STATEMENT

Two Hundred and Fifty American Sailors the Food of Sharks.

LIEUTS. JENKINS AND MERRITT DEAD

The Result of the "Friendly Call."

메인호가 스페인의 어뢰 공격을 받고 침몰했다고 보도한 1898년 2월 16일자 《더 이브닝 타임스》

그러나 미 해군은 정확한 폭발 원인을 조사하는 데 한 달이 걸릴 거라고 발표했다. 오늘날 많은 역사학자들도 메인호 폭발 원인을 밝히지 못했다.

1. 쿠바에 대한 스페인의 모든 권리를 포기하고 괌과 푸에르토리코를 미국 측에 양도한다.

2. 필리핀 통치권을 2,000만 달러에 미국 측에 넘긴다.

이로써 스페인의 세계적 지위는 저물기 시작했고, 미국의 대외 팽창과 식민지 지배가 시작되었다.

쿠바에서는 미국-스페인 전쟁 종전 후 3년간 미군정이 실시되었는데, 군정이 끝난 뒤에도 쿠바 경제는 미국 자본이 장악하였고, 미국 지원을 받는 독재자들이 약 반세기에 걸쳐 권력을 잡았다.

그러한 미국의 영향력은 1959년, 직업 혁명가로 이름 높은 체 게바라와 피델 카스트로가 주도한 쿠바 혁명과 함께 종말을 고했다. 그리고 그날부로 쿠바에서 영화를 누리던 미국 기업들의 호시절도 끝이 났다.

오늘날 미국과 쿠바 사이의 끝없는 갈등은 이러한 역사적 배경으로부터 비롯한 것이다.

1959년 1월, 쿠바 아바나 소재 힐튼호텔에 모인 혁명군들

1959년 혁명을 성공시킨 피델 카스트로는 1953년에 이미 혁명을 도모했으나 실패한 바가 있다. 그 후 1956년 11월, 카스트로와 체 게바라가 이끄는 혁명군은 멕시코를 출발해 쿠바에 상륙하였다. 그때 두 사람이 이끌고 온 82명은 쿠바군 공격을 받아 20명도 채 살아남지 못했다. 그러나 이들은 그때부터 쿠바 농민들의 보호와 지원 아래 게릴라전을 전개, 2년여가 지나 바티스타 정권을 무너뜨리고 쿠바 혁명을 완성하였다.

관타나모

쿠바 동쪽 끝에는 관타나모(Guantanamo)만이 자리하고 있는데, 오늘날 관타나모에는 미국 해군기지가 있다. 미국 주장에 따르면 1898년, 미국-스페인 전쟁 때 이곳을 점령하였고, 이후 1903년 쿠바로부터 1년에 금화 2천 개(당시 가격 약 4천 달러)를 대가로 임차했다. 당연히 쿠바 정부는 이러한 계약을 인정하지 않고 이곳이 쿠바 영토임을 주장하나, 미국 정부는 연 4천 달러 임대료를 지불하면서 계속 이곳을 점유하고 있다.

총면적 160km^{2}에 달하는 관타나모 해군기지에는 수천 명의 미군과 그 가족들이 거주하고 있으며, 미 해병대가 관할하고 있다.

관타나모 해군기지 본부인 벌클리홀

관타나모 해군기지는 미국 해외기지 가운데에서 가장 오래된 기지로, 오늘날에도 미국 정부는 1년에 4천 달러의 임차료를 쿠바에 지급하고 있다. 관타나모 해군기지는 카리브해역에서 활동하는 미 제4함대 해군과 공군, 육군의 물류 요충지인데, 그 중요성치고는 참으로 값싼 임차지다.

푸에르토리코

카리브해 국가인 푸에르토리코는 쿠바와 비슷한 역사적 배경이 있다. 그리고 1898년, 미군정을 거친 것도 쿠바와 똑같다.

그러나 쿠바가 미국의 영향력을 거부하고 완전한 독립을 추구한 것과는 달리, 푸에르토리코 국민 대다수는 미국의 깃발 아래 살아가기를 원했다. 그 결과 푸에르토리코는 미국 자치령이 되었다. 푸에르토리코 국방은 미국이 담당하고 있으며, 외교 역시 미국이 담당한다. 국가 원수 또한 미국 대통령이다.

한편 푸에르토리코 내부는, 현 상태와 같이 미국 자치령으로 남아 있자는 세력, 완전한 독립을 하자는 세력, 미국의 51번째 주로 편입하자는 세력으로 나뉘어 있는데, 기회만 닿으면 미국의 주로 편입할 것인가를 묻는 국민투표를 실시한다. 그러나 현재까지 이 국민투표는 통과되지 못하였다.

한편 푸에르토리코 인구는 급격히 줄어들고 있는데, 출산율 감소로 인해 어려움을 겪는 여러 나라와 달리 이민의 증가에서 기인한다. 즉, 미국 자치령인 까닭에 미국 이민이 자유로워 많은 사람이 미국으로 건너간다. 그래서 본토에 사는 푸에르토리코인보다 미국에 사는 인구가 더 많다.
그렇다면 미국 자치령이 된 장점은 무엇일까? 오늘날 푸에르토리코 정부 예산의 약 25%가 미 연방정부 보조금이다. 즉, 정부의 적자 예산을 미국이 메워주고 있는 셈이다.

한국 전쟁에 미 65보병연대로 출전한 푸에르토리코 병사들을 묘사한 그림

푸에르토리코 병력으로 구성된 미 65보병연대가 한국 전쟁 당시 중국군 사단을 향해 돌격하는 것을 묘사한 그림이다. 그래서 한국 전쟁 참전 16개국에도 푸에르토리코는 없다. 도미니크 안드레아 작.

도미니카

카리브해에는 도미니카라는 명칭을 가진 나라가 두 곳 있다. 하나는 도미니카 공화국(República Dominicana)이고, 다른 하나는 도미니카 연방(Commonwealth of Dominica)이다. '도미니카'는 라틴어로 '일요일'이라는 뜻이다. 나라이름에 일요일이 들어간 까닭은 콜럼버스가 일요일에 이 땅을 발견했기 때문이다.
그러나 두 나라는 여러모로 다르다. 도미니카 공화국은 1844년 스페인과 아이티로부터 독립하여 스페인어를 사용하고, 유럽과 아프리카계 혼혈이 주민의 70% 이상을 차지한다. 반면 도미니카 연방은 영국 지배를 받다가 1978년에 이르러서야 독립하였다. 그런 까닭에 도미니카 연방은 영어를 사용하고 아프리카계가 주민의 90%에 가깝다. 또한 카리브해 나라들 가운데 원주민이 아직 생존해 있는 거의 유일한 나라다.
그러나 국세(國勢)는 도미니카 공화국이 압도적으로 크다.

도미니카 공화국 국기(위)와 도미니카 연방 국기(아래)

두 나라가 다른 만큼 국기 또한 완전히 다르다.

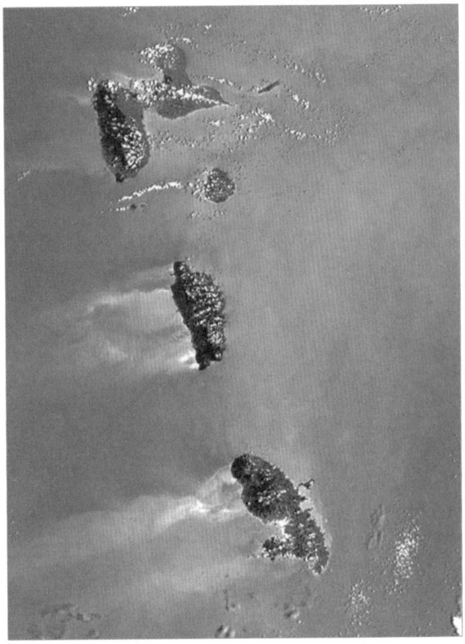

위성사진으로 본 도미니카 연방

가운데 섬이 도미니카 연방이다. 위쪽 섬은 프랑스 식민지인 과들루프, 아래쪽 섬 역시 프랑스 식민지인 마르티니크인데, 세 섬 가운데 독립국인 도미니카 연방이 가장 작다.

트리니다드토바고

트리니다드토바고는 트리니다드섬과 토바고섬으로 구성된 나라로, 남미 대륙의 베네수엘라 바로 위에 있다.
트리니다드토바고는 이 지역 국가들과는 사뭇 다른데, 우선 인구 구성에서 인도계가 가장 큰 비중을 차지한다. 이는 노동력이 부족하던 시대에 인도인을 노동자로 불러온 까닭이다. 그다음으로는 아프리카계가 인도인과 비슷한 비중을 차지하고 있다. 이러한 인구 구성은 종교적으로도 복잡한 사회를 만들었으니, 기독교가 전체 인구의 절반가량을 차지하고 있으며, 힌두교가 약 20%, 이슬람이 약 5%를 차지하고 있다.

트리니다드섬과 토바고섬으로 이루어진 트리니다드토바고

트리니다드섬 원주민들은 정복자 스페인에 저항하다 멸족하였고, 토바고섬 역시 마찬가지였다. 트리니다드토바고의 수도 이름이 오늘날에도 '포트오브스페인', 즉 '스페인항구'인 것은 원주민이 모두 사라져 스페인의 흔적을 지울 수 없었기 때문일지 모른다.

1845년부터 들어온 인도 노동자

트리니다드섬과 토바고섬을 최종적으로 점령한 것은 영국이었다. 트리니다드섬은 나폴레옹 전쟁 기간 중 영국군이 점령했고, 토바고섬은 프랑스가 영국에 넘겼다. 그 후 섬의 노동력이 부족해지자 영국은 인도인과 중국인 등을 끌어들였다. 이들은 노예가 아니라 계약 노동자로 들어왔지만 둘 사이 차이가 무엇인지 아는 사람은 드물었다.

아이티

세계에 더 중요한 나라도 없고 중요하지 않은 나라도 없다. 어느 나라건 자신들의 정체성을 지키고 문화를 지키며 독립적으로 살아가기를 원하는 나라라면 나라 크기나 경제력, 종교, 피부색 등에 관계없이 소중하다. 따라서 지구상에 존재하는 모든 나라를 편견 없이 바라보는 것은 중요하다.

그러나 200개가 넘는 지구상 모든 나라에 대해 깊이 있게 이해하는 일은 생각처럼 쉽지 않다. 그래서 어쩔 수 없이 많은 나라들을 간단히 살펴보고 넘어갈 수밖에 없다. 그럼에도 아이티라는 작은 나라에 대해서는 깊이 살펴보기로 한다.

아이티는 역사적으로 기억해야 할 것이 많은 반면, 현대에 와서는 자연재해, 독재, 빈곤 등 부정적인 면에서 세계의 주목을 받기도 한다.

다른 카리브해 나라들처럼 아이티도 콜럼버스가 상륙한 이후 원주민은 전멸하였고, 노동력 공백을 아프리카에서 끌려온 흑인들이 메웠다. 그 과정에서 스페인 식민지가 되었다가 프랑스 식민지가 되었다. 그래서 오늘날 아이티 공용어는 프랑스어다.

그 후 프랑스 혁명에 영향을 받은 아이티 흑인들은 프랑스를 상대로 독립 전쟁을 벌였는데, 독립 전쟁 과정에서 가장 큰 역할을 한 사람이 투생 루베르튀르

투생 루베르튀르(Toussaint L'ouverture, 1743? ~1803)

노예로 태어났으나, 책을 읽으며 혁명을 꿈꾼 그는 1791년, 노예 혁명이 일어나자 지도자가 되었다. 그 후 놀라운 지략을 발휘하면서 전투에서 승리하였는데, 프랑스가 제안한 평화회담에 참석하였다가 붙잡혀 옥사했다. '루베르튀르'는 '개척자'라는 뜻이며, 오늘날 아이티 수도 소재 국제공항은 그의 이름을 따 '투생 루베르튀르 국제공항'이라고 부른다.

시타델레 라페리에르

아이티에 있는 요새로, 투생의 뒤를 이어 프랑스와 싸운 혁명가 앙리 크리스토페가 건설하였다. 아메리카 대륙에 세운 아프리카 형식의 첫 번째 건축물로, 1982년 유네스코 세계문화유산으로 지정되었다.

(Toussaint Louverture, 1743~1803)였다. '아이티 독립의 아버지'니 '검은 스파르타쿠스'니 하는 별칭을 가진 그는 노예들을 이끌고 프랑스군에 저항하였다. 그러자 그 틈을 노려 영국과 스페인이 아이티에 침략해 왔고, 투생은 노예제 폐지를 조건으로 프랑스 편에 서서 싸웠다. 그 후 프랑스가 승리하자 투생은 프랑스 총독 아래서 아이티를 통치하였다. 이때 아이티는 신대륙 최초로 노예제 폐지, 인종차별 철폐 등을 이루었다.

그러나 프랑스는 그대로 물러서지 않았다. 나폴레옹은 아이티에 원정대를 보내 다시 아이티를 식민지화하고 노예제도 다시 부활시키려고 했다. 이에 투생을 비롯한 아이티인들이 저항하였고, 그 과정에서 투생은 평화회담을 열자는 프랑스 초청에 응했다가 사로잡혀 옥사하고 말았다.

그렇다고 물러날 아이티인들이 아니었다. 끝까지 항거한 끝에 1804년 아이티 공화국을 선포·수립하였다. 이렇게 해서 최초의 흑인 주도 공화국이며, 아메리카 대륙 두 번째 독립국가(첫 번째 독립국가는 미국이다), 노예제 폐지를 법령으로 선포한 최초의 아메리카 국가 아이티가 탄생한다.

그러나 아이티의 운명은 기구했다. 제1차 세계대전 와중에 미국이 아이티를 침공하였고, 점령당하는 수모를 겪기도 했다.

그리고 1934년, 미국이 철수한 후부터 오늘날까지 아이티는 정치적으로는 독재자와 쿠데타로 고통을 겪고, 독재 체제에 당연히 수반하는 경제적 고통까지 겪으면서, 고통받는 나라의 대명사가 되었다.

카리브제도의 식민지들

한편 카리브제도에는 아직도 서구 여러 나라 식민지인 곳이 많은데, 그 가운데 몇몇 나라는 우리에게도 잘 알려져 있다.

	국기	수도	면적 (단위: km²)	인구 (단위: 명)	언어	비고
터크스 케이커스제도		–	948	43,000	영어	영국의 자치정부였다가 다시 영국 총독이 다스리는 나라로 되돌아갔다.
케이맨제도		–	259	82,000	영어	영국 식민지로, 자치권을 소유한다.
미국령 버진아일랜드		–	346	105,000	영어	미국령
영국령 버진아일랜드		–	153	3만	영어	영국령
앵귈라		–	91	15,000	영어	영국령
생마르탱		–	53	–	영어	프랑스령, 생마르탱 섬을 북쪽과 남쪽으로 나누어 북쪽은 프랑스가 지배하고 남쪽은 네덜란드가 지배한다. 이에 따라 지명 역시 북쪽은 프랑스어로 생마르탱, 남쪽은 네덜란드어로 신트마르틴으로 불린다.
신트마르틴		–	37	–	네덜란드어	네덜란드령
생바르텔레미		–	25	1만	프랑스어	프랑스령
신트외스 타티위스		–	21	3천	네덜란드어 영어	네덜란드령
과들루프		–	1,628	40만	프랑스어 토착어	프랑스령
몬트세랫		–	102	40만	영어	영국령
마르티니크		–	1,128	38만	프랑스어 토착어	프랑스령
아루바		–	193	12만	네덜란드어	네덜란드령
보네르		–	288	15,000	네덜란드어	네덜란드령
사바섬		–	13	–	네덜란드어 영어	네덜란드령
퀴라소		–	444	17만	네덜란드어 토착어	네덜란드령
푸에르토리코		산후안	8,897	330만	스페인어 영어	백인계 17% 아프리카계 7% 혼혈계 50%

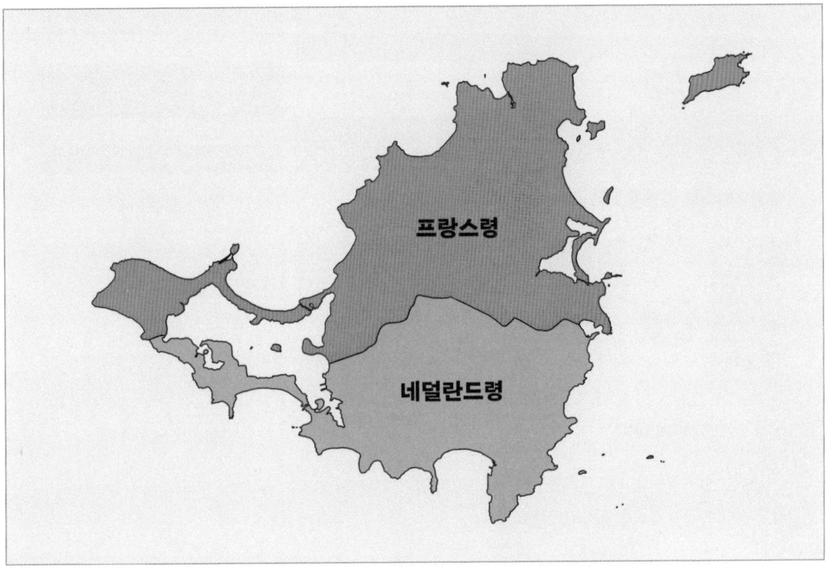

생마르탱섬

북쪽은 프랑스령, 남쪽은 네덜란드령인데, 네덜란드령은 네덜란드어인 신트마르틴이라고 부른다.

중앙아메리카 대륙 국가들

중앙아메리카 국가 대부분은 16세기 이후 스페인 지배 아래 있다가 19세기 무렵 독립하였다는 공통점이 있다. 또 몇몇 나라들은 이른바 '바나나 공화국'이라는 오명을 쓰고 있는데, 이는 미국 영향력을 크게 받은 나라들의 숙명이기도 하다.

중앙아메리카 연방 공화국

중앙아메리카 역사에 등장하는 나라 가운데 하나가 중앙아메리카 연방 공화국이다.

중앙아메리카 지역은 스페인 정복 이후 스페인 식민지로 남아 있었다. 그러다 1810년, 멕시코가 처음으로 스페인 통치에 반기를 들고 독립 전쟁을 전개하였다. 이 전쟁은 10년 이상 전개되었고 1821년, 멕시코 승리로 막을 내렸다.

그러자 주변 지역 지배계층은 자신들이 기득권을 행사하는 지역들을 결집하여 1823년, 중앙아메리카 연방 공화국을 건국하였다. 여기에는 과테말라, 니카라과, 엘살바도르, 온두라스, 코스타리카가 포함되었으며, 미국과 같은 연방 공화국을 지향하였다.

그러나 시간이 지나면서 내부 분열이 일어났고, 결국 1841년 엘살바도르 독립을 마지막으로 해체되었다.

오늘날 중앙아메리카 지역은 이 공화국에 소속된 나라들에 20세기 초 콜롬비아에서 독립한 파나마, 1981년 영국에서 독립한 벨리즈까지 포함한다.

중앙아메리카 연방 공화국 국기

니카라과 국기

코스타리카 국기

과테말라 국기

온두라스 국기

엘살바도르 국기

오늘날 코스타리카 국기, 온두라스 국기, 니카라과 국기, 과테말라 국기, 엘살바도르 국기는 중앙아메리카 연방 공화국기에 바탕을 두고 만든 것이다.

	국기	수도	면적 (단위: km²)	인구 (단위: 명)	인종 구성 (단위: %)	언어	종교 (단위: %)	1인당 GDP (단위: 달러)
과테말라		과테말라 시티	108,889	1,800만	메스티소 56 마야계 42	스페인어 마야어	기독교 88 (가톨릭 45, 개신교 43)	5,800
엘살바도르		산살바도르	21,041	700만	메스티소 86 유럽계 13	스페인어	기독교 82 (가톨릭 45, 개신교 37)	5,600
온두라스	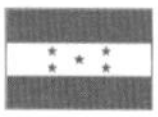	테구시갈파	112,492	1,000만	메스티소 90 원주민 7	스페인어	기독교 75 (가톨릭 38, 개신교 37)	3,300
벨리즈		벨모판	22,966	45만	메스티소 53 마야계 11 크레올 26	영어	기독교 87	7,200
니카라과		마나과	130,375	650만	메스티소 70 유럽계 17 아프리카계 9 원주민 5	스페인어	기독교 82 (가톨릭 55, 개신교 27)	2,600
코스타리카		산호세	51,100	510만	메스티소 84 뮬라토 7 원주민 2	스페인어	기독교 71 (가톨릭 48, 개신교 23)	16,500
파나마		파나마시티	75,417	440만	메스티소 65 원주민 12 아프리카계 9	스페인어 토착어	기독교 88 (가톨릭 63, 개신교 25)	19,000

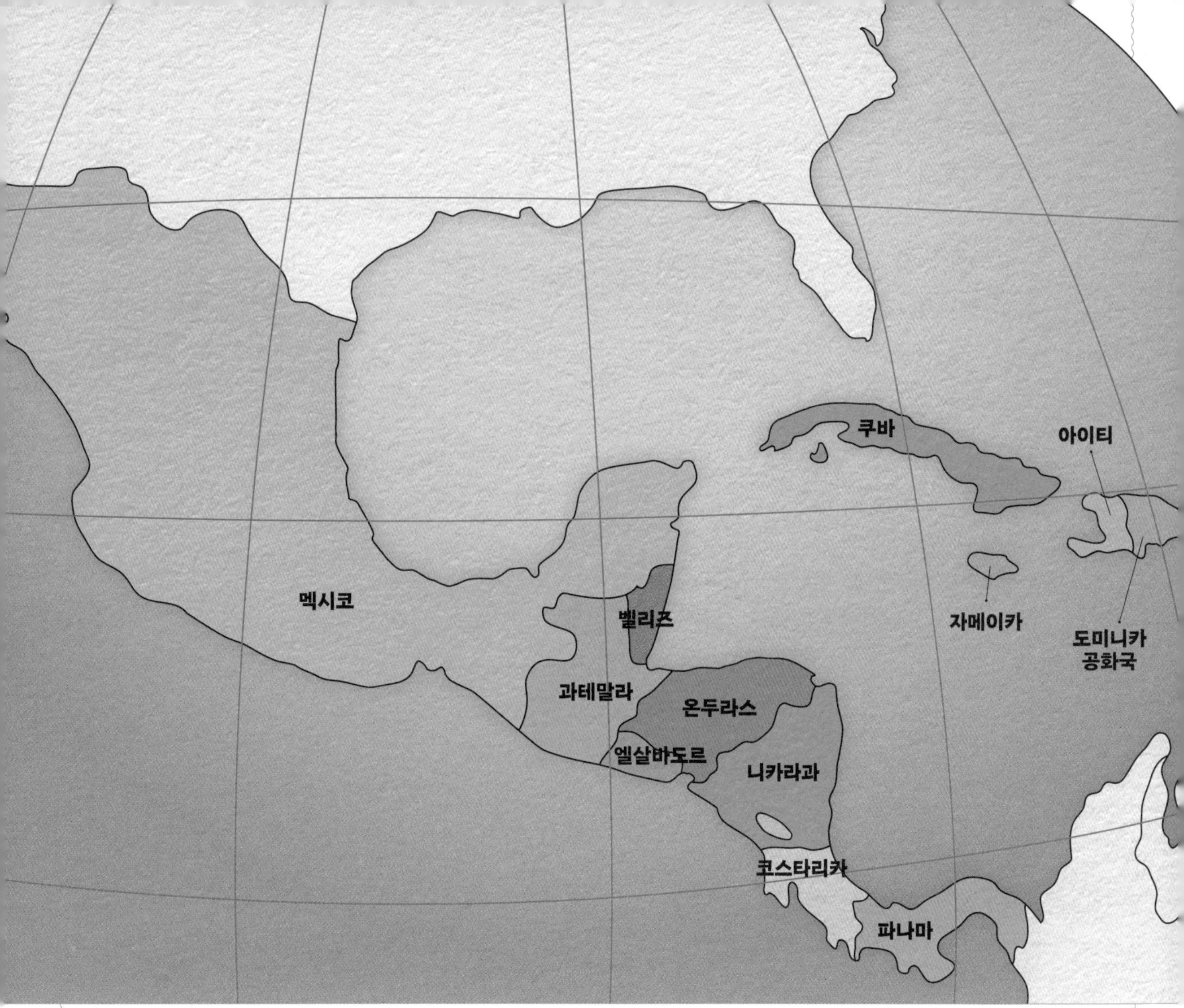

중앙아메리카 국가 현황

중앙아메리카라는 지역 명칭은 자주 사용하지 않는다. 중앙아메리카, 즉 아메리카 대륙 중앙부는 일반적으로 북아메리카에 속하는 것으로 보기 때문이다. 그러나 북아메리카 대륙에 속하는 나라들 가운데 미국과 캐나다를 제외한 나머지 국가는 문화적으로는 라틴아메리카, 지리적으로는 카리브해에 접해 있기 때문에 중앙아메리카로 분류하는 것이 일반적이다.

남아메리카 인종

남아메리카 각국을 살펴보다 보면 특이한 인종 명칭이 등장한다. 이는 이 지역 역사와 관계가 깊다.

1. 크리올(Criole), 스페인어 크리오요(Criollo), 프랑스어 크레올(Créole)

크리올은 엄밀히 말하면 특별한 인종이 아니라 식민지를 지배한 본국, 즉 스페인이나 프랑스 사람을 말한다. 다만 본국에서 태어난 것이 아니라 아메리카 대륙의 스페인인 또는 프랑스인 자손으로 태어난 경우를 가리킨다. 즉 크리올은 아메리카 대륙에서 태어난 백인이다. 그러나 후에는 아메리카 대륙에서 태어난 크리올과 흑인들 사이에 태어난 혼혈인도 크리올이라고 부르면서 뜻이 확대되었다. 백인 크리올들은 사고(思考)가 본국 출신들과 같을 듯하지만, 사실은 본국 정부에 반감을 품은 경우가 많았다. 그래서 크리올 후손들이 후에 독립운동에 뛰어든 사례도 많고, 그에 따라 본국에서는 크리올을 위험하게 여기는 움직임이 일었다.

2. 메스티소(mestizo), 포르투갈어 카보클로(caboclo), 프랑스어 메티스(métis)

중남미 원주민인 아메리카 원주민과 스페인계·포르투갈계 백인 사이에 태어난 혼혈인을 말한다. 수학적으로 본다면 메스티소는 백인과 원주민 비율이 50 : 50이다. 그래서 동시대 사람들은 다른 혼혈인을 가리키는 또 다른 용어를 만들었으니, 카스티소(castizo, 3/4은 유럽, 1/4은 아메리카 원주민 혈통)나 촐로(cholo, 1/4은 유럽, 3/4은 아메리카 원주민 혈통) 같은 표현이 그것이다.

오늘날 메스티소는 중남미 여러 나라에서 사회 주류를 이루고 있다.

3. 물라토(mulatto)

중남미에 거주하는 백인과 아프리카계 흑인 사이 혼혈인을 가리킨다. 물라토는 당연히 흑인보다 처우가 나았고, 그런 까닭에 물라토는 흑인은 꿈꿀 수 없었던 교육 기회를 갖기도 했다. 물라토 출신 가운데 유명한 인물이 많은데, 그 가운데 대표적인 경우가 미국 44대 대통령을 지낸 버락 오바마다. 그는 케냐 출신 아버지와 유럽 출신 어머니 사이에서 태어났다. 아무리 그렇다고 해도 오늘날 물라토라는 용어를 사용하면 곤란하다. 피부색 자체를 언급하는 것은 인종차별을 뜻하기 때문이다.

인종 사이의 위계_이그나시오 마리아 바르다 1777년 작

1777년에 그린 그림으로, 사회에 존재하는 인종 사이 위계를 나타내고 있다. 모두 16가지 인종이 표현되어 있는데, 백인-흑인-아메리카 원주민 순서임을 알 수 있다.

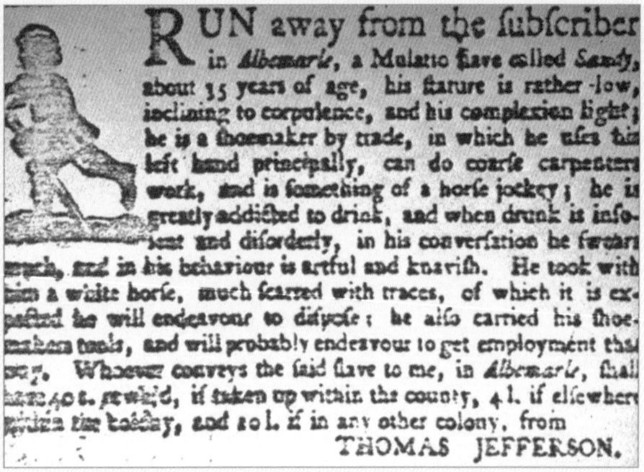

RUN away from the subscriber in *Albemarle*, a Mulatto slave called *Sandy*, about 35 years of age, his stature is rather low, inclining to corpulence, and his complexion light; he is a shoemaker by trade, in which he uses his left hand principally, can do coarse carpenters work, and is something of a horse jockey; he is greatly addicted to drink, and when drunk is insolent and disorderly, in his conversation he swears much, and in his behaviour is artful and knavish. He took with him a white horse, much scarred with traces, of which it is expected he will endeavour to dispose; he also carried his shoemakers tools, and will probably endeavour to get employment that way. Whoever conveys the said slave to me, in *Albemarle*, shall have 40 s. reward, if taken up within the county, 4 l. if elsewhere within the colony, and 10 l. if in any other colony, from
THOMAS JEFFERSON.

미국 제3대 대통령이자 독립선언문을 기초했으며, 미국 영토 확장과 교육 확대 등 여러 분야에서 업적을 남긴 위대한 '미국인' 토머스 제퍼슨이 그 무렵 신문에 낸 광고에 '물라토'라는 단어가 등장한다.
내용은, 15살 샌디라는 이름의 도망친 '물라토' 노예를 찾아 주면 보상하겠음.

과테말라

국토 면적 108,889km²로 대한민국보다 약간 크며, 인구는 1,800만 명에 달하는 중앙아메리카 주요 국가 과테말라는 마야 문명의 본산으로 유명하다.

메소아메리카 문명

메소아메리카 문명은 멕시코, 온두라스, 엘살바도르 등 중앙아메리카 지역을 중심으로 발전한 고대 문명을 가리킨다.

기원전 2,000년 무렵부터 발전하기 시작한 이 지역 고대 문명은 기원전 1,000년을 전후해 형성된 이 지역 최초인 올메카 문명으로 꽃을 피우기 시작했다. 이후 테오티우아칸 문명이 2세기 무렵 멕시코 중부 지역에서 일어났다.

한편 멕시코 남부와 중앙아메리카 지역에서 마야 문명이 등장하면서 메소아메리카 문명은 본격적으로 꽃을 피운다.

중앙아메리카 유카탄반도와 과테말라 지역에서 발흥한 마야 문명은 아메리카 대륙에서 가장 오랜 역사를 가진 문명 가운데 하나다. 북쪽에서 내려온 아메리카 인디언 후손들이 기원전 2,000년 무렵부터 형성한 문명은 서기 4세기 무렵부터 꽃을 피워 7세기를 거치면서 놀라운 성과를 거두었다.

이 무렵 마야인들은 거대한 신전도시 건설과 함께 역법, 상형문자, 조각품, 토기, 벽화 등을 남기고 있다. 그렇게 꽃을 피우던 마야 문명은 10세기 이후 흔적을 찾을 수 없는데, 그 전에 소멸된 것으로 추정한다. 갑작스러운 소멸 이유로는 내란, 자연환경의 변화, 멕시코인의 침략 등 여러 가설이 있으나, 아직 정확한 이유는 밝히지 못했다.

기원전 1200년에서 900년 사이에 만든 것으로 추정하는 두상

중앙아메리카 최초의 고대 문명인 올메카 문명은 거대한 두상 조각으로 유명하다.

마야 문명이 자취를 감춘 후 그곳에서는, 여러 도시국가들이 등장했다가 사라지면서 마야 문명의 맥을 잇다가, 스페인의 침략을 받고 문명은 단절되었다.

한편 멕시코 남부에서는 아스테카 문명을 비롯해 다양한 도시국가 문명들이 일어났다가, 이들 역시 지역에 들어온 스페인인들에 의해 멸망의 길로 들어서고 만다.

마야 문명이 자클레우에 남긴 유적들

마야 문명은 수많은 석조 건물과 기념물을 남겼다.

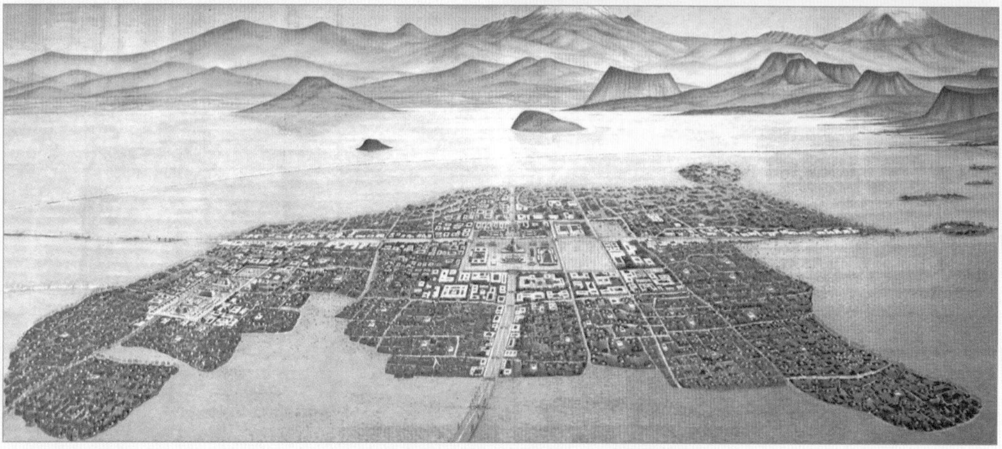

아스테카 문명의 주역인 아스테카 제국 수도 테노치티틀란 모습(16세기 무렵)_게리 도트 작

방비를 철저히 하기 위해 그림에서 볼 수 있듯이, 텍스코코 호수 위에 있는 섬에 건설하였다. 그러나 1521년 스페인 침략자들에 의해 완전히 파괴되어 오늘날에는 수천 명만이 거주하는 작은 마을로 전락하고 말았다.(멕시코 국립고고학박물관 소장)

과테말라는 스페인의 침략 이후 19세기 초까지 스페인 지배를 받다 1821년 독립을 선언하였고, 1823년에는 초대 대통령을 선출하였다. 정식으로 공화국이 출범한 것은 그로부터 20여 년이 지난 1847년이었다.

그러나 독립 이후 과테말라 운명은 오히려 나락으로 떨어졌는데, 친미정부가 들어서 과테말라의 많은 산업과 경제 권리를 미국 자본에 넘겼기 때문이다. 그 가운데서 오늘날까지 과테말라에 영향을 미치고 있는 회사가 유나이티드프루트사(United Fruit Company, UFC)다.

우리나라에 수입되는 열대과일에도 붙는 '치키타(Chiquita)' 상표로 널리 알려진 이 회사는, 바나나 농장을 비롯해 커피 농장과 항만, 철도, 통신, 방송 등 과테말라의 대부분 산업을 수중에 넣어 과테말라를 허울만 남은 상태로 만들었다. 그뿐 아니라 농장 노동자들에 대해서도 악명 높은 착취를 일삼았다.

결국 분노한 과테말라 시민들은 1950년 미국에 저항하는 군인 하코보 구스만(Jacobo Guzman, 1913~1971)을 대통령으로 선출하였다. 이듬해 대통령에 취임한 구스만은 UFC가 소유한 채 놀리던 40만 에이커(약 1,600km², 서울 면적의 2.7배)의 바나나 농장을 몰수하고 주요 산업 국유화와 발전소 건설 등에 나섰다. 그러자 이를 못마땅하게 여긴 UFC와 미국 정부는 과테말라 군부 지원에 나섰고, 미국 지원을 등에 업은 군부 쿠데타로 1954년 구스만 정부는 실각하고 만다.

그 후 과테말라 통치는 자연스럽게 친미 독재 정권에게 넘어갔고, 국내에서는 반정부군이 활동을 개시한다. 그리하여 1996년, 정부군과 반정부군이 협정을 맺을 때까지 20만 명에 가까운 과테말라 국민이 고문과 투옥, 테러로 목숨을 잃었다.

〈영광의 승리〉

멕시코 화가 디에고 리베라(Diego Rivera, 1886~1957)의 작품. 미국 대통령 아이젠하워를 암시하는 폭탄을 사이에 두고 미 국무장관 덜레스, 그의 아우이자 CIA 국장인 앨런 덜레스, 과테말라 주재 미 대사 존 포리포이가 훗날 구스만 대통령 축출에 나서는 카스티요 장군과 손을 잡고 있다. 배경에는 유나이티드푸르트사 소속 선박이 바나나를 싣고 있고, 대주교 마리아노 로셀이 살해당한 노동자들 시신 위에서 미사를 집전하고 있다.

바나나 공화국

'바나나 공화국'이라는 명칭은 특정한 나라를 가리키는 고유명사가 아니라 보통명사다. 영어 'banana republic'은 《Merriam-Webster's Learner's Dictionary》에도 등재되어 있는 단어로, 뜻은 'disapproving + sometimes offensive a small, weak country usually in a tropical area'이다. 번역하면 '못마땅하고, 때로는 모욕적인 작고 가난한 나라로, 대부분 열대지방에 있다.'

실제로 바나나 공화국은, 바나나 또는 1차산업에서 획득 가능한 농산물이나 자원에 의존해 살아가는, 경제적으로 가난하고 정치적으로는 해외 강대국의 비호를 받으며 독재체제를 유지하는 나라를 가리키는 정치·경제 용어다.

이 용어를 처음 사용한 것은 《마지막 잎새》로 유명한 미국 작가 O. 헨리(William Sydney Porter, 1862~1910)인데, 1897년까지 중앙아메리카 온두라스에 숨어 살면서 쓴 《양배추와 왕들》에서 처음 이 용어를 사용했다.

바나나 공화국이라는 용어는 온두라스를 비롯한 중앙아메리카 여러 나라를 가리키는데, 최근에는 정치경제적으로 같은 상황에 놓인 다른 나라를 가리킬 때도 사용한다.

한편 바나나 전쟁(Banana Wars)이라는 개념도 사용하는데, 이 용어는 미국 역사학자 레스터 랭글리(Lester D. Langley, 1940~)가 처음 만들었다. 그는 제1차 세계대전 이후 미국이 중앙아메리카 여러 나라를 대상으로 행한 군사개입을 바나나 전쟁이라고 불렀다. 미국, 특히 해병대와 해군이 행한 이 전쟁은 대부분 유나이티드푸르트사(UFC)를 비롯한 미국 자본의 이익을 위해 전개했기 때문이다.

루스벨트가 펼친 몽둥이 정책을 빗댄 삽화_윌리엄 로저스 작

미국 26대 대통령 시어도어 루스벨트(Theodore Roosevelt Jr. 1858~1919)는 이른바 '몽둥이 정책(Big Stick ideology)'을 펼친 것으로 유명하다. 민족자결을 외치던 미국이 갑자기 제국주의적 정책으로 선회한 배경에는 그의 주장이 있었다. 루스벨트 외교 정책을 가리키는 몽둥이 정책의 핵심은, 중남 아메리카에 대한 미국의 적극적 개입을 통해 미국의 이익을 보장하는 것인데, 후에는 극동 지역까지 진출해 가쓰라-태프트 밀약을 추진하기도 하였다. 가쓰라-태프트 밀약은 잘 알려진 것처럼 한반도 통치권을 일본에 넘긴 약속으로 내용은 다음과 같다.

첫째, 미국이 필리핀을 통치하고, 일본은 필리핀을 침략할 의도를 갖지 않는다.

둘째, 극동의 평화 유지를 위해 미국·영국·일본은 동맹관계를 확보해야 한다.

셋째, 미국은 일본의 한반도에 대한 지배적 지위를 인정한다.

바나나 공화국의 대표적인 사례는 과테말라, 그리고 같은 중앙아메리카에 위치한 온두라스, 파나마, 엘살바도르 등이다.

바나나 공화국의 전형적인 형태는 다음과 같다.

먼저 미국 유나이티드푸르트사(오늘날 치키타사)와 스탠더드푸르트사(오늘날 돌DOLE사) 등이 특정 나라에 진출해 그 나라의 운송, 통신, 항만과 대규모 농장(농장이라는 말이 무색할 정도로 넓은 땅을 소유하였는데, 해당 나라 제1의 토지 소유주인 것은 두말할 나위가 없다)을 소유한 후, 바나나 등 1차 상품 수출을 독점하면서 수익을 거둔다. 그 과정에서 미국 정부의 지원을 통해 사업에 장애가 되는 정부가 들어서는 것을 막는다. 결국 미국과 미국 자본의 이익을 보장해 주는 독재 체제를 용인함으로써 한 나라의 정치·경제적 상황을 미국과 그 기업 산하에 복속시킨다. 따라서 겉으로 보면 미국 기업이 한 나라 경제에 관여하는 듯 보이지만, 실제로는 미국 정부가 다른 나라 정부를 통제하는 셈이다.

바나나 공화국의 탄생은 그 나라들에만 폐해가 가는 것이 아니다. 미국 소비자들 역시 몇몇 기업 독점으로 인해 농산물 구입에서 손해를 보게 되는데, 이 회사들의 소비자 시장 점유율은 90%에 가깝다.

한편 우리나라에서도 대기업들이 돈이 되는 온갖 사업 분야에 진출해 작은 수익까지 가져가는 것을 가리켜 '문어발식 경영'이라고 하는데, 이 말은 온두라스에서 국민들이 유나이티드푸르트사를 가리켜 'El Pulpo(문어라는 뜻)'라고 부른 데서 비롯한다. 문어처럼 사회 전 분야에 걸쳐 영향력을 행사하면서 산업을 장악하고 정치를 좌지우지했기 때문이었다.

1916년의 유나이티드푸르트사 광고

과일 광고가 아니라, 카리브해를 비롯한 중남미 크루즈여행 광고다. 유나이티드푸르트사가 지역 기반 시설 및 관광자원 등을 독점하고 있기에 가능했다.

유나이티드프루트사가 세계 최초로 건조, 소유한 냉장 보관용 선박

카리브해에서 생산하는 바나나를 미국으로 빠르게 수송하기 위해 만들었다.

엘살바도르

스페인어로 '구세주'라는 뜻인 '살바도르Salvador'를 나라 이름과 수도 이름(산살바도르)으로 사용하는 엘살바도르 역시 스페인 지배 아래 있다가 1821년, 해방되었다. 그 후 1841년에는 과테말라, 온두라스, 니카라과, 코스타리카 등과 결성한 중앙아메리카 연방 공화국으로부터 벗어나 엘살바도르 공화국으로 독립하였다. 그러나 정치적 안정은 이루지 못하였고, 20세기에 들어와서도 오히려 군부독재의 폐해는 커져만 갔다. 그러자 많은 사람이 미국 등지로 이민을 떠났고, 엘살바도르는 오늘날에도 해외에 거주하는 교포 송금이 나라 경제에 영향을 줄 정도로 많다.

그 후 군부독재와 대지주 독점에 염증을 느낀 나머지 1980년대에 인민해방전선이라는 조직이 탄생하고, 이들을 중심으로 정부에 저항하는 세력이 확대되기 시작한다.

이 무렵 가톨릭 국가인 엘살바도르에서, 가난한 시민들을 위해 민주화를 외치던 신부 오스카 로메로(Oscar Arnulfo Romero, 1917~1980) 대주교가 미사를 집전하던 중 살해당했다. 이 사건은 영화 〈로메로〉로 제작되어 세계에 그의 존재를 널리 알렸다. 또 그 무렵 엘살바도르 군사독재 체제를 전 세계에 고발하는 영화 〈살바도르〉 역시 제작, 상영되어 큰 반향을 일으켰다.

이에 UN 등이 개입하여 내전은 종식되었으나, 그 시대의 폐해는 오늘날까지 해소되지 않았다. 그리하여 몇몇 가문과 해외자본이 독점하다시피 한 토지, 광물, 석유 등 산업은 엘살바도르 시민들의 삶을 피폐하게 만들고 있다.

1979년, 교황 요한바오로2세와 함께한 로메로 대주교

왼쪽: 엘살바도르 군부독재 정권의 실상을 전하는 영화 〈살바도르〉 포스터/
오른쪽: 로메로 대주교의 삶을 영화화한 〈로메로〉 포스터

물론 이 시절에 군사독재 정부에 의해 목숨을 잃은 사람이 로메로 대주교뿐은 아니었다. UN 보고서에 따르면 7만 5천 명 이상이 살해당했다.

온두라스

온두라스 역시 엘살바도르와 마찬가지로 중앙아메리카 연방 공화국에 가입하였다가 독립하였다. 그 후 바나나 공화국의 대표적인 국가가 되었으며, 그러한 이유로 정치도 안정되지 못한 채 쿠데타가 이어지다가 1981년에 이르러서야 민주적 선거를 실시했다.

그러나 바나나 공화국의 폐해가 오늘날까지 이어져, 인구의 2/3 이상이 빈곤층에 속할 만큼 경제적으로 낙후되었으며, 아직도 미국 바나나 유통기업이 온두라스 바나나 산업을 독점하고 있다. 금과 은을 산출하는 광산 역시 미국 기업이 장악하고 있다.

그 결과 온두라스의 가장 큰 문제는 극심한 빈부격차다.

벨리즈

벨리즈는 중앙아메리카의 다른 나라들과 달리, 스페인이 지배하던 땅에 영국인들이 들어와 살면서 영국 식민지가 되었다. 그러다 1981년에 이르러서 영국으로부터 독립하였다.

그럼에도 벨리즈는 이 지역 다른 나라들과 비슷하게 바나나 등 농산물 생산에 의지하는 산업 구조, 광범위한 빈곤층, 그리고 해외교포의 송금액이 나라 경제에서 큰 비중을 차지한다는 공통점이 있다.

니카라과

중앙아메리카에서 가장 넓은 면적을 가진 니카라과는, 이 지역이 겪어온 정치·사회 문제를 온몸으로 겪어온 대표적인 국가다.

1821년 스페인을 향해 독립을 선언한 니카라과 역시 1838년 중앙아메리카 연방 공화국에서 독립하였다. 그러나 이후에도 이 땅에 눈독을 들인 영국과의 갈등, 그리고 권력을 둘러싼 내전이 끊이지 않았다.

그 와중에 미국 출신 노예제 옹호론자 윌리엄 워커(1824~1860)가 추종자들을 끌고 와 니카라과 제국을 선포하고 황제를 칭하였다가, 다시 니카라과 공화국을 선포한 후 대통령을 칭하는 황당한 일까지 벌어졌다.

그 후 니카라과는 다시 공화정을 시작했는데, 이 지역에서 영향력을 행사하려는 미국의 무력 개입으로, 1909년부터 미국 점령지가 되었다.

이에 아우구스토 세사르 산디노(Augustito Cesar Sandino, 1895~1933)를 주축으로 한 게릴라 세력은 미국에 저항했고, 1933년 미국 정부는 니카라과에서 철수했다. 그러자 산디노 일행 역시 무장해제를 하고 농부로 돌아가겠다며 집권 자유당 정부와 협상을 시작했다.

그러나 일찌감치 권력을 노린 총사령관 소모사(Anastasio Somoza García, 1896~1956)는 산디노와 그의 형은 물론 그의 농장에서 일하던 부녀자와 아이들까지 모조리 살해한 후 정권을 잡았다. 니카라과 정치는 이때부터 약 40년간 소모사 일가의 독재 체제로 들어서는데, 소모사와 그의 두 아들이 연이어 정권을

아우구스토 산디노

잡고 미국 이익에 영합하면서 자신들의 이익을 챙겼다.

그렇게 소모사 일가의 독재가 이어지자 1961년, 산디노의 전통을 계승하기 위해 결성한 산디니스타민족해방전선(Sandinista National Liberation Front, FSLN)이 반정부 무장투쟁에 나섰고 1979년, 산디니스타민족해방전선은 마침내 소모사 독재를 끝내고 혁명정부를 수립하였다.

그러나 이들의 존재가 마뜩잖던 미국의 레이건 정부(1981~1989)는 산디니스타 정부 전복을 위해 콘트라 반군을 공개적으로 지원하기 시작했다. 결국 니카라과는 다시 내전의 고통 속에 빠지는데, 그 후 주변 국가들 중재로 내전이 종식되면서 니카라과는 정상화의 길을 걷는다.

콘트라 반군 모습

la contrararre volución의 줄임말로, '반혁명'을 뜻하는 콘트라 반군은 1979년부터 1990년대 초까지 활동하였다. 미국 정부로부터 재정적·군사적 지원을 받았던 콘트라 반군은 인권 침해와 잔혹한 테러, 민간인 공격 등으로 악명이 높았고, 그에 따라 미국 의회는 콘트라 반군에 대한 지원을 삭감하였다. 그러자 레이건 대통령은 비밀리에 이들을 지원했으며, 그 자금을 마련하기 위해 그 무렵 이라크와 전쟁중이던 이란에 무기를 팔겠다는 대담한 계획을 세우고 실행에 옮겼다. 이를 가리켜 역사는 '이란-콘트라 비밀공작'이라고 부르는데, 미국 대통령이 대놓고 불법을 저지른 대표적인 사례다.

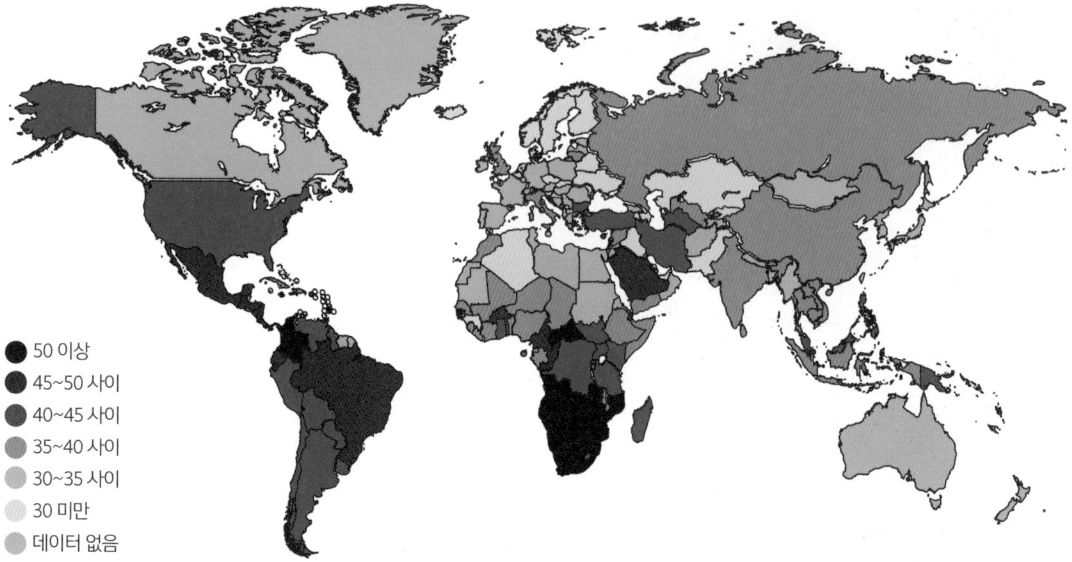

지니계수(Gini's coefficient)

소득이 전 국민 사이에 어느 정도 균등하게 분배되는가를 나타내는 소득분배의 불균형 수치를 지니계수라고 한다. 이탈리아의 인구학자·통계학자·사회학자인 지니(Corrado Gini, 1884~1965)가 소득분포에 관해 제시한 통계적 법칙인 '지니의 법칙'에서 나온 개념으로, 빈부격차와 계층간 소득분포의 불균형 정도를 나타내는 수치이다.
지니계수는 0과 1 사이의 값을 가지는데, 값이 0에 가까울수록 소득분배의 불평등 정도가 낮고, 높을수록 소득분배의 불평등이 높다는 것을 뜻한다. 보통 0.4가 넘으면 소득분배의 불평 등 정도가 심한 것으로 본다.
지도를 보면 알 수 있듯, 전 세계에서 지니계수가 가장 높은 지역은 남아프리카 여러 나라이다. 그러나 대륙 전체로 보면 중남미 국가들의 소득 불평등 정도가 가장 높은 것을 알 수 있다.
(World Bank 자료를 기초로 작성한 wikipedia 자료)

2014년에도 폭발한 바 있는 투리알바 화산

코스타리카는 태평양과 카리브해를 접하는 곳에 자리하고 있다. 이러한 지리적 특성을 이용해 코스타리카 국토를 동에서 서로 관통하는 280km 길이의 하이킹 코스가 마련되어 있다. 이 코스는 오늘날에도 활동하는 화산, 커피 플랜테이션 지역 등 독특한 환경을 두루 포함해 인기를 끌고 있다.

코스타리카

코스타리카는 중남미에서 보기 드물게 민주정이 확립되어 있고 정치 불안의 핵심 요소인 군대가 없으며, 경제적으로도 다른 나라에 비해 풍요를 누리고 있다.
코스타리카 역시 스페인 식민지를 거쳐 중앙아메리카 연방 공화국에서 독립한 것은 다른 나라와 같다. 그러나 그 후 양당제가 확립되면서 다른 나라와 다른 길을 갔다. 물론 코스타리카도 고비가 있었으니 20세기 초중반에 걸쳐 잠깐 군사독재도 경험했고, 내전이 일어나기도 했다.
그러나 그러한 위기를 잘 극복한 끝에 세계 최초로 헌법을 통해 군대를 폐지하였고, 여성 참정권 부여, 사회보장 정책 등 진보적인 정책을 실시하면서 세계적으로도 살기 좋은 나라 대열에 올라섰다.

파나마

중앙아메리카와 남아메리카를 연결하는 관문인 파나마는, 스페인 지배에서 벗어난 후 콜롬비아의 한 주에 머물러 있었다. 그러다 20세기 들어 파나마 운하 건설을 둘러싸고 미국과 콜롬비아가 갈등을 빚는 틈을 타 미국의 지원을 받아 1903년, 콜롬비아로부터 독립을 선언하였다. 그러나 지원을 받은 대가로 미국에 운하의 영구조차권*과 치외법권, 무력간섭권을 넘겨주었다.

* 한 나라의 일정한 영토를 다른 나라가 영구히 빌려 통치하는 권리.

그뿐 아니라 유나이티드푸르트사 등 미국 자본이 진출한 까닭에 파나마는 명목상 독립했을 뿐 오히려 미국의 수탈로 고통을 받았다. 앞서 살펴본 바나나 공화국과 맥을 같이 한다.

이에 반미감정이 고조되었고 1968년 쿠데타로 집권한 군부는 1977년, 미국과 새로운 파나마 운하 조약을 체결하였다. 이에 따라 1999년 12월 31일 정오부터 운하 운영권을 비롯한 모든 권리가 파나마로 이관되었다. 또 파나마 운하는 영구적으로 중립 지위를 갖게 되었다.

그 후 파나마 운하 확장 공사를 추진하여 2016년에 완성하였다.

오늘날 파나마 경제는 바나나 수출과 운하 수입으로 운영된다고 할 만큼 두 요소에 대한 의존도가 크다.

파나마 운하

파나마 운하가 지나가는 지역은 본래 콜롬비아에 속해 있었다. 한편 수에즈 운하 완공에 성공한 프랑스인 레셉스는 1881년 양대양주식회사를 설립하고 공사에 착수하였다. 그러나 파나마 운하 건설 사업은 수에즈 운하와는 달리 상당한 어려움에 시달렸다. 운하가 지나가는 중간 지역이 바다보다 높거나 낮아서 배가 운하를 통해 일직선으로 통과할 수 없었던 것이다.

결국 레셉스와 프랑스 정부는 운하 굴착권을 미국에 판매하였다. 굴착권을 매입한 미국은 1903년부터 운하 건설에 착수하려고 했으나, 이번에는 그 무렵 파나마 운하 지역을 통치하던 콜롬비아 정부가 거부하였다. 결국 파나마 운하에 대한 미련을 버리지 못한 미국은 파나마 독립을 지원한다. 운하를 소유하기 위해 새로운 나라 수립을 거든 것이다.

그렇게 파나마는 콜롬비아로부터 독립하였고, 파나마 정부는 미국에 전폭적인 지원(운하 지역에 대해 미국 치외법권, 영구조차권, 무력간섭권을 부여한다는 내용으로, 말 그대로 파나마 운하 지역을 미국에 넘겨주는 것과 다름없었다)을 아끼지 않았다.

우여곡절을 겪은 끝에 1914년 8월, 파나마 운하는 개통하였다. 그러나 이름만 파나마 운하일 뿐, 모든 권리는 미국 몫이었다.

그로부터 수십 년이 지나 1950년대에 들어서자 파나마 시민들은 미국에 대해 운하 반환을 요구하였고 1977년, 파나마 정부와 미국은 운하의 영구중립을 조건으로 1999년 12월 31일, 파나마에 소유권과 관할권을 완전 이양하기로 파나마 운하 조약을 체결하였다.

수에즈 운하가 200km 가까운 길이지만 파나마 운하는 82km로 짧다. 그러나 수에즈 운하는 표고가 일정해 양방향으로 자유롭게 통행하는 반면, 파나마 운하는 표고 차이로 갑문을 설치해 물을 채운 후 낮은 위치에 있는 배를 높은 곳으로 올리고, 다시 내리는 방식으로 배를 이동시킨다. 그런 까닭에 통과 시간은 수에즈 운하에 비해 더 걸린다.

이용 선박 역시 수에즈 운하가 파나마 운하에 비해 약 30% 이상 많다.

1903년 콜롬비아로부터 파나마를 독립시켜 운하 건설권을 획득하고자 하는 미국의 의도를 표현한 〈뉴욕타임스〉 카툰

콜롬비아라는 알에서 파나마가 태어나고 있다. 알에서 깨어난 새로 비유한 파나마는 입에 '운하 굴착권, 미국에 양보'라는 문구를 물고 있다.

파나마 운하를 통과하는 배의 모습

갑문 안에 배를 가둔 다음 물을 채워 표고를 올리거나 내려서 이동한다.

북아메리카

대륙별 면적

지구는 일반적으로 5대양 6대주로 구분한다. 그러나 정확히 말하면 5대양 7대륙이다. 남극 대륙은 어느 대륙에도 속하지 않는 독립적인 대륙이기 때문이다. 한편 7대주 대신 7대륙이라고 하는 반면, 6대륙 대신 6대주라고 부른다. 이는 주(洲)라는 글자가 '주(州, 고을 주) + 수(水, 물 수)'로 형성된 것이어서, 사람이 살지 않는 남극 대륙은 주(洲) 대신 대륙으로 부르기 때문이다.

그렇다면 각 대륙별 면적은 얼마나 될까?

5대양 7대륙이라고 분류한다면 당연히 정해진 기준이 있어서 각 대륙별 면적 역시 정해진 듯 싶지만, 현실은 그리 간단하지가 않다.

가장 큰 문제가 러시아를 어디에 포함하느냐이다. 러시아를 정치·문화적 시각에서 유럽에 포함하면 유럽 대륙 면적이 크게 늘어나고, 지리적인 시각에서 아시아와 유럽으로 나누어 포함하면 유럽 면적은 크게 줄어든다.

한편 중앙아메리카 지역은 일반적으로 북아메리카 대륙에 포함한다. 북아메리카에는 덴마크령인 그린란드도 포함하는데, 이 역시 대륙별 면적에 크게 영향을 끼친다.

다음은 러시아를 유럽에 포함했을 때 일반적으로 평가하는 대륙별 면적이다.

(단위 km^2)

아시아	**31,033,131**	**아프리카**	**29,648,481**
북아메리카	**24,709,000**	**유럽**	**22,134,900**
남아메리카	**17,840,000**	**남극 대륙**	**13,720,000**
오세아니아	**8,486,460**		

	국기	수도	면적 (단위: km^2)	인구 (단위: 명)	언어	종교 (단위: %)	1인당 GDP (단위: 달러)
캐나다		오타와	9,984,670	4,100만	영어 프랑스어	기독교 67	54,000
미국		워싱턴 D.C.	9,833,520	33,500만	영어 등	기독교 65	80,000
멕시코		멕시코시티	1,972,550	2억	스페인어	가톨릭 78	14,000

북아메리카

일반적으로 북아메리카 하면 캐나다와 미국이 속한 것으로 떠올리지만, 멕시코도 분명 북아메리카에 속해 있다. 그러나 멕시코는 문화적으로는 라틴아메리카에 속해 있어 두 나라와 결을 달리한다.

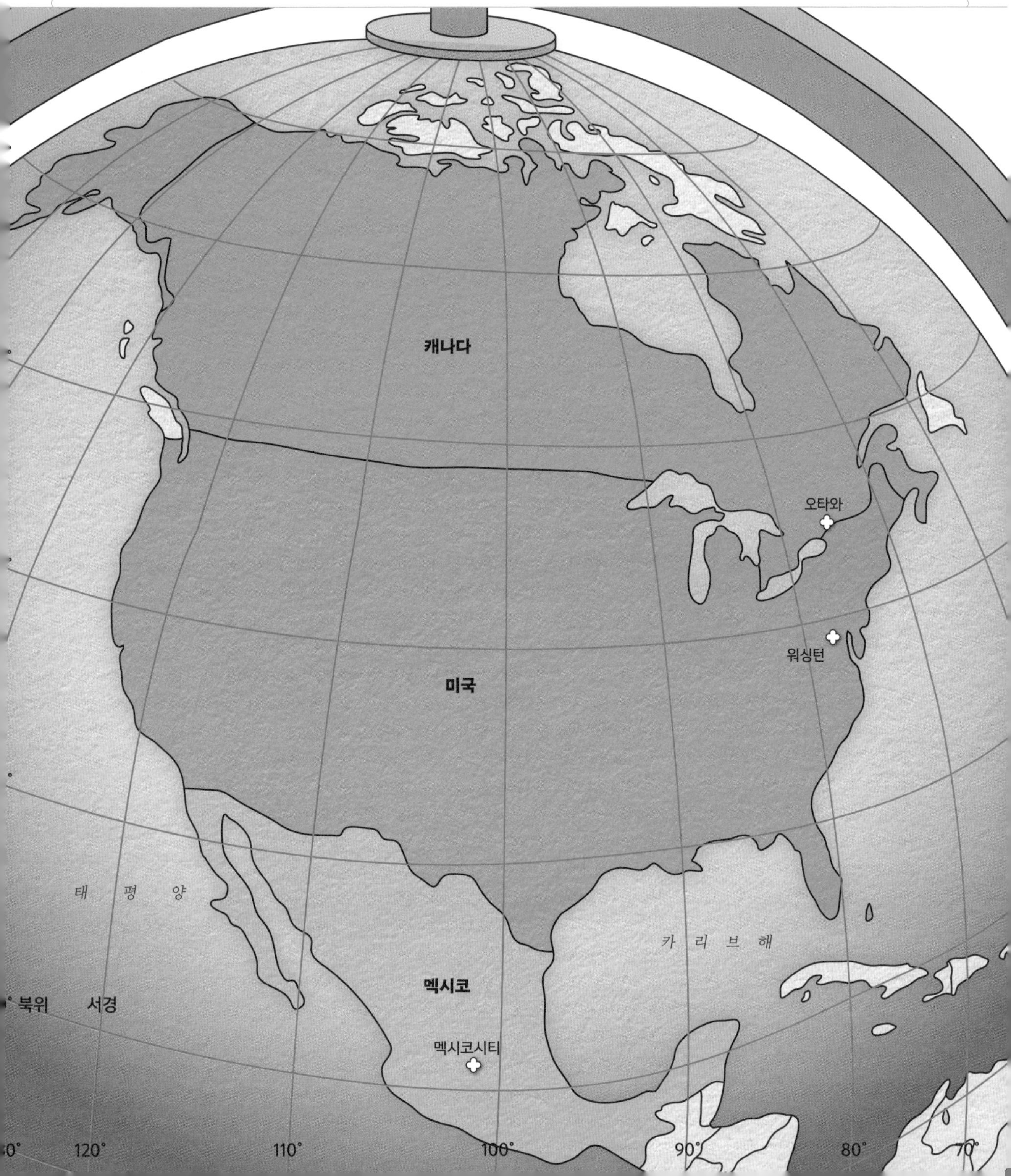

캐나다

캐나다는 면적이 9,984,670km²로 세계에서 두 번째로 넓지만, 인구는 4천만 명이 약간 넘는다. 그만큼 대부분의 국토가 사람이 살기에 적절치 않다는 말이다.
오늘날 캐나다는 백인 중심 나라로 알려져 있지만, 사실 이 땅에는 오래전부터 이로쿼이족 인디언이 거주했다. 캐나다라는 명칭 역시 이로쿼이어로 '마을'을 뜻하는 단어에서 비롯한 것이다.

캐나다 행정구역 지도

캐나다에는 10개 주와 3개 준주가 있다. 주 가운데 가장 넓은 퀘벡주는 캐나다에서 유일하게 프랑스어를 사용하는 지역으로, 여타 캐나다 지역과는 달리 프랑스 문화권으로 남아 있다. 퀘벡주에 접한 뉴브룬스윅주 역시 영어와 프랑스어를 공용어로 사용한다.

캐나다에 유럽인이 처음 도착한 것은 10세기 무렵 노르만이었지만, 이들은 이곳에 뚜렷한 족적을 남기지 않았다.
그 후 1608년경 프랑스인들이 이 땅에 들어와 오늘날 퀘벡과 몬트리올 지역에 식민지를 건설하였다. 그리고 1628년에는 영국인이 처음 캐나다에 식민지를 건설하였다. 이렇게 캐나다 땅에 영국인과 프랑스인이 들어오기 시작했고, 이후 두 나라는 이 지역을 놓고 오랜 전쟁 끝에 영국이 최종 승리를 거두면서 지배권을 획득하였다.

1898년 촬영한 이로쿼이족 출신 여성 와타와소 모습

현재 이로쿼이족은 미국과 캐나다에 걸쳐 10만이 약간 넘게 분포하는 것으로 알려져 있다.

한편 영국은 전쟁이 끝난 후 프랑스 문화권인 퀘벡 지방에 살던 프랑스인들을 품기 위해 지주와 교회의 특권을 승인하면서, 이 지역 주민들이 미국 독립 전쟁에 참여하는 것을 방지하고자 했다. 이때 제정된 법이 퀘벡법(Quebec Act)으로, 이 법은 오늘날까지 영어 문화권인 캐나다에서, 프랑스 문화권인 퀘벡이 벌이는 독립운동의 불씨가 된다.

다른 한편으로는 미국 독립 전쟁 과정에서, 독립을 원치 않는 영국계 시민들이 미국을 떠나 캐나다 지방으로 이주해 와 새로운 사회를 형성하였다. 그리고 1867년, '영국령 북아메리카 조례(The British North America Act)'에 따라 캐나다는 영국 자치령으로 새롭게 출발하였다. 그 후 1926년에는 캐나다의 완전한 자치를 인정받았고, 1982년 4월에는 캐나다 최초 헌법을 선포함으로써 명실상부한 독립국가로 새롭게 출발하였다.

캐나다 국기 변천사

캐나다가 1982년에야 비로소 완전한 독립국가로 출범했다는 사실은 놀랍다. 그에 따라서 캐나다 상징인 국기도 뒤늦게 채택하였다.

오늘날 캐나다를 상징하는 국기는 1965년에 정식 국기로 채택했다. 이때 캐나다는 독립국가이기는 했지만, 1982년 캐나다법(Canada Act)이 통과되기 전까지는, 영국 의회가 캐나다 헌법의 수정 권한을 가지고 있었다. 그런 까닭에 캐나다를 대표하는 국기 역시 독자성이 부족했으며, 1965년에 이르러서 캐나다의 정체성을 드러내기 위해 새로운 국기를 채택한 것이다.

그전에는 영국 상선기(영국에 소속된 선박임을 표시하는 기)에 여러 문양을 넣은 캐나다 깃발을 사용했다. 1921년부터 1957년까지 사용한 이 깃발에는 영국 왕실 기, 스코틀랜드 왕실 기, 아일랜드 국장, 프랑스 국장과 캐나다 상징인 단풍잎이 골고루 들어가 있다.

오늘날 캐나다 국기

메이플 리프 플래그(Maple Leaf Flag)라는 별칭을 가지고 있는데, '단풍잎 국기'라는 뜻이다.

1957년 이전에 사용하던 캐나다 기

영연방을 나타내는 영국기 유니언잭과 함께 영국 왕실 상징, 스코틀랜드 왕실 상징, 아일랜드 상징, 프랑스 상징이 포함되어 있다.

미국

미국의 출발

미국은 영국인들이 처음 건너와 대서양 연안에 식민지를 건설하면서 출발하였다. 이때 건설한 식민지는 13개 주였다.

사실 이 13개 주 역시 모두 영국 식민지는 아니었다. 오늘날 세계 제1의 도시로 일컫는 뉴욕의 초기 명칭이 뉴암스테르담이었던 것에서 알 수 있듯이 네덜란드인들은 오늘날 코네티컷, 뉴욕, 뉴저지, 델라웨어 동부 해안가에 뉴네덜란드라는 식민지를 건설하였다.

영국인들 역시 오늘날 메인, 뉴햄프셔, 버몬트, 매사추세츠, 코네티컷, 로드아일랜드 등에 걸친 지역에 뉴잉글랜드를 건설하였다.

프랑스 역시 이 땅에 식민지를 보유하고 있었고, 스페인 또한 이 지역에 식민지를 건설하였는데, 오늘날의 플로리다와 뉴멕시코가 속해 있었고, 캘리포니아에서도 스페인인들의 활동이 두드러진 상태였다.

그 외에 스웨덴인들이 들어와 델라웨어강 주변에 건설한 뉴스웨덴 지역도 있었는데 오늘날의 델라웨어, 뉴저지, 펜실베이니아 주변으로, 이 지역은 후에 뉴네덜란드에 통합되었다.

한마디로 드넓은 땅을 두고 유럽 여러 나라가 각축을 벌인 셈이다.

그러나 세 차례에 걸친 영국과 네덜란드 전쟁에서 네덜란드가 패하면서 네덜란드 식민지는 영국 소유가 되었고, 뉴암스테르담 역시 뉴욕으로 명칭이 바뀌었다.

프랑스도 프렌치-인디언 전쟁(French and

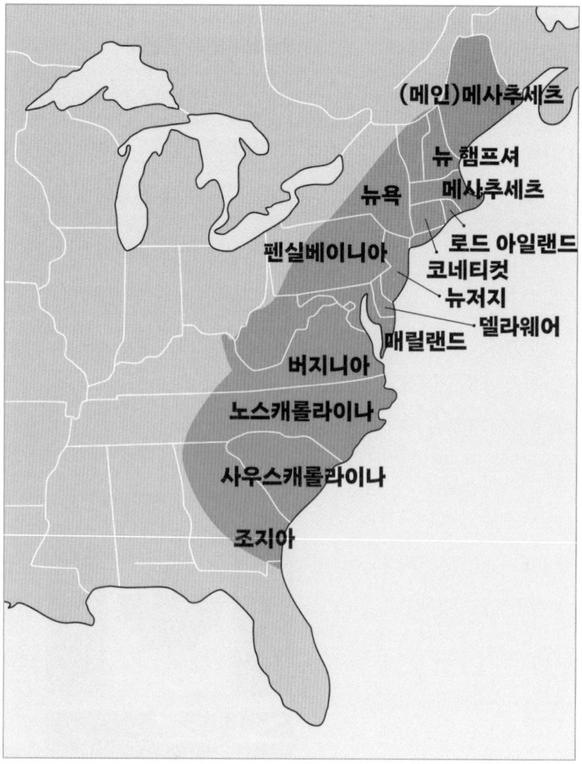

미국의 출발을 알린 13개 주

엄밀히 말하면 13개 영국 식민지이다. 이들 식민지가 후에 독립 전쟁에서 승리하면서 주가 되었다.

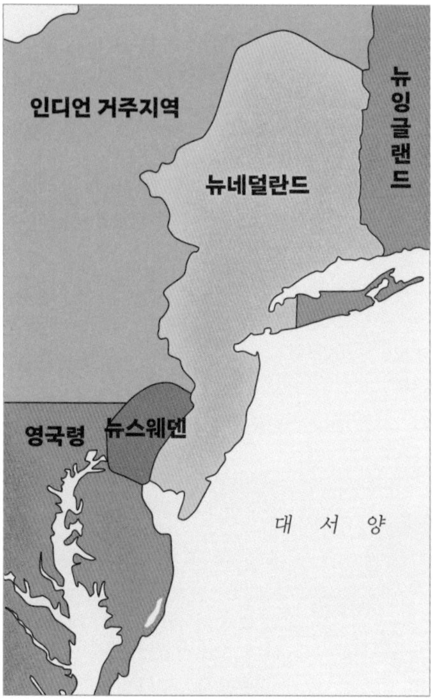

1638년 무렵 미국 동부 해안가 현황

뉴잉글랜드가 가장 북쪽에 있고, 그 아래 뉴네덜란드, 뉴스웨덴이 차례로 자리하고 있다. 특히 오늘날 뉴욕에 해당하는 허드슨강 유역에는 뉴네덜란드가 자리하면서, 인디언에게 맨해튼섬을 구입한 후 뉴암스테르담을 건설하였다. 한마디로 유럽에서 건너와 먼저 차지한 자가 주인인 시대였다.

Indian War, 1754~1763)에서 패하면서 캐나다와 미시시피강 동쪽 지역을 모두 영국에 넘겼다.

그런데 이 전쟁을 치르느라 국력을 소진한 영국은, 그로부터 십여 년 후에 아메리카 대륙의 영국 식민지들이 독립을 선언하자 그들을 진압하지 못했다. 미국은 독립 전쟁에서 승리를 거둔 후 새로운 나라 미국을 건설했다.

뉴암스테르담

1664년 무렵, 오늘날 맨해튼 섬에 건설한 뉴암스테르담은 영국인 손에 넘어가 뉴욕으로 바뀌었다.
북아메리카에 진출한 네덜란드는 1625년 무렵, 뉴암스테르담을 건설했다. 그러나 세계 무역 주도권을 두고 영국과 벌인 세 차례(1652~1654, 1665~1667, 1672~1674) 전쟁에서 패한 후 기세가 한풀 꺾였다.

프렌치-인디언 전쟁 결과 영토 변화

- 전쟁 전 영국령
- 영국 획득지
- 전쟁 전 스페인령
- 스페인 획득지
- 미정지
- 원주민 정착지

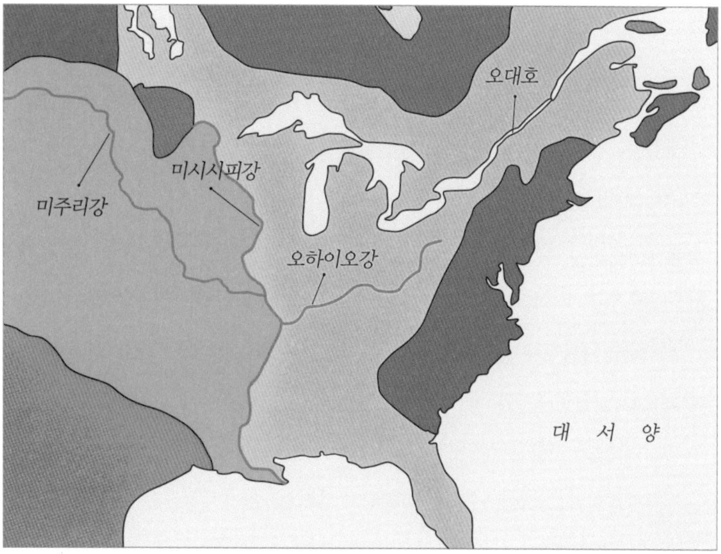

프렌치-인디언 전쟁

북아메리카 대륙을 사이에 두고 프랑스와 영국이 맞붙은 이 전쟁을 프렌치-인디언 전쟁(1754~1763)이라고 부르는 까닭은, 프랑스가 아메리카 원주민인 인디언과 협력하여 싸웠기 때문이다.

1700년대 중반 프렌치-인디언 전쟁 전 미국 현황

프랑스가 차지하고 있던 땅 가운데 일부가 영국으로 넘어갔고, 네덜란드가 영국에 패하면서 뉴네덜란드가 영국 차지가 되었다. 남부 지역은 스페인이, 중부는 프랑스가 차지하고 있다. 북부 캐나다는 그 무렵, 독립국가가 아니었다.

북아메리카에 진출할 초창기에는 그 땅이 워낙 넓어 영국과 프랑스는 공존하면서 영역을 키웠는데, 시간이 흐르면서 점차 이 주인 없는 땅을 놓고 갈등이 일어났다. 그 갈등이 불거진 사건이 프렌치-인디언 전쟁이다.

전쟁 초기에는 프랑스가 압도적으로 유리했다. 그러나 전쟁이 중반으로 치달으면서 영국이 우위를 점하기 시작했고, 1759년 프랑스령 캐나다 수도인 퀘벡 공방전에서 프랑스가 패하면서 전쟁은 영국 승리로 끝이 났다. 1763년, 파리 조약을 통해 프랑스는 캐나다와 미시시피강 동쪽 루이지애나를 영국에게 할양하고, 루이지애나 서쪽은 에스파냐에 할양했다. 한편 에스파냐는 플로리다를 영국에 넘겼다.

전투는 끝이 났고, 프랑스군은 북아메리카 대륙에서 완전히 철수하였다. 이제 북아메리카 대륙은 영국 차지가 되는 듯했다. 그러나 세상일은 그리 쉽게 전개되지 않았다.

프렌치-인디언 전쟁을 치르느라 힘겨웠던 영국은, 전쟁으로 인한 전비 마련을 위해 북아메리카 식민지에 과도한 부담을 안기기 시작했다. 결국 온갖 물품에 붙는 세금이 식민지인들을 괴롭히기 시작했고, 1765년에 시행한 인지세법이 식민지인들의 임계점을 넘겼다. 영국에서 만든 인지가 붙지 않은 출판물과 공문서는 유통할 수 없었고, 이는 특정 상품에 붙는 관세와는 달리 모든 식민지인들에게 부과되었다.

더 이상 참을 수 없던 식민지인들은 유명한 "대표 없는 과세 없다."라는 내용의 청원서를 왕에게 보냈다. 그 결과 인지세법은 폐기되었으나, 영국 의회가 식민지 동의 없이 식민지 관련 법을 제정할 수 있다는 '선언법'이 제정되었으니, 식민지인들로서는 아무런 소득도 얻지 못한 결과였다.

그렇게 본국 영국과 식민지 사이에 경제적 성과를 두고 갈등이 고조되었고, 1773년에는 유명한 '보스턴 차 사건(영국에서 미국 식민지 상인들의 차 무역을 금지하고 동인도회사에 차 무역 독점권을 부여하자, 급진파가 주동이 되어 동인도회사 소속 선박 2척에 실려 있던 차를 바닷속에 빠뜨린 사건)'이 일어나면서 본국과 식민지 사이에 전쟁의 기운이 고조되기 시작했다.

1775년, 드디어 식민지인들은 독립 전쟁을 일으키는데, 이때 활동한 수많은 지휘관과 군인들이 프렌치-인디언 전쟁에서 영국편에 서서 싸운 이들이었고, 그때 경험이 독립 전쟁에서 큰 자산이 되었다.

결국 영국은 식민지를 위해 큰 대가를 치르면서 프렌치-인디언 전쟁을 승리로 이끌었으나, 결과적으로 식민지인들로부터 쫓겨나고 만다.

퀘벡 전투를 묘사한 그림

수성에 힘쓰던 프랑스군을 향해 영국군이 기습을 감행했고, 이 전투에서 패한 프랑스는 이내 몬트리올을 비롯한 캐나다 전역을 영국에 넘겨주게 된다.

보스턴 차 사건을 묘사한 판화 그림

그림에는 인디언 복장으로 위장한 사람이 보이는데, 사실 여부는 확인할 수 없다.

미국 독립

프렌치-인디언 전쟁에서 승리한 영국은 아메리카 대륙 전체를 식민지로 만들기 위한 계획을 추진하기 시작했다. 그런 한편 프렌치-인디언 전쟁에 투입한 막대한 전비를 보충하기 위해 식민지에 세금을 부과하기 시작했다. 그러나 식민지 주민들은 이러한 요구를 받아들일 수 없었다.

결국 1776년 7월 4일 미국(13개 주)은 독립을 선언했고, 이때부터 영국과 전쟁이 시작되었다. 전쟁은 1783년까지 이어졌는데, 영국과 앙숙이었던 프랑스는 미국 편에서 싸웠고, 프랑스 동맹국인 스페인 역시 미국 편을 들었다. 결국 영국은 미국에 패배하였고, 1783년 9월 파리조약 체결을 통해 영국은 미국 독립을 승인하였다.

파리 조약 대표단 초상

미국과 영국은 1783년, 파리 조약 체결로 독립 전쟁에 종지부를 찍었다.
그림은 영국 출신 미국 화가 벤저민 웨스트가 그린 파리 조약 대표단 초상화.
미국측 대표(존 제이, 존 애덤스, 벤저민 프랭클린, 헨리 로렌스, 윌리엄 프랭클린) 옆에 영국 대표단을 그려 넣고자 했으나, 영국 대표단의 거부로 초상화는 미완성으로 남았다.

루이지애나 매입

2,144,520km². 한반도 면적의 10배 가까운 이 땅을 사고팔았다는 사실은 믿기 힘들다. 그런데 사실이다. 물론 그 땅에 거주하던 사람들 의사와는 상관없었다.

프렌치-인디언 전쟁에서 패한 프랑스는 미시시피강 서쪽 루이지애나 땅을 스페인에 넘겨주었고, 나머지 땅은 영국에게 할양했다.

그 후 유럽의 강자로 떠오른 나폴레옹은 스페인과 비밀협정을 통해, 본래 프랑스 땅인 루이지애나를 이양받았다. 이 소식을 들은 미국은, 프랑스가 미국 서부를 지배하게 되면 향후 큰 불안 요소가 될 것이라고 여겼다.

반면 나폴레옹은 서인도제도 아이티에서 프랑스 지배에 반발하는 봉기가 이어지자, 이들을 진압한 후 아이티를 거점으로 아메리카 대륙에서 다시 지배권을 확보하고자 했다. 그러나 아이티 진압을 위한 공략이 실패로 돌아가면서 나폴레옹의 계획은 차질을 빚었다.

그뿐이 아니었다. 나폴레옹은 유럽에서 영국과 대결할 수밖에 없었는데, 미국이 영국과 손을 잡으면 프랑스가 위험에 빠질 것이라고 여겼다. 결국 나폴레옹은 루이지애나 지역을 미국에 넘기면서 영국이 미국과 손을 잡는 사태를 방지하고자 했다.

두 나라는 1803년 5월 2일, 루이지애나를 매매하기로 서명하였다. 미국은 1,125만 달러를 일시불로 지불하며, 그 지역민들에게 지고 있던 프랑스의 빚 375만 달러도 미국이 갚기로 하였다. 이렇게 해서 인류 역사상 최대 규모의 토지 거래가 성사되었다.

1803년, 미국이 프랑스로부터 구입한 루이지애나 지역

오늘날 루이지애나주는 면적이 135,382km²로 미국 중남부에 위치한다. 그러나 프랑스로부터 구입한 루이지애나 지역은 미국 중부를 관통하는 드넓은 땅으로, 오늘날 루이지애나주는 물론 콜로라도, 오클라호마, 아이오와, 미주리 등 모두 15개 주 전부 또는 일부를 포함한다. 이 지역을 프랑스가 오늘날까지 보유하고 있다고 가정하는 것 자체가 불가능할 만큼 인류 역사에 전환점이 된 거래였다.

플로리다 매입

루이지애나를 매입하여 드넓은 토지를 소유하게 된 미국의 다음 목적지는, 스페인이 아메리카 대륙에 보유하고 있던 땅이었다.

그 무렵 스페인이 보유하고 있던 지역 가운데 대표적인 곳은 플로리다와 텍사스였는데, 플로리다에서는 미국과 스페인, 그리고 인디언과 흑인 노예 등이 얽혀 갈등을 겪고 있었다. 게다가 스페인은 유럽에서도 곤경에 처해 있어, 아메리카 대륙에 대한 지원이 어려운 상황이었다.

이에 스페인은 미국과 1819년 〈대륙횡단조약, Transcontinental Treaty of 1819〉 또는 〈미국과 스페인 간 친선 식민지 국경 조약, Treaty of Amity, Set-

tlement, and Limits Between the United States of America and His Catholic Majesty〉, 또는 〈플로리다 구매 조약, Florida Purchase Treaty〉, 또는 〈아담스-오니스 조약, Adams-Onís Treaty〉을 맺었다.
이 조약의 주요 내용은 다음과 같다.

1. 오늘날 루이지애나주 남동부에서 북서쪽 와이오밍주에 이르러 그곳에서 북위 42° 로 태평양에 이르는 선을 따라 두 나라의 북아메리카 영유권을 나눈다.
2.스페인은 텍사스에 대한 주권을 인정받는 대가로 플로리다를 양도하며, 오리건 지역에 대한 권리를 포기한다.

이때 미국이 플로리다에 대한 보상으로 지불한 금액은 500만 달러였다.

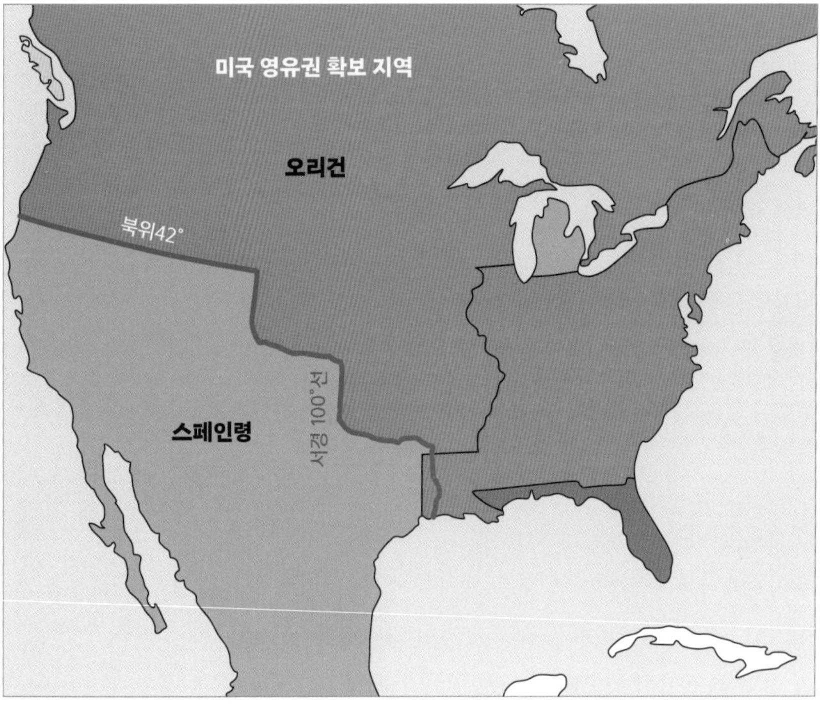

《대륙 횡단 조약》에 따른 국경 변화

- 미국령
- 스페인 양도 지역
- 신 국경
- 스페인 지역
- 미국 영유권 확보 지역

텍사스 합병

스페인은 1819년, 앞서 살펴본 대륙 횡단 조약에 따라 한반도의 세 배가 넘을 뿐 아니라 본국 영토보다 넓은 텍사스에 대한 소유권을 획득했다. 그러나 적은 내부에 있었다. 텍사스에 거주하던 주민들은 자신들이 그 지역 주인이 되고자 했고, 그 무렵 스페인으로부터 독립한 멕시코 역시 텍사스를 지원하고 나섰다. 그리하여 스페인의 텍사스 지배는 물거품이 되었고, 텍사스는 멕시코 지배 아래 들어갔다.
그러나 미국에서 들어온 텍사스인들은 다시 멕시코 지배에 저항했고 1836년, 텍사스 공화국을 선포하면서 독립국가 수립을 위해 힘을 기울였다. 그러나 이러한 노력도 수포로 돌아갔고, 1845년 미국의 28번째 주로 합병되었다.

오리건주

미국 서북부에 위치한 오리건주는 1846년, 영국과 협상을 통해 미국 영토로 편입되었다. 본래 이 지역은 북부 알래스카를 비롯한 추운 지역에서 나오는 모피 교역을 위해 개발하였는데 미국과 영국, 러시아, 스페인 등이 이 지역을 두고 경쟁하였다.
후에 러시아와 스페인은 이 지역에서 물러나고 영국과 미국이 다투다가 북위 49도 선을 경계로 북쪽은 영국, 남쪽은 미국이 지배하는 것으로 협상하였다. 이때부터 오리건은 미국 영토가 되었다. 오리건은 1859년, 33번째 주로 승격하였다.

캘리포니아 합병

캘리포니아는 미국에서 가장 서쪽에 있다. 따라서 동부로부터 시작한 미국 영토 확장의 역사가 마무리되는 지역이다.
캘리포니아는 스페인 영향력 아래 있다가 새로 독립한 멕시코가 지배하기 시작하였다. 그러자 1845년, 텍사스를 합병한 대농장주들은 캘리포니아라는 멕시코 소유 토지에도 눈독을 들였고, 멕시코 정부에 이 땅의 매각을 요구하였다. 그러나 멕시코는 이를 거부했고 급기야 1846년, 미국 의회는 멕시코를 향해 전쟁을 선포했으니, 멕시코 전쟁(Mexican-American War)의 시작이었다.
전쟁은 시간이 지나면서 미국이 승리했고, 1848년 과달루페-이달고 조약이 체결되었다. 이 조약 내용은, 캘리포니아를 비롯한 멕시코 영토를 넘기는 조건으로 미국이 멕시코에 1,500만 달러를 지불하는 것이었다.

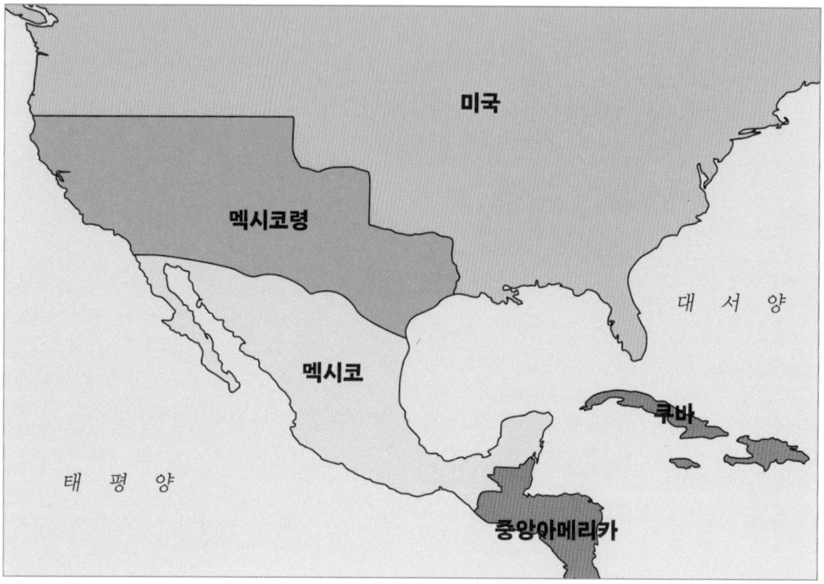

멕시코 전쟁 이전 멕시코 영토

멕시코는 이 시기를 전후해 텍사스를 비롯한 북아메리카 많은 영토를 미국에 넘겼다. 한편 멕시코 전쟁은 미국 내에서도 반대 운동에 부딪혔다. 미국 제16대 대통령 링컨도 이 전쟁에 반대했는데 그 무렵 북부, 즉 노예제도를 반대하는 지역 정치인들 대부분은 이 전쟁을 반대했다. 그 까닭은 수적으로 밀린 남부 지역이 더 많은 땅을 획득한 후 그 지역 지지를 등에 업고 노예제를 유지하려고 한다는 이유에서였다. 《월든》으로 널리 알려진 헨리 데이비드 소로(Henry David Thoreau, 1817~1862)도 적극적으로 반대 운동을 펼쳤고, 전쟁세를 거부했다는 이유로 복역하였다. 그의 유명한 작품 《시민의 불복종》은 이 무렵 복역 중에 쓴 것이다.

멕시코 전쟁의 전기가 된 부에나비스타 전투

부에나비스타 전투에서 멕시코군은 승리를 눈앞에 두었으나 본국의 정치적 변동으로 인해 부득이 후퇴했다. 한편 미국 정치인이자 군인인 재커리 테일러는 패배를 눈앞에 둔 상태에서 운 좋게도 승리를 거두었고, 이 경력을 바탕으로 1849년 대통령에 당선되었다. 그러나 1년 후 사망하여 임기를 마치지 못하였다.

알래스카 매입

러시아 편에서 살펴본 것처럼, 1853년 발발해 1856년 끝난 크림 전쟁은 러시아에 큰 부담이 되었다. 수많은 인명을 상실했을 뿐 아니라 국고도 바닥을 드러냈기 때문이다. 게다가 이 전쟁으로 인해 러시아 봉건체제로는 더 이상 유럽 각국과 경쟁할 수 없음이 드러났다. 따라서 크림 전쟁을 계기로 러시아 내에서 개혁이 필요하다는 인식이 일어났다.

그 무렵 새로이 러시아 차르로 즉위한 알렉산드르 2세는 새로운 러시아만이 살길이라 판단하여 농노 해방령을 공포하고 지방자치제 활성화, 군사제도 개편, 교육제도 개혁 등 다양한 개혁정책을 펼쳤다. 그 과정에서 재정적 어려움에서 벗어나려고 알래스카를 미국에 매각하는 방안을 고려하였다. 물론 이에는 재정적 문제뿐 아니라 이 필요 없는 땅을 영국 같은 경쟁국이 차지할지도 모른다는 불안감도 작용하였다.

그 무렵 영토 확장에 큰 관심을 가지고 있던 미 국무장관 슈어드(William Seward, 1801~1872)는 러시아의 제안에 즉시 화답, 1867년 3월 720만 달러에 구입한다는 협상을 타결하였다.

그러나 이러한 슈어드의 결정에 미국 내 여론은 긍정적이지 않아서 알래스카를 가리켜 '슈어드의 냉장고'니 '북극곰 정원(이 표현은 당시 미국 대통령 앤드류 존슨의 말이다)'이니 하는 비아냥을 들었다. 그렇지만 상원의원 찰스 섬너(Charles Sumner, 1811~1874)의 강력한 지원에 힘입어 이 협상안은 의회를 통과하였고, 이로써 북쪽의 보물인 알래스카는 미국 품에 넘어갔다.

한편 찰스 섬너는 강력한 노예제도 반대론자로, 텍사스 병합과 캘리포니아 확보가 결국 노예제 확대로 이어진다며 멕시코와 전쟁에 반대한 인물이다. 그러한 그가 알래스카 매입에는 앞장섰으니, 역사의 아이러니다.

알래스카는 1959년, 미국의 49번째 주로 편입되었다.

알래스카를 구입할 때 지급한 수표

미국은 러시아 정부로부터 1,717,856km^2에 달하는 알래스카를 720만 달러에 매입했는데, 1km^2당 가격으로는 환산하기도 어려울 만큼 헐값이었다.

50번째 주, 하와이

미국 50번째 주인 하와이는 오래전부터 폴리네시아인들이 들어와 거주하고 있었다. 그러나 1778년, 영국인 제임스 쿡(James Cook, 1728~1779)이 이 땅에 들어오면서 원주민의 하와이는 종말을 맞는다.

이때부터 하와이는 포경과 통상 중개지로 부각되면서, 미국인을 중심으로 많은 서양인이 들어왔다. 그 무렵 카메하메하 1세가 하와이의 여러 원주민 부족을 장악하면서 하와이 왕국을 선포하고 첫 번째 왕으로 즉위하였다.

그 후 미국 출신 선교사들이 대거 몰려왔고, 하와이 원주민들 대부분은 기독교로 개종하였다. 1840년 하와이 왕국은 처음으로 헌법을 채택하였고 서양식 법률 체제를 갖추었는데, 이런 제도에 낯선 하와이 원주민들은 이때부터 종교는 기독교 선교사들에게, 토지와 권력은 백인들에게 자신도 모르는 사이에 넘기기 시작했다.

그렇게 하와이 주권이 넘어가기 시작하자, 1891년 즉위한 릴리우오칼라니 여왕은 하와이 이익 보호를 위한 헌법 개정을 추진하였고, 이에 반발한 미국인 사업가들은 쿠데타로 군주제를 전복시키고 1893년 하와이 공화국을 건설하였다.

그 후 하와이 거주 미국인들은 1898년, 공화국과 미국의 합병을 추진했고, 1900년에는 미국 영토가 되었다. 최종적으로는 1959년 8월, 미국의 50번째 주가 되었다.

1899년에 발표한 삽화

미국을 상징하는 엉클샘이 그 무렵, 인종주의자들이 전형적으로 묘사하던 '흑인 아이'에 새로 획득한 필리핀, 푸에르토리코, 하와이, 쿠바, 그리고 괌을 포함한 마리아나제도를 빗댄 채 절묘하게 유지하고 있다.〈'필라델피아 인콰이어러'지〉

릴리우오칼라니 여왕

1893년 릴리우오칼라니 여왕은 보스턴호를 타고 건너온 미군에 의해 가택연금당한 후 강제로 퇴위당했다. 그 후 미국 정부의 지원과 선교사 후원을 받은 자들은 하와이 공화국을 세웠고, 1898년 미국과 합병을 하였다.

그 밖의 미국 영토

미국은 50개 주 외에도 지구상 여러 곳에 영토를 보유하고 있다. 대표적인 곳이 앞서 살펴본 푸에르토리코이다.

그 외에 서태평양 미크로네시아 지역에 위치한 섬인 괌도 미국령이다. 이 섬은 마젤란이 처음 발견한 후 스페인 영토가 되었다가 후에 미국 자치령이 되었다. 면적은 544km²에 약 17만여 명이 거주하고 있는데, 이곳에는 전략상 중요한 미국 공군·해군기지가 있다.

미크로네시아에는 미국령이 한 곳 더 있는데, 북마리아나제도다. 북마리아나제도에는 사이판섬이 속해 있는데, 태평양 전쟁 때 일본군 전원이 옥쇄*한 사이판 전투로 유명한 곳이다. 제1차 세계대전 이후 일본 영토였다가 태평양 전쟁에서 패한 후 미국 영토가 되었다. 면적은 약 115km²에 인구는 7만 명을 밑돈다.

폴리네시아에 위치한 사모아 남쪽에도 미국령 섬이 있는데, 바로 아메리카사모아다. 사모아는 독립국가인 반면 아메리카사모아는 미국령인데, 문화나 언어, 주민은 사모아와 크게 다르지 않다. 아메리카사모아 면적은 199km², 인구는 약 7만여 명이다.

한편 앞서 살펴본 것처럼 카리브해에도 미국령 버진아일랜드가 있다.

미국의 선거 제도

미국이라는 나라가 오늘날과 같은 세계 최강대국으로 자리 잡기까지는 앞서 살펴본 것처럼 여러 사건을 겪었다. 다른 나라 사람들로서는 이해하기 힘든 미국 선거 제도는 이러한 역사적 배경 아래 형성되었다. 그렇다면 세계 여러 나라에 커다란 영향을 미치는 미국 선거 제도는 어떻게 운영되고 있을까?

상원의원과 하원의원

우선 미국 의회는 상원(Senate)과 하원(representative), 두 종류로 구성되어 있다.

2023년 현재 미국 상원의원 수는 100명, 하원의원 수는 435명**이다. 그래서 많은 사람들이 상원의원이 하원의원보다 지위가 더 높다고 여기기 쉬운데, 미국 상원의원과 하원의원은 상당히 다르다.

* 모두가 끝까지 싸우다가 전사함.

** 미국 하원의원 숫자는 인구 변동에 따라 변경된다.

우선 상원의원은 인구가 아니라 지역을 대표한다. 그래서 50개 주에서 각 주마다 2명의 상원 의원을 선출한다.

반면에 하원의원은 인구를 대표한다. 그래서 미국에서 인구가 가장 많은 주인 캘리포니아주 하원의원 숫자는 53명인 반면, 알래스카주·노스다코타주·사우스다코타주·몬테나주·버몬트주·와이오밍주·델라웨어주의 하원의원 숫자는 단 한 명으로, 상원의원 수보다 적다.

임기 또한 다른데 상원의원 임기는 6년으로, 2년마다 1/3씩 선거한다. 반면 하원의원 임기는 2년으로, 2년마다 전원을 선거한다.

상원과 하원의 역할 역시 다르다. 상원이 연방정부에 대한 각종 동의권을 보유하고 있는 데 비해, 하원은 그런 권한이 없다. 따라서 조약 비준, 군대 파병 같은 일은 상원의 동의를 얻어야만 가능하다.

미국 대통령 선거

4년마다 세계적으로 초미의 관심사가 되는 미국 대통령 선거는 다른 나라에서는 이해하기 힘든 방식으로 치른다.

기본적으로 미국 대통령 선거는 간접선거 방식이다. 선거인단을 선출한 후, 이들이 모여 대통령을 선출하는 방식이기 때문이다. 그러나 선거인단은 선출될 때 이미 누구를 대통령으로 뽑을 것인지 결정하기 때문에 직접선거와 동일한 결과를 가져온다.

문제는 선거인단을 선출하는 방식에 있다. 대통령 선거인단 숫자는 상원의원 숫자 + 하원의원 숫자 + 수도 워싱턴 대표 3인으로 결정되는데, 2020년 대통령 선거 선거인단은 538명이다.

그리고 이 선거인단은 당연히 인구가 많은 주일수록 많은데, 상세한 내용은 그림과 같다.

그런데 특별한 주(메인주와 네브래스카주)를 제외하면 각 주마다 선거인단을, 그 주의 주민투표 승자에게 독점시킨다. 이러한 점이 다른 나라와 다르고, 이 때문에 미국 선거가 불합리하다는 평가를 받기도 한다.

예를 들어 선거인단이 가장 많은 캘리포니아주의 경우, 주민투표에서 단 한 표라도 많이 얻은 대통령 후보가 캘리포니아주 선거인단 55명을 모두 차지하는 것이다.

이러한 방식을 채택한 결과, 전체 미국인을 상대로 한 주민투표에서는 진 후보가 선거인단 확보에서 승리해 대통령에 선출된 경우가 여러 번 있었다. 가까이는 2016년 선거에서 전체 득표에서는 승리한 힐러리 클린턴 후보가 선거인단 확보에서 패하면서, 도널드 트럼프 후보가 대통령에 당선되었다. 또 2000년 선거에서도 엘 고어 후보가 같은 방식으로 패했고, 이런 경우는 미국 역사상 총 5회에 달했다.

2024년 미국 50개주와 주별 대통령 선거인단 숫자

이 가운데 동부 메인주와 중부 네브래스카주는 승자 독식제가 아니다. 선거인단 수 5명인 네브래스카주는 총득표율 1위 후보에게 2명, 그리고 3개 하원의원 지역구에서 각기 1등한 후보에게 1명씩 배정한다. 선거인단 수 4명인 메인주 역시 마찬가지로 1위 후보에게 2명, 2개 지역구에서 각기 1등한 후보에게 1명씩 배정한다. 그 결과 2020년 대선에서 네브래스카주에서는 트럼프 후보가 4명, 바이든 후보가 1명을 확보하였다. 메인주에서는 반대로 바이든 후보가 3명, 트럼프 후보가 1명을 확보하였다.

멕시코

1,972,550km² 면적에 1억 3천만 명 가까운 인구를 보유한 멕시코는 1인당 GDP도 1만 달러를 넘어 세계적인 강대국이 될 충분한 잠재력이 있다. 석유를 포함한 자원도 매우 풍부하다. 게다가 마야 문명과 아스테카 문명 등 인류 문명의 보물창고이기도 하다. 그런데도 멕시코라는 나라를 떠올리면, 강대국이나 문명국가라는 이미지보다는 범죄와 빈민가 같은 부정적인 인식이 강하다. 왜 그럴까?

멕시코에는 오래전부터 원주민들에 의해 뛰어난 문명이 꽃피고 있었다. 6세기경 건립된 테오티우아칸 피라미드는 이 지역 원주민들이 형성한 문명이 어느 정도인지를 잘 보여 준다.

테오티우아칸 피라미드

태양의 피라미드는 바닥 한 변이 230m, 높이가 66m에 달하는 거대한 규모인데, 이를 세운 문명은 흔적도 남기지 않은 채 7세기 무렵 갑자기 자취를 감추었다.

또 멕시코 중남부에서는 고대 마야 문명과 아스테카 문명, 그리고 신마야 문명이 차례로 융성했다.

스페인이 침략할 무렵 멕시코에는 아스테카 문명을 이룬 아스테카 제국이 있었는데, 이들은 스페인 침략과 더불어 자취를 감추었다. 신마야 문명도 스페인 침략 아래 사라졌으나, 그 후예들은 오늘날까지 멕시코 사회 일부를 구성하고 있다.

스페인 침략 이후 지배를 받던 멕시코는 19세기 초, 스페인이 점차 쇠락하기 시작하자 독립을 추진하였다. 그리고 1821년, 스페인 본국과 코르도바 조약을 체결하면서 멕시코는 독립하였다. 1824년에는 헌법을 제정하면서 멕시코 공화국이 성립되었다.

그러나 점증하는 미국의 영향력은 이내 멕시코에 큰 충격을 안겨 주었는데, 1846년 미국 침공으로 멕시코 전쟁(1846~1848)이 발발한 것이다. 그 전쟁으로 멕시코는 북부 지역을 미국에 빼앗겼는데, 상세한 내용은 앞서 설명한 바 있다.

그 후 멕시코에는 독재 체제가 유지되었고, 모든 정책은 지주와 사업가에 유리하게 시행되었다. 이에 에밀리오 사파타(Emiliano Zapata, 1880~1919)와 판초 비야

(Pancho Villa, 1878~1923)가 이끄는 멕시코 혁명(1910~1920)이 일어났다. 두 사람은 멕시코 빈농 출신으로 토지 개혁을 통해 멕시코 민중의 삶을 개선하려고 했으나, 결국 실패하였고 모두 살해당했다.

그렇게 혁명은 큰 성과 없이 끝났으나, 멕시코 사회는 이때부터 근대국가를 향해 나아간다. 제한적이지만 농지개혁도 이루어졌고 새로운 헌법도 공포되었으며, 석유산업 국유화를 위한 초석도 놓게 되었다.

〈스페인 정복자들의 멕시코 침공〉, 멕시코 혁명 이후 나타난 벽화주의 작품

멕시코 혁명을 거치며 멕시코에서는, 사회 저변의 민중에 다가가는 미술 운동이 벌어졌다. 이는 멕시코에 만연해 있던 서양 침략자들 영향에서 벗어나, 멕시코 고유 문화와 삶, 사람의 가치를 새롭게 정립하자는 예술 운동이었다. 그 운동의 성과물이 벽화주의(Muralism) 작품들인데, 이 작품들은 토착 문화를 중시하였다. 벽화주의는 멕시코를 넘어 라틴아메리카, 나아가 전 세계에 영향을 끼치는 주요한 예술 사조로 자리 잡았다. 그림은 벽화주의 대표 작가 디에고 리베라(Diego Rivera, 1886~1957)가 완성한 작품 〈스페인 정복자들의 멕시코 침공〉이다.

그런데도 멕시코 국민의 삶은 좀처럼 나아지지 않았다. 풍부한 부존자원, 미국이라고 하는 거대 시장, 값싼 노동력 등 많은 장점에도 멕시코 사회가 어려움을 겪는 이유는 하나로 정의하기 어렵다.

우선 식민지 시절 거대자본에 집중화한 토지 문제 해결이 오늘날까지 지지부진하다는 사실을 들 수 있다. 멕시코가 독립한 지 오랜 시간이 지났지만 아직도 토지 개혁은 요원하다. 그 결과 멕시코 농민들과 천만 명에 가까운 원주민의 삶은 개선될 여지가 보이지 않는다.

거기에 미국 경제 의존도가 너무 높다. 오늘날 멕시코 수출의 70% 이상, 수입의 60% 이상이 미국과의 교역이다. 이러한 기형적인 무역 구조는 멕시코의 대미 의존도를 심화시킬 뿐 아니라 미국식 시장주의 내에서 경제 문제를 해결해야 하는 한계까지 있다. 이는 대지주, 대기업 중심 경제 체제를 유지하게 만들고, 결국 극단적인 소득불평등을 야기하였다.

멕시코 행정구역 및 주요 관광지

치아파스

멕시코 최남단에 있는 치아파스주는 멕시코에서 경제적으로 가장 낙후된 산악지역으로, 절반 이상이 사파티스타 민족해방군 영향 아래 놓여 있다.

멕시코 국민의 40% 정도가 빈곤층에 속하는 오늘날, 경제 문제가 사회 불안으로 귀결되는 것은 당연하다. 이러한 사회 불안 요인은 멕시코 치안마저 위태롭게 만든다.

사파티스타 부사령관 마르코스

멕시코에서는 1994년, 사파티스타 민족해방군(Zapatista Army of National Liberation, EZLN)이라는 무장혁명단체가 출범하였다. 이 단체를 이끄는 자는 부사령관 마르코스인데, 본명은 라파엘 세바스티안 기옌 비센테(Rafael Sebastián Guillén Vicente)이다. 초창기 무장투쟁에 나서기도 했던 EZLN은 말로는 무장단체이면서도, 무장투쟁보다는 인터넷과 홍보를 통한 선전전에 돌입하였다. 오늘날 세계적으로 마르코스는 매력적인 혁명가로 자신을 부각시키는 데 일정 부분 성공한 것으로 보인다. 그는 멕시코 전역에서 근대 멕시코 혁명가인 에밀리오 사파타와 전설적 혁명가 체 게바라와 함께 삼총사로 추앙받고 있다.

사파티스타 민족해방군이 세운 표지판

"당신은 사파티스타 반군 영토에 있습니다. 이곳에서 민중은 명령하고, 정부는 복종합니다."

"북부 지역. 좋은 정부 위원회. 무기 거래, 마약 재배, 마약 사용, 알콜성 음료, 목재 불법 판매는 엄금. 누구도 자연을 파괴해서는 안 됩니다."

사파티스타 민족해방군은 원주민 처우 개선, 토지제도 개혁, 북미자유무역협정 반대, 무정부주의, 여성 혁명 등을 주장한다.

남아메리카

남아메리카는 파나마 남쪽에 있는 콜롬비아부터 대륙 남쪽 끝에 위치한 칠레에 이르는 지역을 가리킨다.
남아메리카에도 오래전부터 원주민들이 살고 있었지만, 세계사에 등장한 것은 스페인과 포르투갈 진출 이후다. 그 결과 이 지역 국가 대다수는 스페인어를 사용하고, 남아메리카 대륙에서 가장 큰 나라인 브라질만 포르투갈어를 사용하고 있다.
종교적으로는 스페인과 포르투갈의 영향을 받아 가톨릭 국가가 대부분인데, 이 지역에서 오래전부터 전해 오는 토착신앙과 결부된 형태로 전한다.
한편 현대사로 접어들면서 남아메리카 여러 나라는 공통의 어려움을 겪어왔는데, 첫 번째가 극심한 빈부격차이다. 그로 인해 광범위한 빈민층이 존재하는 데에는 역사적인 배경이 있다.
식민지 시절부터 대규모 플랜테이션 농업으로 인해 소수 대지주와 다수 농민, 노예 계층이 존재했으며, 노예 해방이 이루어진 후에도 대지주와 그들을 옹호하는 기득권 세력, 이들을 지원하는 다국적 기업 영향으로 사회 양극화가 해소되지 못한 까닭이다.
이러한 역사적 연원은 오늘날에도 이 지역에 깊게 뿌리내리고 있다. 막대한 지하자원과 관광자원을 바탕으로 국가적으로는 상당한 경제 성과를 거둔 나라조차, 사회 저변에는 빈민층이 압도적으로 많아 정치나 치안이 불안하다.
지금부터 남아메리카 여행을 떠나자. 남아메리카 여행은 나라나 지역이 아니라 두 인물로부터 시작한다.
남아메리카를 살펴보며 시몬 볼리바르(Simón Bolívar, 1783~1830), 그리고 산 마르틴(José de San Martín, 1778~1850)이라는 인물을 앞세우는 데는 그만한 까닭이 있다.
남아메리카 여러 나라는 스페인 세력이 진출한 이래 비슷한 과정을 거치며 독립국가로 거듭났다. 그중 여러 나라가 두 인물과 깊은 연관이 있다.

남아메리카 모습

남아메리카는 넓이에 비해 나라 수는 그리 많지 않다. 북아메리카와 함께 국가 밀도가 가장 낮은 지역이다. 남아메리카 국가들 다수는 스페인어를 공용어로 사용하고 가장 넓은 브라질은 포르투갈어를 사용하는데, 이는 앞서 살펴본 토르데시야스 조약의 결과가 미친 영향이다. 또 북부 가이아나는 영어, 남아메리카 대륙 유일의 식민지인 프랑스령 기아나는 프랑스어, 네덜란드로부터 독립한 수리남은 네덜란드어를 공용어로 사용한다.

시몬 볼리바르

시몬 볼리바르는 오늘날 베네수엘라 수도인 카라카스의 부유한 집안에서 태어났다. 그러나 그는 크리올(아메리카 대륙에서 태어난 백인) 출신이었고, 스페인 본국에서는 크리올 출신들을 차별대우하였다. 그가 스페인에 유학을 다녀올 무렵 스페인 본국은 이미 사양길로 접어들고 있었고, 따라서 아메리카 대륙에 있는 많은 스페인 식민지들이 독립을 꿈꾸고 있었다.

그러나 볼리바르는 단순한 독립을 상상하지 않았다. 그는 더 크고 놀라운 세계를 머릿속에 그렸다.

볼리바르는 남아메리카가 더 나은 세상으로 나아가기 위해서는 한 나라 한 나라가 독립을 하는 것이 아니라, 미합중국처럼 많은 나라가 모여 연방제 국가를 형성해야 한다고 믿었다. 그는 머릿속에서 '그란콜롬비아(Gran Colombia, 대콜롬비아)'를 구상했다.

볼리바르가 처음 독립운동을 전개한 나라는 조국인 베네수엘라였다. 독립운동에 나선 지 2년 만에 베네수엘라 공화국을 선포하였으나 보수파의 반격으로 실패하였고, 다시 수도 카라카스에 입성했으나 스페인군에 밀려나야 했다.

그 후 자신이 이끄는 군대를 이끌고 콜롬비아로 간 볼리바르는 1819년, 드디어 스페인군을 물리치고 콜롬비아를 해방하기에 이른다. 이때 볼리바르는 자신의 뜻대로 '그란콜롬비아'를 선포하였다. 그 뒤 1821년에는 베네수엘라를 해방시켰으며, 이듬해에는 에콰도르 해방에도 성공하였다.

한편 페루와 볼리비아는 그 무렵 스페인에 막대한 부를 안겨주는 주요한 식민지였다. 그런 까닭에 이 지역에는 강력한 스페인 군대가 주둔해 있었고, 쉽게 해방시킬 수 없었다. 이때 등장하는 인물이 산 마르틴이다.

시몬 볼리바르 초상

볼리바르는 자신의 꿈을 이루지 못한 채 47세에 결핵으로 만신창이가 된 몸과 헤진 셔츠 한 장만 남긴 채 생을 마감했지만, 그의 이름은 영원히 남았다.
볼리비아는 그의 이름을 기려 나라 이름을 정했고, 베네수엘라, 콜롬비아의 국제공항 명칭은 모두 '시몬 볼리바르 공항(Simon Bolivar Internationag Airport)'이다.

산 마르틴

아르헨티나 주둔 스페인 군인 아들로 태어난 산 마르틴 역시 스페인 군인이 되었다. 그 후 남아메리카 독립을 위해 혁명군에 투신하였다. 산 마르틴은 즉시 능력을 발휘하여 오늘날 아르헨티나 부에노스아이레스 지역인 라플라타 연합주의 독립을 성사시켰다.

그러나 아르헨티나 지역의 완전한 독립을 위해서는 페루 등 주변 지역에 주둔하고 있는 스페인군을 물리쳐야 했다. 이에 산 마르틴이 이끄는 혁명군은 우선 칠레의 스페인군을 공략하였고, 1818년 마이푸 전투에서 승리하면서 칠레 독립을 선언하였다.

1818년 2월 18일, 칠레 독립을 선언하는 산 마르틴

1821년 페루 공략에 나선 산 마르틴은 수도 리마 점령 후 페루 독립을 선언하였다. 그 후 산 마르틴과 볼리바르는 라틴아메리카 전체의 정체성을 어떻게 할 것인지를 놓고 '과야킬' 회담을 열었는데, 연방제와 대통령제를 주장한 볼리바르와, 입헌군주제를 주장한 산 마르틴 사이에 이견이 발생하였다. 결국 산 마르틴은 볼리바르에게 모든 결정권을 물려주고 물러났다.

볼리바르는 1824년 아야쿠초 전투에서 승리하면서 페루의 완전한 독립을 실현하였고, 나아가 알토 페루(오늘날 볼리비아)마저 해방시켰다.

그러나 볼리비아 주민들은 볼리비아와 페루를 합쳐 한 나라가 되는 것을 반대해 따로 독립하였다. 볼리비아가 볼리바르 이름을 따 국명을 정한 데에는 이러한 배경이 있다.

그렇게 콜롬비아, 베네수엘라, 에콰도르, 파나마(그 무렵 파나마는 콜롬비아의 한 주였다) 외에도 코스타리카, 페루, 브라질, 가이아나 일부를 포함하는 '그란콜롬비아'를 수립하기에 이르렀다.

그러나 볼리바르의 꿈과 희망이 담긴 그란콜롬비아는 1830년 볼리바르의 사망과 함께 막을 내린다. 그란콜롬비아가 사라진 데에는 각국 내에서 연방주의를 지지하는 세력과 분리 독립을 주장하는 세력 사이 갈등, 그리고 중남미에서 강력한 국가가 탄생하는 것을 원치 않았던 미국의 이해관계가 맞물린 데에 가장 큰 이유가 있었다. 불세출의 영웅 시몬 볼리바르가 사망하면서 다양한 세력을 결집할 수 있는 지도자가 사라진 이유도 컸다.

그럼에도 중남미 전체의 강력한 힘을 모아 대외의 도전 세력에 대응하려는 시몬 볼리바르의 꿈은 오늘날에도 사라지지 않고 있으니, 중남미가 위기에 처할 때마다 볼리바르의 정신을 이으려는 세력이 등장하는 까닭이다.

그란콜롬비아 성립 및 해체 과정

그림에서 보듯이 오늘날 콜롬비아, 베네수엘라, 에콰도르 국기는 그란콜롬비아 국기를 바탕으로 만든 것이다.

한편 볼리바리즘(Bolivarianism)이라는 개념도 이 무렵 등장했는데, 이는 시몬 볼리바르의 이름과 그가 추구한 정치철학으로부터 태동한 것이다. 볼리바리즘은 제국주의, 불평등, 부패에 대항해 범스페인주의, 사회주의, 민족주의적 이상 등이 혼합된 개념을 나타낸다.

그란콜롬비아 국기를 바탕으로 만든 국기들

(왼쪽부터) 콜롬비아, 베네수엘라, 에콰도르, 그란콜롬비아

	국기	수도	면적 (단위: km²)	인구 (단위: 명)	인종 구성 (단위: %)	언어	종교 (단위: %)	1인당 GDP (단위: 달러)	비고
콜롬비아		보고타	1,141,748	5,200만	백인계 및 메스티소 88 아프리카계 7 원주민 4	스페인어	가톨릭 74 개신교 14	7,000	그란콜롬비아 해체 후 국명은 누에바그라나다였다. 1886년, 콜롬비아 공화국으로 개칭했다.
베네수엘라		카라카스	916,445	3,100만	메스티소 52 유럽계 44 아프리카계 4	스페인어	가톨릭 80 개신교 11	경제위기로 추정 곤란	우고 차베스(1954~2013)의 집권 기간(1999~2013) 동안 지속적 경제성장과 중남미 각국에 대한 영향력을 강화했으나, 그의 사후 정치경제적 혼란에 빠졌다.
에콰도르		키토	283,561	1,800만	메스티소 79 아프리카계 7 원주민 7	스페인어	가톨릭 70 개신교 17	6,700	에콰도르는 스페인어로 '적도'를 뜻하는 바, 적도에 위치한 국가로 유명하다.
볼리비아		수크레 라파즈 (행정수도)	1,098,581	1,200만	메스티소 68 원주민 20 유럽계 5	스페인어 케추아어 (토속어)	가톨릭 70 개신교 17	4,000	독립 이래 국내 자본가와 미국, 영국 등의 외국 자본이 국가경제를 독점하였으며, 정치적 혼란을 겪어오다 최근 들어 안정기에 접어들었다.
페루		리마	1,285,216	3,500만	메스티소 60 원주민 26 유럽계 6 아프리카계 4	스페인어 케추아어 (토속어)	가톨릭 76 개신교 18	7,700	잉카 문명의 발상지로, 마추픽추, 나스카 지상화 등 고대 문명으로 유명하다.

갈라파고스제도

에콰도르 서쪽 태평양에 있는 갈라파고스제도(Galapagos Islands)는 에콰도르 영토다. 이 섬들이 어느 나라 영토인지 모르는 이들은 많지만, 이 땅의 존재를 모르는 이는 거의 없다. 특히 과학, 자연, 환경에 관심을 가진 분이라면 이 섬들을 잘 안다.

20개가 넘는 섬과 더 많은 암초로 이루어진 갈라파고스제도는 총면적이 7,880km²에 이른다(섬 숫자와 면적은 자료에 따라 다르다). 갈라파고스제도가 인류 역사에 주요한 지역으로 떠오른 것은, 진화론의 선구자 찰스 다윈(Charles Robert Darwin, 1809~1882)이 1831년부터 5년에 걸쳐 비글호를 타고 항해하면서 이곳에서 수집한 진화론과 관련한 증거들 때문이다.

다윈은 1859년, 자신이 평생에 걸쳐 수집하고 연구한 진화론 관련 내용을 《종의 기원On the Origin of Species by Means of Natural Selection or the Preservation of Favoured Race in the Struggle for Life》이라는 책으로 출판하였고, 이 책은 출간과 동시에 인류에게 진화론에 관한 완전히 새로운 시각을 제시하였다.

에콰도르 해안에서 약 1,000km 떨어진 곳에 위치한 갈라파고스제도는 지리적 특성으로 인해 고유종이 매우 많이 서식하고 있어, 진화론 연구에 안성맞춤이었다.

갈라파고스는 스페인어로 '거북'을 뜻하는데, 1535년 이곳을 발견한 스페인인 토마스 베를랑가가 상륙할 무렵 거북이 워낙 많아서 붙은 이름이다. 공식 명칭은 콜론제도(Archipiélago de Colón)다.

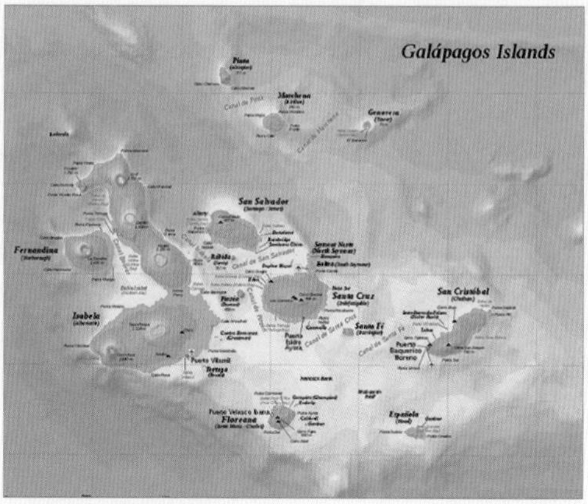

갈라파고스제도 지도

갈라파고스제도에서 가장 큰 섬은 이사벨섬으로 면적이 4,640km²에 이른다. 우리나라에서 가장 큰 섬인 제주도 면적이 약 1,850km²이니 상당히 큰 섬이다. 한편 갈라파고스제도에서 인구가 가장 많은 섬은 두 번째로 큰 산타 크루즈 섬으로, 이 섬에는 찰스 다윈 연구소 등이 있으며, 갈라파고스제도의 중심이라 할 수 있다.

갈라파고스거북 모습

거북 종류 가운데 가장 큰 것으로, 200년 가까이 사는 것으로 확인하였다. 남획으로 멸종 위기에 처했다가 최근 보호를 받으며 개체 수를 회복하고 있다. 사진을 보면 관광객과 비교해서 거북이 얼마나 큰지 알 수 있다.

가이아나, 수리남, 그리고 기아나

남아메리카 대륙 북부에서, 카리브해와 대서양을 접하고 있는 나라들은 베네수엘라와 가이아나, 수리남 그리고 프랑스령 기아나다. 베네수엘라를 제외한 세 나라는 본래 뿌리가 같은데, 서양 침략을 받으면서 오늘날과 같은 분단의 아픔을 겪고 있다.

기아나 지방은 본래 남아메리카 북동부에서 대서양에 연한 지역이었다. 처음 스페인인들이 들어오면서 유럽인들에게 알려졌는데, 그 후 스페인, 영국, 네덜란드, 프랑스, 포르투갈 다섯 나라가 각기 영유권을 주장하면서 점령하였다. 세계적으로도 한 지역을 다섯 나라가 분할 점령한 예는 보기 드문데, 이 지역의 고통은 그때부터 시작해 오늘날까지 이어지고 있다.

오늘날 베네수엘라에 속하는 스페인령 기아나는 오랜 식민 지배 끝에 볼리바르가 주도한 독립 전쟁을 거쳐 베네수엘라 땅으로 독립하였다.

네덜란드 침략을 받은 가이아나 지방은, 후에 네덜란드가 설립한 서인도회사 통치를 받았다. 그리고 이 지역에 많은 아프리카 노예가 수입되면서 흑인 사회가 형성되었다. 그 후 다시 영국 손에 넘어갔는데, 이때 노예제가 폐지되었다. 그 대신 설탕 플랜테이션 농장에서 일할 노동자로 인도인들을 수입하면서 인도인 사회가 형성되기에 이른다. 1966년, 영국령 기아나는 '가이아나'라는 국명으로 독립하였다.

가이아나 동쪽에 위치한 수리남은 1581년에 처음 진출한 네덜란드인들이 아프리카 노예와 동인도회사를 통해 동남아인을 수입해 노동자로 부리며 다스렸다. 그 후 영국 지배, 네덜란드 지배, 다시 영국 지배를 거쳐 최종적으로 네덜란드 식민지가 되었다.

분할된 기아나 모습

서양 침략 세력 모두가 한 부분씩 차지한 모습이다.

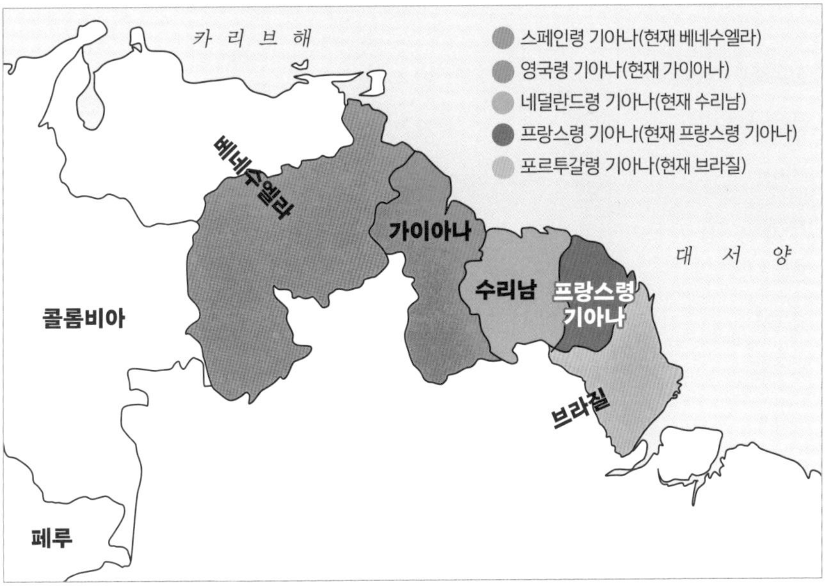

1954년, 네덜란드 자치령으로 승격하면서 네덜란드령 기아나를 거쳐, 1975년 네덜란드로부터 독립하면서 수리남 공화국이 되었다.

수리남 동쪽에 위치한 프랑스령 기아나는 이 지역에서 유일하게 유럽 식민지로 남아 있다. 1667년 프랑스 영토가 된 이래 오늘날까지 그 상태를 유지하고 있다.

인도계		27.4%
아프리카계		21.7%
크리올		15.7%
자바인		14%
혼혈		13.4%
중국계		7.3%
원주민		3.8%
유럽계		1%
기타		2.3%

카이어투어 폭포

한반도 크기의 가이아나에는 채 80만 명이 되지 않는 인구가 거주하는데, 인도인이 약 40%를 차지한다. 가이아나 국토는 85%가 숲이고 나머지도 사바나와 고지대로 사람이 거주하기 좋은 땅은 아니다. 사진은 세계에서 단일 물줄기로는 최대인 카이어투어 폭포로 높이 약 220m, 너비 약 100m에 이른다.

수리남 공화국의 인구 분포

수리남 면적은 대한민국보다 훨씬 크지만, 인구는 60만 명에 불과하다. 이는 국토 90%가 원시자연림이기 때문이다. 60만 명 인구 분포는 상식을 뛰어넘는데, 대부분이 외부로부터 유입되었기 때문이다. 가장 많은 사람들이 인도인이고, 아프리카계, 크리올, 인도네시아 자바인이 뒤를 잇는다.

한편 지구본을 보면 프랑스령 기아나 동쪽에, 브라질 영토에 속하는 아마파라는 지역이 눈에 들어온다. 이 지역 역시 본래 기아나에 속한 곳으로, 포르투갈령 기아나였다. 그러나 후에 브라질이 독립하면서 브라질에 속하게 되었다.

	국기	수도	면적 (단위: km^2)	인구 (단위: 명)	인종 구성 (단위: %)	언어	종교 (단위: %)	1인당 GDP (단위: 달러)
가이아나	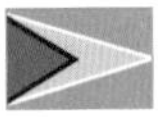	조지타운	215,000	80만	인도계 40 아프리카계 30 원주민 10	영어 토착어	기독교 54 힌두교 31 이슬람 7	21,000
수리남		파라마리보	163,821	65만	인도계 27 아프리카계 22 크리올 16 자바계 14	네덜란드어	가톨릭 30 힌두교 20 개신교 20 이슬람 14	6,000
프랑스령 기아나	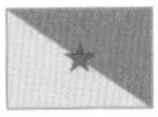	카예네	83,534	30만	메스티소 79 아프리카계 7 원주민 7	프랑스어	가톨릭 80 개신교 11	–

브라질

세계 5위인 8,514,877km^2 면적과 세계 6위인 2억 1천만 명이 넘는 인구를 가진 브라질은 세계적인 강대국일 뿐 아니라, 미래에 더 강력한 국가가 될 잠재력을 보유한 것으로 자타가 공인한다.

그럼에도 브라질 하면 떠오르는 것은 축구나 아마존 밀림 정도인데, 이는 우리와 멀리 떨어져 있어 낯설기 때문일 것이다. 그래서 세계 3위 민항기 생산업체가 브라질 기업이라는 사실을 알고 나면 모두 깜짝 놀란다(최근 중국에서도 민항기를 생산하기 시작했다는 뉴스가 있어, 브라질의 순위가 변동할 가능성이 높기는 하다). 미국 보잉과 유럽 에어버스사에 뒤이어 브라질 국영기업인 엠브라에르(Embraer)는 60개국이 넘는 나라에 상업용 항공기를 수출한다.

또 브라질은 세계 4위 자동차 시장일 뿐 아니라 세계 7위 자동차 생산국이기도 하다. 철·알루미늄·망간·흑연·마그네사이트 등 지하자원은 세계 최고 수준이며, 풍부한 지하자원을 이용한 석유·철강·알루미늄 생산 역시 세계적인 수준이다. 조선업도 세계적이다. 게다가 쇠고기·닭고기 등 식육 생산은 세계 2위, 커피·설탕·담배 등의 생산도 세계 1위다. 그 외에도 무수히 많은 자원이 브라질에서 나오고 있다.

그러나 무엇보다도 브라질의 가치는 전 세계 산소의 1/4을 생산하는 아마존 유역에 있다.

엠브라에르사가 생산한 네덜란드 항공사 KLM 항공기

오늘날 아마존 유역의 지속적 개발은 지구에서 살아가는 모든 이들의 걱정거리다. 아마존 개발을 중단시키려면 세계 각국, 특히 과거 지구 자원의 난개발로 이익을 본 선진국들이 브라질 지원에 나서야 한다는 브라질 주장이 그른 것만은 아니다. 세계 각국이 자신의 이익을 위해 지구 자원을 개발·소비하고 있는 이때, 지구 전체를 위해 오직 브라질만이 아마존 개발을 멈추어야 한다는 다른 나라 주장이 과연 옳은 것인지는 판단이 쉽지 않다.

아마존 유역 현황

아마존 우림을 포함하는 아마존 유역은 브라질뿐 아니라 콜롬비아, 페루, 볼리비아, 에콰도르, 베네수엘라, 가이아나, 수리남 등에 걸쳐 있다. 그러나 대부분 지역은 브라질이 차지한다. 아마존 유역은 총면적이 700만km^2에 달할 만큼 넓은데, 그 가운데 열대우림이 차지하는 면적은 약 550만km^2다. 아마존 중심도시라 할 수 있는 마나우스에서는 대형 선박을 이용해 대서양으로 나아갈 수 있다. 또 하구에 접한 벨렘은 아마존강의 물자 집산지이다. 벨렘 북부 마카파 역시 이 부근에서 나는 망간, 주석, 그리고 다양한 물자의 반출을 담당한다.

아마존 우림 파괴 현장

아마존은 브라질의 것일 뿐 아니라 지구상에서 살아가는 모든 생명체를 위한 것이기도 하다. 그렇다고 세계 모든 나라가 자신들의 숲과 땅은 마음껏 활용하면서 브라질만 아마존 개발을 중지하라는 요구는 합리적이지 않다. 사실 매일 고기 없이 못 사는 우리 역시 아마존 열대 우림 파괴에 힘을 보태고 있는 셈이다. 아마존 우림을 파괴한 후 그곳에 재배하는 콩 등 작물들은 전 세계 축산농가에 사료로 판매할 뿐 아니라, 그 땅에서는 우리가 즐겨 먹는 소고기 생산을 위한 육우를 기르니 말이다.

남아메리카 자연환경

남아메리카를 살펴볼 때 가장 신기한 일 가운데 하나는 오직 브라질만이 포르투갈어를 사용한다는 점이다. 라틴 아메리카 전역을 통틀어 거의 모든 나라가 스페인어를 사용하는데, 왜 가장 드넓은 브라질만이 포르투갈어를 사용하는가 하는 점을 "그럴 수도 있지." 하고 넘기는 분도 계실 것이다. 그러나 아무리 생각해도 고개를 갸웃거릴 만한 일이다.

이에 의문을 품는 분들이라면 반드시 기억해야 할 것이 남아메리카 자연환경이다.

남아메리카는 사진에서 보듯이 서쪽으로는 안데스산맥이 좁은 태평양 연안과 동부 드넓은 지역을 분리하고 있다. 이러한 안데스산맥의 존재는 서부 해안에 있는 에콰도르, 페루, 칠레의 영토 획정에 큰 영향을 끼쳤다.

한편 북부에 위치한 아마존 우림은 북부와 남부 지역을 분리하는 중요한 지리적 조건이었다. 이는 마치 아프리카 북부와 중부를 나누는 사하라사막이 담당한 역할과 비슷하다.

카리브해안에 처음 상륙한 스페인 세력은 이후 중앙아메리카로 진출하고, 뒤이어 남아메리카 대륙으로 향했다.

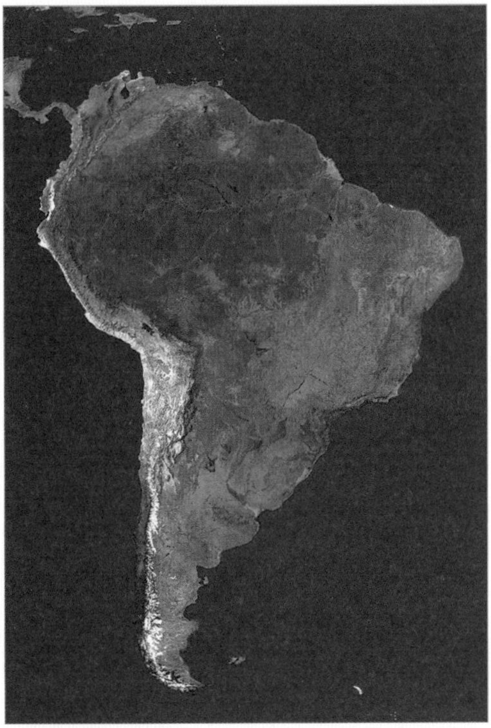

남아메리카 위성사진

남아메리카는 서쪽 태평양 해안가를 따라 길게 뻗은 안데스산맥과 북부에 걸쳐 드넓게 펼쳐진 아마존 우림을 빼놓고는 설명할 수 없다. 미국 나사에서 찍은 위성사진을 보면 왼쪽 태평양을 따라 길게 안데스산맥이 놓여 있다. 또 남아메리카 위쪽에는 짙은 푸른색으로 덮인 아마존 우림이 드넓게 펼쳐 있음을 알 수 있다. (출처: NASA)

그러나 대륙 북부에서 그들의 진출은 멈추었다. 바로 드넓게 펼쳐진 아마존 열대우림 때문이었을 것이다.
이에 스페인 세력은 서쪽으로 향했고, 그곳에서는 안데스산맥 서남쪽으로 향했다. 결국 안데스산맥 동쪽, 아마존 우림 남쪽 지역은 남겨둘 수밖에 없었을 것이다.
그러한 상황에서 포르투갈 출신 카브랄이 오늘날 브라질에 상륙했다. 그러니까 브라질이 포르투갈 영향력 아래 놓이게 된 것은 아마존 우림과 안데스산맥 때문이라고 해도 지나친 말은 아닐 것이다. 물론 포르투갈과 스페인 사이에 체결한 토르데시야스 조약도 큰 영향을 미쳤지만, 만일 스페인이 브라질 지역으로 침투를 시작했다면 조약 내용 역시 바뀌었을지 모른다.

브라질은 아메리카 대륙에서 유일하게 포르투갈어를 사용하는데, 이는 유럽인으로는 처음 브라질에 상륙한 포르투갈인 카브랄(Cabral, Pedro Álvares, 1467?~1520) 때문이다.
브라질에 들어와 지배를 시작한 포르투갈인들은 이 지역에 아프리카 노예들을 수입해 와서 사탕수수 재배에 박차를 가했다. 그렇게 부를 쌓아 나가던 브라질 땅에 1808년, 나폴레옹의 침략을 받아 오갈 데 없어진 본국 포르투갈 왕족들이 이곳으로 도망쳐 왔다.
그 후 왕족 일가가 포르투갈로 귀환할 때 황태자였던 페드루 1세만이 남아 1822년, 브라질 독립을 선언하고 스스로 황제 자리에 올랐다. 이에 포르투갈은 무력을 동원하여 독립을 막고자 했으나 패했고, 1825년 브라질 독립을 인정할 수밖에 없었다. 이로써 브라질이라는 나라가 탄생하였다.
그 후 유럽에서 이민자들이 속속 입국하였을 뿐 아니라 세계 각국에서 많은 사람들이 들어왔다. 그만큼 땅이 넓고 자원이 풍부했기 때문이다.
브라질로 들어온 유럽인들은 대지주 지위와 권력 중심을

1893년 공화정을 선포하는 기념식 모습

그러나 이 공화정은 민중의 뜻이 담긴 것이 아니고, 오히려 기득권을 지키기 위한 지배계층과 군부의 합작품이었다. 베네딕트 칼릭소(Benedito Calixto)의 유화.

차지하였는데 이들은 1888년, 노예제도가 폐지되자 이에 반발하여 군부와 손을 잡고 쿠데타를 일으키면서 공화정을 수립하였다. 세계에서 군주정을 폐지하고 공화정을 수립하였음에도 오히려 사회가 독재 체제로 접어든 나라는 보기 드문데, 브라질이 그런 경우다.

남아메리카 중앙부 모습

브라질을 중심으로 베네수엘라, 가이아나, 수리남, 프랑스령 기아나, 에콰도르, 콜롬비아, 페루, 볼리비아가 자리하고 있다. 모두 아마존 유역을 포함하는 나라들이다. 그만큼 남아메리카 중앙부는 아마존강 영향을 받고 있다.

아르헨티나

2,780,400km²의 방대한 면적에 상대적으로 적은 4천 6백여만 명의 인구를 보유한 아르헨티나는, 앞서 살펴본 것처럼 산 마르틴의 지휘 아래 1816년 스페인으로부터 독립을 달성하였다. 그 후 유럽으로부터 많은 이들이 이민을 왔고, 유럽 자본 역시 이곳에 투자를 시작했다.

에바 페론

아르헨티나 현대사에서 빼놓을 수 없는 인물이 에바 페론이다.

1946년 대통령에 당선된 후엔 페론(Juan Domingo Perón, 1895~1974)은 국가사회주의를 표방하면서 독재를 했음에도, 서민들의 압도적인 지지를 받았다. 아르헨티나 최초로 노동자 계급을 위해 노동 조건 개선에 나서고 임금 인상을 실시했으며, 외국자본 배제와 산업 국유화를 시행한 까닭이었다. 그러나 그보다 더 서민들의 사랑을 얻은 것이 영부인 에바 페론이었다.

남편보다 24년 연하인 에바 페론(Eva Peron, 1919~1952)은 영부인이 되었을 때 나이가 고작 27세였다. 사생아로 태어나 가난과 고통 속에 가출한 후 삼류 배우로 전전하다가 우연히 만난 후엔 페론과 결혼한 그녀는 타고난 선동가였다. 후엔 페론이 대통령에 당선되는 데 결정적인 역할을 한 에바 페론은, 영부인이 된 후 남편보다 더욱 정치적인 인물이 되었다.

대통령 후엔 페론과 영부인 에바 페론의 공식 초상화

이 초상화는 아르헨티나 대통령 공식 초상화 가운데 유일하게 부부가 등장하는 작품이다. 에바 페론은 'Don't cry for me Argentina'라는 노래로 유명한 뮤지컬 〈에비타〉의 주인공이기도 하다.

그녀는 여성 노동자 지위 향상, 여성 지위 개선, 헌법을 통한 남녀평등권 보장, 나아가 여성 페론당을 결성하는 등 여성을 위한 정책 외에도, 아르헨티나 서민들을 위해 에바 페론 재단을 설립하는 등 다양한 활동을 통해 엄청난 인기를 끌었다. 그러다 보니 아르헨티나 지배층, 군부와 가톨릭 세력과는 자연스럽게 대척점에 서게 되었다.

한편 페론 부부가 펼친 정책에 대해 많은 역사가들은 포퓰리즘의 원조라는 비판

에바 페론 장례식에 모인 시민들

3백만 명이 넘는 시민이 모였는데, 이 무렵 아르헨티나의 인구는 1,700만 명이 조금 넘는 수준이었으니 그녀 인기를 실감할 수 있다.

을 가하기도 한다. 여하튼 에바 페론은 아르헨티나 국민들에게 절대적인 지지를 얻었고, 후엔 페론은 대통령에 재선되었다.

하지만 에바 페론은 1952년, 33살에 백혈병으로 생을 마감한다. 그리고 에바 페론 사망과 함께 후엔 페론의 정치적 위상도 하향세를 그리다, 군부 쿠데타로 해외 망명길에 올랐다.

그 후 아르헨티나 정치는 혼란과 쿠데타의 연속이었다. 그러자 1973년, 시민들은 다시 후엔 페론을 대통령 자리에 소환하였다. 이때 부통령은 이사벨 페론으로, 에바 페론 사후, 후엔 페론의 아내가 된 사람이었다. 그리고 1974년, 후엔 페론이 사망하자 이사벨 페론이 대통령 자리에 올랐다. 그러나 1976년, 다시 쿠데타가 발발해 이사벨 페론은 대통령에서 쫓겨났고, 그때부터 아르헨티나를 비롯한 라틴아메리카 여러 나라는 암흑시대로 들어선다. 그러한 암울한 시대에서 벗어나 정치가 안정을 되찾는 데는 20여 년 이상의 세월이 필요했다.

암흑시대의 출발, 콘도르 작전

콘도르 작전(Operacion Condor)은 세계 역사상 유례를 찾아보기 힘든, 여러 나라 정치 집단이 하나의 공통된 목표를 쟁취하기 위해 벌인 작전이다. 다만 안타깝게도 그 목표와 작전 내용이 인류 역사에 남을 가장 추악한 것이었다.

1970년대에 접어들면서 남아메리카는 정치적으로 혼란에 빠져들었다. 그전까지 공고하던 독재정부나 군사정부에 저항하는 세력들이 이곳저곳에서 힘을 발휘하기 시작했기 때문이다. 아르헨티나에서는 사회주의에 가까운 정책을 펼치던 페론이 정권을 다시 잡았고, 우루과이에서는 군부독재에 저항하는 공산당·사회당·노동자회의 등 진보세력이 대두하였다. 볼리비아에서도 군부에 저항하는 세력이 의회에서 강력한 힘을 획득하였다.

무엇보다 칠레에서는 1970년, 사회주의자 살바도르 아옌데가 선거를 통해 대통령에 당선되었는데, 이는 인류 역사상 최초로 선거를 통해 탄생한 사회주의 정권이었다.

이러한 분위기는 1954년 이래 파라과이 정권을 장악하고 있던 알프레도 스트로에스네르 장군, 1964년 이래 브라질 정권을 주고받아오던 브라질 군부, 쿠데타를 통해 1971년 볼리비아 정권을 탈취한 우고 반세르 장군에게 위협으로 다가왔다.

남아메리카 여러 나라에서 지속된 독재 체제 기간

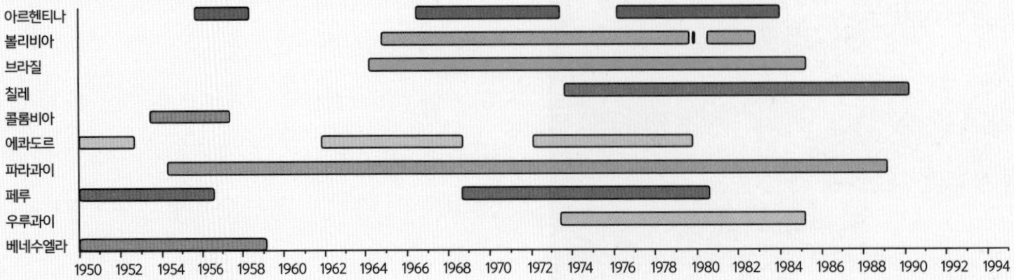

결국 1975년, 살바도르 아옌데 대통령을 제거하고 정권을 장악한 칠레 피노체트 정권을 중심으로 아르헨티나·볼리비아·파라과이·브라질·우루과이 등 6개국 군사정권 책임자들은 남아메리카 군사정부에 위협이 되는 세력을 제거하기로 합의하고, 미국 후원 아래 작전을 개시하였다.

이 작전의 명분은 '좌익 게릴라 제거'였지만 실제로는 모든 반체제인사 제거였다. 특히 아르헨티나에서는 콘도르 작전의 일환으로 일명 '더러운 전쟁(Guerra Sucia)'을 전개했다. 아르헨티나 군부는 쿠데타로 페론 정부를 무너뜨린 후 학생·기자·사회주의자·페론주의자 그리고 그들 동조자를 고문·테러·학살하였는데, 이때 이들을 가둔 죽음의 수용소가 전국에 3백 곳이 넘었다. 그리고 적어도 만 명에서 3만 명에 이르는 사람을 살해한 것으로 전한다.

그 무렵 남아메리카 군부독재 배후에는 미국이 있을 것이라는 소문이 자자했고, 1999년 미국 빌 클린턴 행정부가 CIA 기밀문서를 공개하면서, CIA가 콘도르 작전에 깊숙이 개입한 사실이 실제로 드러났다. 문서에 따르면, 헨리 키신저 전 국무장관은 콘도르 작전의 이론을 제공·후원했으며, CIA는 남미 정보기관 요원들을 훈련시키고 재정과 물자를 지원했다.

이 작전으로 인해 각국 반체제 세력이 입은 피해는 엄청났다.

수백에서 수만 명에 이르는 무고한 시민들이 학살을 피하지 못했는데, 더욱 처참한 것은 그들을 살해한 방식이었다. 콘도르 작전을 수행한 군부 독재자들은 희생자의 배를 찢거나 비행기에서 대서양 상공에 떨어뜨리고, 심지어 콘크리트 안에 박아 던지기도 하는 등 상상을 초월하는 만행을 일삼았다.

피해자는 이 나라 출신들뿐 아니라 세계 여러 나라에서 항의에 나선 민권운동가들도 있었는데, 그들은 체포되어 고문당하고 테러당했으며 많은 사람이 살해당했다.

이러한 라틴아메리카의 고통을 보다 못한 멕시코, 코스타리카 등 주변국과 영국, 프랑스, 캐나다, 스페인, 스웨덴 등 해외 여러 나라는 이 지역으로부터 피난 온 사람들을 기꺼이 받아들였다.

한편 군부독재 세력은 이 지역 기득권 세력, 즉 가톨릭 사제 및 외국자본과 결탁하여 자신들의 이익을 챙겼는데, 그 과정에서 나라와 시민들은 엄청난 고통을 겪었다. 아르헨티나에서는 해외자본의 금융투기로 인해 외채가 눈덩이처럼 불어났고, 외채 대부분은 미국 은행에서 나온 것이었다. 또 빈부 격차가 현격해졌고, 대부분 나라에서 인플레이션이 발생했으며 공기업 민영화가 이루어졌다.

콘도르 작전은 1983년, 아르헨티나에서 군사독재 정권이 막을 내리면서 끝을 맺었다. 그 후 21세기에 들어와 작전과 관련된 자료들이 드러나면서 가해자들에 대한 단죄가 이루어지기도 했으나, 이미 많은 가해자들은 세상을 떠난 후였다.

콘도르 작전을 벌인 나라들

콘도르 작전은 아메리카 대륙 대부분 국가들이 개입한 국제적인 사건이었다. 짙은 녹색은 콘도르 작전의 주력 국가. 옅은 녹색은 그에 편승한 국가. 분홍색 미국은 협력자를 가리킨다. (위키피디아 Operation Condor 항목)

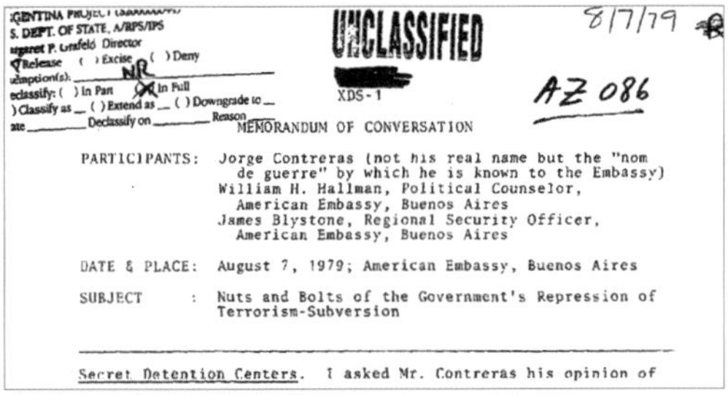

:GENTINA PROJECT
S. DEPT. OF STATE, A/RPS/IPS
argaret P. Grafeld Director
(✓) Release ( ) Excise ( ) Deny
xemption(s): NR
eclassify: ( ) In Part (X) In Full
) Classify as __ ( ) Extend as __ ( ) Downgrade to __
ate ______ Declassify on ______ Reason ______

UNCLASSIFIED

[redacted]
XDS-1

8/7/79

AZ 086

MEMORANDUM OF CONVERSATION

PARTICIPANTS: Jorge Contreras (not his real name but the "nom de guerre" by which he is known to the Embassy)
William H. Hallman, Political Counselor, American Embassy, Buenos Aires
James Blystone, Regional Security Officer, American Embassy, Buenos Aires

DATE & PLACE: August 7, 1979; American Embassy, Buenos Aires

SUBJECT : Nuts and Bolts of the Government's Repression of Terrorism-Subversion

Secret Detention Centers. I asked Mr. Contreras his opinion of

콘도르 작전 관련 기밀문서

1979년 8월 7일 주아르헨티나 미국대사관은 호르헤 콘트레라스(Jorge Contreras, 601 특공중대 태스크그룹 7 책임자)와 만났고, 이에 대한 대화록을 남겼다. 태스크그룹 7은 아르헨티나 전 지역 군 수뇌부가 모이는 회의였다. 미국 국가안보국 문서고에 보관되어 있다.

20세기 초반, 아르헨티나는 세계에서 가장 부유한 나라 가운데 하나였다. 1970년경에도 아르헨티나는 1인당 국민소득이 세계 30위권을 자랑했다. 그런데 오늘날 아르헨티나 국민소득은 세계 70위권으로 떨어져 있다. 이렇게 된 이유에 대해 많은 사람들이 다양한 의견을 내놓는다. 페론 시대의 포퓰리즘 탓이라는 이론, 1차산업 중심 산업 구조 때문이라는 의견, 이른바 더러운 전쟁 기간 이루어진 매판자본화 등 다양한 의견이 있지만, 정확히 무엇 때문인지는 그 누구도 해답을 내기 힘들다.

우루과이

브라질과 아르헨티나, 두 강대국 사이에 끼어 있는 우루과이는 지구본 위에서 찾기도 힘들 만큼 작다. 그러나 면적은 176,215km²로 우리나라보다 훨씬 크다. 물론 인구는 4백만 명도 안 된다. 워낙 큰 나라들 사이에 있다 보니 상대적으로 작게 보이는 것일 뿐 결코 작은 나라가 아닌 셈이다.

우루과이는 지리적 위치로 인해 브라질을 점령한 포르투갈과 아르헨티나를 지배한 스페인이 점유권을 놓고 다툰 곳이다. 그 후 스페인 점령을 포르투갈이 인정하면서 스페인 식민지가 되었으나, 다시 브라질 지배 아래 들어갔다. 이때부터 우루과이인들이 독립운동을 벌여 1830년, 독립 공화국으로 출발하게 되었다.

우루과이는 독립 이후 오랜 기간, 군부 지배 아래서 부패와 가난으로 고통을 겪었다.

그러나 1903년 대통령에 당선된 호세 파블로 오르도녜스(José Pablo Torcuato Batlle y Ordóñez, 1856~1929) 집권 동안 눈부신 발전을 이루었다.

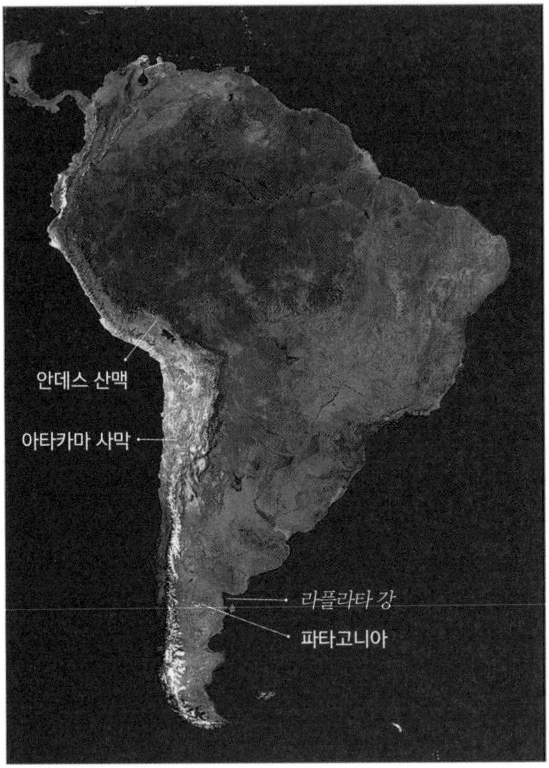

남아메리카 남부 모습

남아메리카 북중부가 아마존강 영향을 받는 지역이라면, 남아메리카 남부는 안데스산맥과 라플라타강의 영향을 받는 지역이다. 남아메리카 대륙 끝 파타고니아 지대는 안데스산맥 지대와 사막으로 나뉜다. 오늘날 이 지역은 석유 개발, 알루미늄 등 다양한 자원, 그리고 관광지로 주목을 받고 있다.

오르도녜스는 그 시대 정책이라고는 상상하기 힘든 8시간 노동, 실업급여, 노인연금, 기간산업 국유화, 정교분리, 보통선거, 무상고등교육 등 개혁정책을 펼쳐 우루과이를 세계적인 복지국가로 탈바꿈시켰다.
그러나 그의 집권이 끝난 후부터 우루과이는 다른 남아메리카 국가들과 마찬가지로 군부독재 체제로 접어들면서 쿠데타가 만연했고, 앞서 살펴본 콘도르 작전에도 참가하면서 극심한 혼란을 겪었다.
그러다 1985년, 군정이 종식되면서 우루과이는 남아메리카의 모범적인 국가로 제 모습을 찾게 되었다.

우루과이 수도 몬테비데오에 서 있는 오르도녜스 동상

그가 닦아 놓은 개혁의 기반 아래 우루과이는 '남아메리카의 스위스'라는 별칭을 얻기도 하였다.

파라과이

파라과이는 이웃 볼리비아와 함께 내륙국가이다. 그리고 볼리비아·브라질·아르헨티나에 둘러싸여 있기도 한데, 이러한 지리적 상황은 아무리 보아도 유리할 것 같지는 않다.
스페인 식민지가 되어 온갖 착취를 당하던 파라과이는 1811년, 스페인 총독을 축출하고 독립을 선언하였다.
1864년, 파라과이 역사를 완전히 새로 쓰게 되는 사건이 일어나는데, 바로 '파라과이 전쟁(Paraguayan War, 1864~1870)'이다. 파라과이 전쟁의 발발 원인은 여느 전쟁과 마찬가지로 단순하지만은 않다.
파라과이라는 지역 특성상 아르헨티나의 영향을 크게 받고 있었고, 그에 따라 브라질은 파라과이를 독립국가로 인정한 반면, 아르헨티나는 자신들의 영향력 아래 있는 지역으로 인식했다.
지구본에서도 알 수 있듯이 우루과이 수도 몬테비데오와 아르헨티나 수도 부에노스아이레스는 마주 보고 있다. 두 도시 사이에 위치한 라플라타강은 그만큼 중요할 뿐 아니라 주민들의 삶에 큰 영향을 미친다.

라플라타강은 강이라기보다는 만(灣)에 가까운데, 이곳은 주변에 큰 영향을 미치는 지역으로 오래전부터 아르헨티나, 우루과이, 브라질, 파라과이의 주목을 받아 왔다. 더욱이 내륙국가였던 파라과이에게 이 지역은 국가 발전과 해외 진출에 반드시 필요했다.

파라과이 전쟁은 파라과이 대통령 프란시스코 로페즈(Francisco Solano López Carrillo, 1827~1870)의 브라질 공격으로 시작하였다. 이 전쟁은 결국 파라과이 대 아르헨티나·우루과이·브라질의 3국동맹 사이 전쟁으로 비화하였다. 전쟁이 끝날 무렵 파라과이는 50만 명이 넘던 인구가 20여만 명으로 줄어들었으며, 특히 남성 인구의 90% 가까이가 괴멸당했다는 이야기가 전할 정도로 큰 피해를 입었다(그 당시는 통계가 정확한 시대가 아니었기 때문에 인구 수부터 사상자 수까지 모든 것이 역사학자들의 추측일 뿐이다. 그러나 그만큼 파라과이 역사에 심대한 충격을 준 것은 분명하다). 그뿐 아니라 이구아수 폭포를 비롯해 상당한 영토를 아르헨티나와 브라질, 두 나라에 넘겨주어야만 했다.

우주선에서 바라본 라플라타강

사진에서 보듯이 라플라타강은 일반적인 강과는 달리 강줄기들이 하류에서 드넓은 모습으로 확장되는 모습을 보인다. 그래서 강이라기보다는 만(灣, 바다가 육지 속으로 파고들어 와 있는 곳)에 가깝다. 사진에서 모래색으로 보이는 것은 상류에서 흘러 내려온 퇴적물 때문이다. 사진에서 보면 단순히 넓은 삼각주처럼 보인다. 그러나 우주선에서 바라본 모습임을 기억해야 한다. 아래쪽 하구 폭이 200km가 넘으니, 서울시청에서 전주시청에 이르는 거리다. 그러니 사진에 보이는 라플라타강 하구가 얼마나 넓은지 알 수 있다.

1864년경 플라타 분지를 둘러싼 분쟁 현황

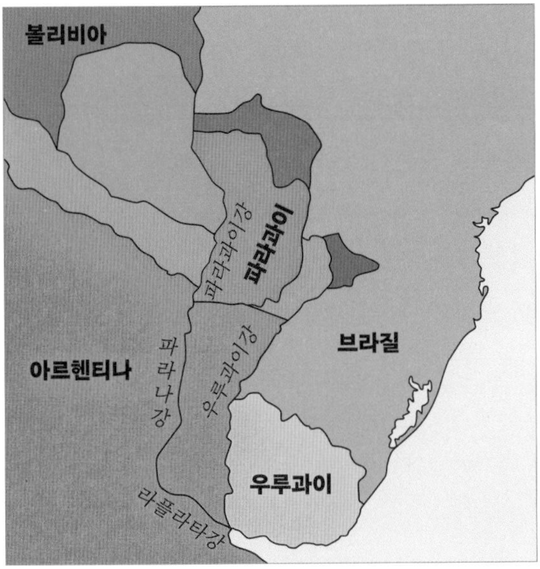

- 파라과이, 아르헨티나, 볼리비아 분쟁 지역
- 파라과이, 브라질 분쟁 지역
- 파라과이, 아르헨티나 분쟁 지역
- 브라질, 아르헨티나 분쟁 지역

파라과이 전쟁 결과

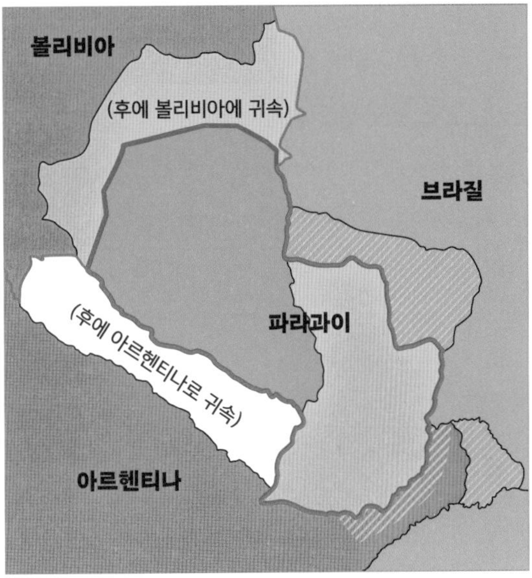

- 파라과이 강역
- 그란차코 분쟁 지역
- 파라과이가 잃은 지역
- 1879년 국경
- 현재 파라과이 강역

파라과이 전쟁 전 영역과 전쟁 후 영역 변화

파라과이 전쟁은 남아메리카 중남부에 있는 플라타 분지 영유권 분쟁에서 비롯한다. 플라타 분지는 약 300만km^2에 이르는 드넓은 지역인데, 여러 나라가 갈등을 겪고 있었다. 그 중 핵심에 놓여 있던 파라과이는 모든 분쟁을 해결하기 위해 전쟁을 벌였으나 주변 국가들이 연합하고 나서자 괴멸적인 타격을 입고 말았다. 결국 모든 분쟁 지역을 상실하고 말았으며, 국민 절반 이상을 잃었다. 다행히 국토 서북부의 드넓은 그란차코 지역(77만 7000km^2)을 사이에 두고 볼리비아와 벌인 차코 전쟁(1932~1935) 결과 많은 부분을 확보했다. 차코 전쟁은 승패를 가렸다기보다는 볼리비아, 파라과이, 아르헨티나 세 나라가 적절히 분할해 소유한 결과를 가져왔다고 볼 수 있다.

그 후 파라과이는 볼리비아와의 사이에 있는 지역인 차코를 놓고 갈등을 빚었는데, 20세기 초 차코 지방 대부분을 되찾았다.

이후 파라과이 역사는 여타 남아메리카 국가들과 마찬가지로 군부독재 속에, 앞서 살펴본 콘도르 작전 당사자가 되는 불명예도 안았다. 그러다 21세기에 들어서면서 정치적 안정을 찾고 새로운 출발에 나서고 있다.

칠레

남아메리카 서쪽에 자리한 칠레는 우리에게 '세계에서 가장 긴 나라'로 알려져 있다. 그러나 실제로는 세계에서 가장 긴 나라가 아니라, 가로 대비 세로가 가장 긴 나라(즉, 가장 길게 보이는 나라)다. 가장 긴 나라는 당연히 러시아(러시아는 가로, 즉 동서로 가장 긴 나라인데, 그 거리가 8,000km가 넘는다)다. 한편 남북으로 가장 긴 나라는 의외로 브라질이다. 약 4,300km로 4,000km가 넘는 칠레보다 더 길다. 캐나다 역시 매우 긴 나라인데, 북극에 위치한 섬들을 제외하면 이 두 나라보다 짧다.

칠레 근대사도 스페인 침략으로부터 출발하는데, 그전에 일부는 잉카 제국에 속했고, 나머지는 잉카 제국 침략을 막아 낸 원주민들 지역이었다.

그 후 칠레는 베르나르도 오이긴스(Bernardo O'Higgins Riquelme, 1778~1842)와 산마르틴이 주도해 독립을 선언하였다. 그 무렵 칠레 영토는 오늘날에 비해 훨씬 작았다.

오늘날 칠레 모습은 1879년부터 1883년까지 이어진 태평양 전쟁 때 결정된 것이라고 할 수 있다. 태평양 전쟁은 페루와 볼리비아, 그리고 칠레가 아타카마 사막을 사이에 두고 벌인 전쟁이었다.

아타카마 사막은 지구상에서 가장 척박한 땅으로, 사막을 둘러싼 페루, 볼리비아, 칠레 사이에 분명한 국경선조차 획정되지 않은 상태였다. 그러나 이 지역에서 비료와 화약 원료인 초석(硝石)이 산출되면서, 세 나라는 각기 자신들 몫이 더 크다고 여겼다.

결국 세 나라 사이에 전쟁이 벌어졌고 이 전쟁에서 칠레가 승리, 오늘날 칠레 북부 지역을 확보하였다. 그 후 칠레는 남아메리카에서 경제적으로 부유한 지역이 되었다.

칠레가 다시 세계 이목을 집중시킨 것은 1970년대였다.

1970년, 칠레 국민들은 살바도르 아옌데(Salvador Guillermo Allende Gossens, 1908~1973)라는 좌파 인민연합 후보를 대통령으로 선출하였는데, 이는 사회주의자가 합법적 선거에 의해 집권한 세계 최초 사례였다.

아옌데는 그 전부터 하원의원, 상원의원 등을 거치며 대기업 국유

살바도르 아옌데

의사 출신으로 정치에 입문한 그는 좋은 가문 출신임에도 평생 가난하고 힘없는 사람을 위해 매진했다. 1952년부터 진보 세력의 대통령 후보로 나섰으나 뜻을 이루지 못하다가, 마침내 1970년 진보 진영인 인민연합 후보로 당선되었다. 대통령 당선 이후 아옌데는 그 무렵 칠레의 대표적인 산업인 구리광산을 국유화하는 등 칠레 사회에 변화를 꾀하였다. 그러나 그가 이룬 놀라운 경제 성장에도 불구하고 미국을 비롯한 반 아옌데 세력의 경제 봉쇄 정책 등으로 어려움을 겪다가, 급기야 피노체트가 이끄는 군부 쿠데타로 종말을 맞았다.

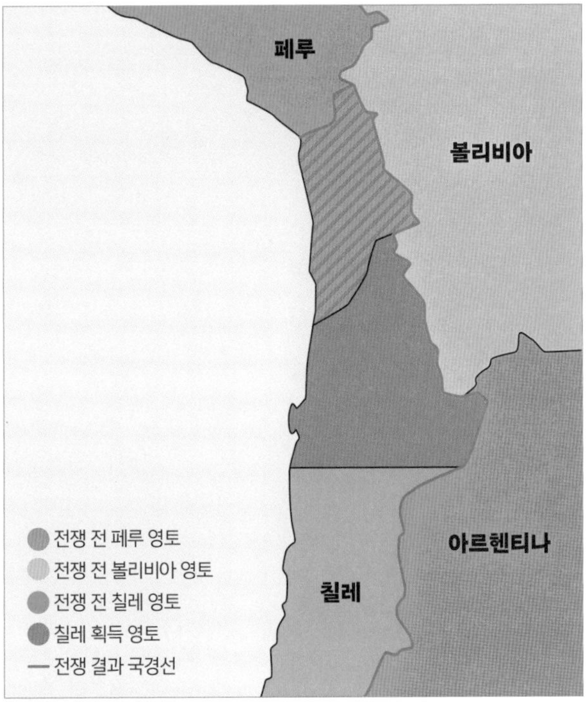

태평양 전쟁 전과 후 강역 변화

남아메리카에서 벌인 '태평양 전쟁(War of the Pacific)'은 일본의 진주만 공습으로 시작한 '태평양 전쟁(Pacific War)'과는 다르다.

화, 농지개혁 등 혁신적 정책을 추진했고 대통령에 오른 후에는 정부의 의료 관리, 토지 개혁 확대와 재분배, 공공근로사업 추진, 노령연금 지급, 어린이 무상급식, 월세 상한제 실시, 그리고 독과점 산업 국유화 등 개혁정책을 과감히 추진했다.

그러나 이러한 정책은 그의 집권 이전부터 남아메리카에서 사회주의 세력 확대에 우려를 품고 있던 미국의 반발을 불러왔고, 미국은 칠레에 대한 경제 제재와 더불어 칠레 군부와 은밀한 접촉을 이어갔다.

1973년, 칠레 군인 아우구스토 피노체트(1915~2006)는 오래전부터 칠레 내외에서 흉흉하게 나돌던 군부 쿠데타를 단행했고, 아옌데는 군부에 투항하는 대신 대통령궁에서 장렬히 사망했다. 이로써 칠레 민주주의는 중단되었고, 그로부터 십여 년 이상 피노체트 군부독재가 이어졌다. 이 기간, 칠레에서는 무수히 많은 이들이 고문과 테러, 살인 등으로 목숨을 잃었고, 더 많은 사람이 행방불명되었으며, 그보다 더 많은 사람이 독재 체제를 피해 타국으로 망명길에 올랐다.

그 후 1990년 피노체트를 대통령 권좌에서 쫓아낸 칠레는 이후 예전의 민주적인 정부를 수립하여 현재까지 이어 오고 있다.

살바도르 아옌데 vs 아우구스토 피노체트

이것은 제가 여러분에게 말하는 마지막 연설이 될 것입니다. 공군은 마가야네스 라디오의 안테나를 폭격했습니다. 어제만 해도 국가에 대한 충성을 맹세했던 군인, 해군 사령관, 장군들에게 도덕적 처벌이 있을 것입니다. 이러한 사실 아래 제가 할 수 있는 마지막 일은 "저는 사직하지 않을 것입니다."라고 모든 노동자 여러분께 말하는 것입니다.

역사적인 전환기에 서서 저는 제 삶을 걸고 시민 여러분께 충성을 바칩니다. 그리고 저희가 함께 수백만 칠레인들 품에 뿌려 놓은 양심의 씨앗은 영원히 지지 않을 것이라고 믿습니다. 그들은 힘을 소유하였고, 곧 우리 모두를 지배할 것입니다. 그러나 미래는 범죄나 무력에 결코 얽매이지 않을 것입니다. 역사는 우리편이며, 시민들이 그 역사를 만들 것입니다.

시민은 스스로 지켜나갈 것이며 결코 희생당하지 않을 것입니다. 시민들은 파괴되거나 총알받이가 되도록 당하지 않을 것입니다.

조국의 모든 노동자 여러분, 저는 칠레와 그 운명에 확신을 가지고 있습니다. 반역이 승리하려는 이 어둡고 쓰린 순간조차 또 다른 사람들이 극복할 것입니다. 머지않아 위대한 길이 다시 열리고, 그 길을 통해 자유로운 사람들이 나아가 더 나은 사회를 만들 것임을 기억하십시오.

칠레 만세! 인민 만세! 노동자 만세!

이것이 저의 마지막 말입니다. 저는 제 희생이 결코 헛되지 않을 것이라고 확신합니다.

–칠레, 산티아고에서

1973년 9월 11일

대통령궁을 향해 폭탄이 날아오고 쿠데타 세력의 비행기가 공격을 시작할 무렵, 살바도르 아옌데 대통령은 투항하라는 권유를 무시하고 끝까지 싸우다 죽는다(죽음에는 자살설과 타살설, 두 가지가 있다). 위 내용은 그 시간, 마지막으로 칠레 국민을 향해 아옌데 대통령이 라디오를 통해 방송한 내용 가운데 일부다.

피노체트 독재 아래에서 희생된 이들을 기리는 조형물

중남미 각국의 독립 시기

남아메리카 대륙은 지금까지 살펴본 것처럼, 역사에 등장할 무렵부터 스페인과 포르투갈의 침략, 그 후에는 미국의 강력한 영향력 아래서 살아갈 수밖에 없었다.

지금도 라틴아메리카 각국은 지난 시기에 이곳을 지배한 역사적 상황에서 완전히 벗어나지 못하고 있다. 여러 나라가 겪고 있는 빈부 격차, 플랜테이션 농업이 이 지역에 남겨 놓은 지형적 결과, 인종들 사이에 존재하는 보이지 않는 갈등 등은 아직도 이 지역 모든 시민들이 행복하게 살아가기에는 부족해 보인다.

그러나 21세기에 접어들면서 라틴아메리카 여러 나라들에도 한줄기 빛은 비치고 있다. 과거 강대국으로부터 받은 일방적 영향력에서 벗어나, 세계의 일원으로서 자신들의 요구를 당당히 외치는 존재로 나아가고 있기 때문이다.

지리적으로 멀고, 역사적으로 소원해 잘 몰랐던 라틴아메리카지만, 미래에는 우리의 동반자가 되어 함께 밝은 미래를 열어가기를 꿈꾼다.

	국기	수도	면적 (단위: km^2)	인구 (단위: 명)	인종 구성 (단위: %)	언어	종교 (단위: %)	1인당 GDP (단위: 달러)
브라질		브라질리아	8,515,767	2억 4백만	유럽계 43 혼혈 45 아프리카계 10	포르투갈어	가톨릭 54 개신교 22	11,200
칠레		산티아고	756,096	2,000만	유럽계 53 메스티조 40	스페인어	가톨릭 53 개신교 9	18,000
우루과이		몬테비데오	176,215	350만	유럽계 88 아프리카계 5	스페인어 우루과이 수화	가톨릭 45 개신교 10	21,700
아르헨티나	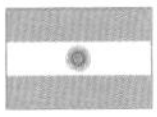	부에노스 아이레스	2,780,400	4,700만	유럽계 80 원주민 18 아프리카계 4	스페인어	가톨릭 49 개신교 10	13,500

9

남극 대륙

반드시 지켜야 할 지구의 공동자산

칠레에서 더 남쪽으로 내려가면 거대한 대륙이 나타나는데, 그곳이 남극 대륙이다. 남극대륙은 일반적으로 남극이라고도 부르는데, 남극은 '남쪽 끝'이라는 뜻이다.

남극은 북극에 대비해 부르는 명칭이기도 한데, 엄밀히 말하면 북극과 남극은 다르다. 그래서 북극 대륙이라는 말은 사용하지 않지만, 남극은 남극 대륙이라고 부른다.

지구본을 보아도 쉽게 알 수 있는데, 북극에는 바다와 몇 개 섬이 전부다. 반면에 지구본을 돌려 아래쪽을 보면 거대한 남극 대륙이 자리하고 있는 모습을 볼 수 있다.

남극 대륙은 면적이 1,400만km^2에 달하는 거대한 땅이다. 5대양 7대륙에 속하는 오세아니아 대륙의 면적이 약 860만km^2니까 오세아니아보다 훨씬 큰 대륙이다. 러시아를 제외한 유럽보다도 크다. 그럼에도 6대주에 속하지 않는 것은 남극 대륙에 사람이 살지 않기 때문이다.

남극 대륙에 대해 영유권을 주장하는 나라

위성에서 바라본 남극 대륙

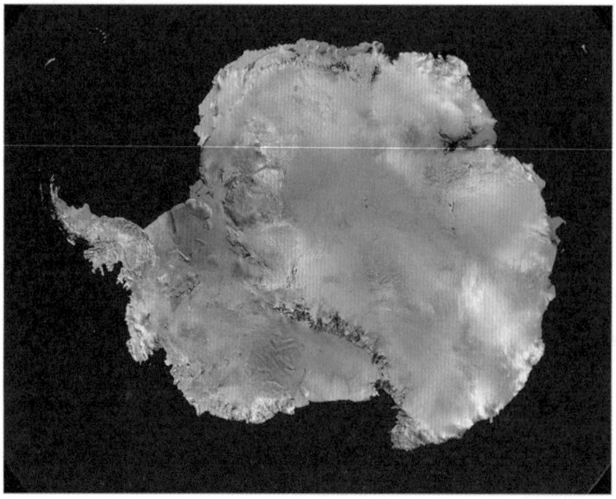

들이 없는 것은 아니다. 칠레는 오래전부터 남극 대륙 영유권을 주장하면서 이곳에서 정부 각료회의를 개최하기도 한다. 또 영국, 프랑스, 뉴질랜드, 호주, 노르웨이, 칠레, 아르헨티나 등 7개국은 남극 대륙을 발견한 초기에 이 지역을 탐사한 까닭에, 남극 대륙을 일곱 지역으로 나누어 영유권을 주장하기도 한다.
그러나 국제사회는 이러한 모든 주장을 배제하고 있으며, 1961년에는 영유권을 주장하는 나라들이 모여 남극 조약을 체결하였다.
조약 주요 내용은 다음과 같다.

1. 남극의 평화적 이용만이 가능하고 남극을 비군사화한다.
2. 남극에 대한 과학적 탐사의 자유와 국제협력이 가능하다.
3. 남극에 대한 영토권과 청구권은 동결한다(기존의 영유권에 대한 평가를 하지 않는다는 뜻).

그 후 50개국이 넘는 나라가 이 조약에 가입하였다.
한편 남극은 비가 오지 않는 지역으로 '하얀 사막'이라고도 부른다. 또 남극은 지구상에 존재하는 민물, 즉 담수의 90%를 가진 지역이다.
담수(淡水, 민물)는 바닷물과 달리 식용이 가능한 물인데, 하천·호수·지하수는 물론 눈과 빙하를 두루 포함한다. 사실 지구상의 물 대부분은 바닷물이고, 담수 비율은 3%에도 미치지 못하는데, 그 가운데서도 대부분은 빙하다. 또 빙하 대부분은 남극 대륙에 존재한다.
결국 인간을 포함한 생명체가 사용하는 담수는 고작해야 지구상 물의 0.1%에도 미치지 못하는데, 그 적은 양으로 수십억 인류와 온갖 동식물이 살아간다는 사실이 놀랍다.
한편 대한민국은 세계 여러나라와 함께 남극에 과학기지를 설치, 운영하고 있다. 1988년 처음 설치한 세종과학기지는 해저 지형 및 지층 탐사, 해양생물 연구, 지질 및 암석 채취 등을 수행하고 있다. 2014년에는 두 번째 과학기지인 장보고과학기지를 설치, 운영하기 시작했다. 이곳에서는 빙하 연구, 대기과학 연구, 우주과학 및 운석 연구 등을 수행하고 있다.

(위 사진) 세종과학기지에는 연구동 외에도 세종기지 역사관, 생활관, 관측동 등 많은 시설을 구비하고 있다.

(아래 사진) 장보고과학기지는 2014년에 남극 대륙에 설치하였다.
이로써 우리나라는 세계에서 열 번째로 남극에 2개 이상 기지를 운영하는 나라에 이름을 올렸다.

찾아보기 (권-쪽 순서)

나라

가나 Republic of Ghana 1-230
가봉 Gabonese Republic (Gabon) 1-237
가이아나 Co-operative Republic of Guyana 2-216
감비아 Republic of The Gambia 1-230
과테말라 Republic of Guatemala 2-175
그레나다 Grenada 2-161
그리스 Hellenic Republic (Greece) 2-144
기니 Republic of Guinea 1-227
기니비사우 Republic of Guinea-Bissau 1-234
나미비아 Republic of Namibia 1-257
나우루 Republic of Nauru 1-63
나이지리아 Federal Republic of Nigeria 1-230
남수단 Republic of South Sudan 1-254
남아프리카 공화국 Republic of South Africa 1-258
네덜란드 Kingdom of the Netherlands 2-85
네팔 Nepal 1-138
노르웨이 Kingdom of Norway 2-75
뉴질랜드 New Zealand 1-60
니제르 Republic of the Niger 1-228
니카라과 Republic of Nicaragua 2-182
대만 Chinese Taipei 1-93
대한민국 Republic of Korea 1-72
덴마크 Kingdom of Denmark 2-75
도미니카 공화국 Dominican Republic 2-166
도미니카 연방 Commonwealth of Dominica 2-166
독일 Federal Republic of Germany 2-96
동티모르 Democratic Republic of Timor-Leste 1-112
라오스 Lao People's Democratic Republic 1-132
라이베리아 Republic of Liberia 1-233
라트비아 Republic of Latvia 2-53
러시아 Russian Federation 2-62
레바논 Republic of Lebanon 1-196
레소토 Kingdom of Lesotho 1-256
루마니아 Romania 2-48
룩셈부르크 Grand Duchy of Luxembourg 2-85
르완다 Republic of Rwanda 1-237
리비아 State of Libya 1-215
리투아니아 Republic of Lithuania 2-53
리히텐슈타인 Principality of Liechtenstein 2-122
마다가스카르 Republic of Madagascar 1-251
마셜제도 Republic of the Marshall Islands 1-67
말라위 Republic of Malawi 1-254
말레이시아 Malaysia 1-122
말리 Republic of Mali 1-227
멕시코 United Mexican States (Mexico) 2-205
모나코 Principality of Monaco 2-125
모로코 Kingdom of Morocco 1-221
모리셔스 Republic of Mauritius 1-256
모리타니 Islamic Republic of Mauritania 1-227
모잠비크 Republic of Mozambique 1-256
몬테네그로 Montenegro 2-39
몰도바 Republic of Moldova 2-50
몰디브 Republic of Maldives 1-151
몰타 Republic of Malta 2-128
몽골 Mongolia 1-92
미국 United States of America 2-192
미얀마 Republic of the Union of Myanmar 1-123
미크로네시아 Federated States of Micronesia 1-67
바누아투 Republic of Vanuatu 1-67
바레인 Kingdom of Bahrain 1-181

바베이도스 Barbados 2-161
바티칸시국 State della citta del vaticano 2-125
바하마 Commonwealth of the Bahamas 2-161
방글라데시 People's Republic of Bangladesh 1-136
베냉 Republic of Benin 1-227
베네수엘라 Bolivarian Republic of Venezuela 2-215
베트남 Socialist Republic of Viet Nam 1-127
벨기에 Kingdom of Belgium 2-85
벨라루스 Republic of Belarus 2-56
벨리즈 Belize 2-182
보스니아헤르체고비나 Bosnia and Herzegovina 2-39
보츠와나 Republic of Botswana 1-256
볼리비아 Plurinational State of Bolivia 2-215
부룬디 Republic of Burundi 1-237
부르키나파소 Burkina Faso 1-227
부탄 Kingdom of Bhutan 1-135
북마케도니아 Republic of North Macedonia 2-39
북한(정식 명칭은 조선 민주주의 인민공화국) Democratic People's Republic of Korea 1-101
불가리아 Republic of Bulgaria 2-36
브라질 Federative Republic of Brazil 2-219
브루나이 Negara Brunei Darussalam 1-115
사모아 Independent State of Samoa 1-53
사우디아라비아 Kingdom of Saudi Arabia 1-178
산마리노 Republic of San Marino 2-126
상투메 프린시페 Democratic Republic of Sao Tome and Principe 1-237
서사하라 Western Sahara 1-222
세네갈 Republic of Senegal 1-227
세르비아 Republic of Serbia 2-39
세이셸 Republic of Seychelles 1-254
세인트루시아 Saint Lucia 2-161
세인트빈센트 그레나딘 Saint Vincent and the Grenadines 2-161
세인트키츠네비스 Saint Kitts and Nevis 2-161
소말리아 Federal Republic of Somalia 1-247
솔로몬제도 Solomon Islands 1-67
수단 Republic of the Sudan 1-254
수리남 Republic of Suriname 2-216
스리랑카 Democratic Socialist Republic of Sri Lanka 1-150
스웨덴 Kingdom of Sweden 2-75
스위스 Swiss Confederation (Switzerland) 2-119
스페인 Kingdom of Spain 2-135
슬로바키아 Slovak Republic (Slovakia) 2-58
슬로베니아 Republic of Slovenia 2-39
시리아 Syrian Arab Republic 1-197
시에라리온 Republic of Sierra Leone 1-232
싱가포르 Republic of Singapore 1-119
아랍에미리트 United Arab Emirates 1-181
아르메니아 Republic of Armenia 2-30
아르헨티나 Republic of Argentina 2-224
아이슬란드 Iceland 2-80
아이티 Republic of Haiti 2-168
아일랜드 Ireland 2-113
아제르바이잔 Republic of Azerbaijan 2-29
아프가니스탄 Islamic Republic of Afghanistan 1-161
안도라 Principality of Andorra 2-127
알바니아 Republic of Albania 2-44
알제리 People's Democratic Republic of Algeria 1-216
앙골라 Republic of Angola 1-237
앤티가바부다 Antigua and Barbuda 2-161
에리트레아 State of Eritrea 1-254
에스와티니 Kingdom of Eswatini 1-256
에스토니아 Republic of Estonia 2-53
에콰도르 Republic of Ecuador 2-215
에티오피아 Federal Democratic Republic of Ethiopia 1-250
엘살바도르 Republic of El Salvador 2-180
영국 United Kingdom of Great Britain and Northern Ireland 2-107
예멘 Republic of Yemen 1-180
오만 Sultanate of Oman 1-179
오스트리아 Republic of Austria 2-117
온두라스 Republic of Honduras 2-181
요르단 Hashemite Kingdom of Jordan 1-190
우간다 Republic of Uganda 1-254
우루과이 Oriental Republic of Uruguay 2-228
우즈베키스탄 Republic of Uzbekistan 1-155
우크라이나 Ukraine 2-51
이라크 Republic of Iraq 1-187
이란 Islamic Republic of Iran 1-171
이스라엘 State of Israel 1-190
이집트 Arab Republic of Egypt 1-210
이탈리아 Republic of Italy 2-128
인도 Republic of India 1-143
인도네시아 Republic of Indonesia 1-105
일본 Japan 1-99
자메이카 Jamaica 2-161
잠비아 Republic of Zambia 1-256

적도기니 Republic of Equatorial Guinea 1-241
조지아 Georgia 2-31
중국 People's Republic of China 1-89
중앙아프리카 공화국 Central African Republic 1-243
지부티 Republic of Djibouti 1-254
짐바브웨 Republic of Zimbabwe 1-256
차드 Republic of Chad 1-237
체코 Czech Republic (Czechia) 2-58
칠레 Republic of Chile 2-232
카메룬 Republic of Cameroon 1-237
카보베르데 Republic of Cabo Verde 1-234
카자흐스탄 Republic of Kazakhstan1-158
카타르 State of Qatar 1-181
캄보디아 Kingdom of Cambodia 1-130
캐나다 Canada 2-190
케냐 Republic of Kenya 1-246
코모로 Union of the Comoros 1-254
코소보 Republic of Kosovo 2-39
코스타리카 Republic of Costa Rica 2-185
코트디부아르 Republic of Côte d'Ivoire 1-228
콜롬비아 Republic of Colombia 2-215
콩고 공화국 Republic of the Congo 1-237
콩고 민주공화국 Democratic Republic of the Congo 1-238
쿠바 Republic of Cuba 2-162
쿠웨이트 State of Kuwait 1-183
크로아티아 Republic of Croatia 2-39
키르기스스탄 Kyrgyz Republic (Kyrgyzstan) 1-153
키리바시 Republic of Kiribati 1-53
키프로스 Republic of Cyprus 2-26
타지키스탄 Republic of Tajikistan 1-155
탄자니아 United Republic of Tanzania 1-254
태국(타이) Kingdom of Thailand 1-123
토고 Republic of Togo 1-227
통가 Kingdom of Tonga 1-53
투르크메니스탄 Turkmenistan 1-160
투발루 Tuvalu 1-61
튀니지 Republic of Tunisia 1-218
튀르키예 Republic of Turkey 2-22
트리니다드토바고 Republic of Trinidad and Tobago 2-167
파나마 Republic of Panama 2-185
파라과이 Republic of Paraguay 2-229
파키스탄 Islamic Republic of Pakistan 1-139
파푸아뉴기니 Independent State of Papua New Guinea 1-39
팔라우 Republic of Palau 1-67
팔레스타인 State of Palestine 1-190
페루 Republic of Peru 2-215
포르투갈 Portuguese Republic (Portugal) 2-141
폴란드 Republic of Poland 2-55
푸에르토리코 Commonwealth of Puerto Rico 2-165
프랑스 Republic of France 2-85
피지 Republic of Fiji 1-67
핀란드 Republic of Finland 2-78
필리핀 Republic of the Philippines 1-113
헝가리 Hungary 2-56
호주(오스트레일리아) Commonwealth of Australia 1-57

지도

《대륙 횡단 조약》에 따른 국경 변화 2-198
13세기 무렵 호엔슈타우펜 왕가 지배하의 신성 로마 제국 영토 2-98
1638년 무렵 미국 동부 해안가 현황 2-193
1700년대 중반 프렌치-인디언 전쟁 전 미국 현황 2-194
1803년, 미국이 프랑스로부터 구입한 루이지애나 지역 2-197
1913년과 1939년 아프리카 현황 변화 1-242
1993년 체코슬로바키아의 분리 2-60
2024년 미국 50개주와 주별 대통령 선거인단 숫자 2-205
30년 전쟁 결과물인 베스트팔렌 조약에 따른 유럽 지역 재편 2-122
갈라파고스제도 지도 2-216
갈라파고스제도 1-253
게르만족의 대이동 경로 2-87
경도의 결정 1-27
고려인 강제 이주 경로 1-157
과거 아이누족 거주 지역 1-82
국가별 이슬람교도 숫자 1-110
그란콜롬비아 성립 및 해체 과정 2-214
그린란드 주변 지역 2-151
극동 1-71
근동 1-71
기니비사우와 카보베르데 1-235
기원전 550년 무렵 지중해 주변 현황 2-36
난민 수용 국가 현황 2-19
난사군도 섬들에 대한 점유 현황 1-88
날짜변경선 1-51
남아메리카 남부 모습 2-228
남아메리카 모습 2-211
남아메리카 중앙부 모습 2-223
남아프리카 지역 1-255
남중국해 지역에 대한 각국의 영유권 주장 현황 1-85
남중국해와 그 주변 지역 1-86
네팔 국토의 해발고도 1-139
뉴기니섬 1-39
다뉴브강이 흐르는 유럽 지역 2-49
대한민국 영토 1-30
덴마크와 스웨덴 연결길, 외레순 다리 2-72
독립국가연합 현황 1-156
독립국에서 점령지로 변한 오키나와 1-101
독일 강역의 변화 2-100
독일 상업 중심지이자 교통의 요지가 된 프랑크푸르트 1-17
동아프리카에 위치한 나라들 1-245
동유럽 모습 2-21
러시아 전도 2-63
러시아 지역별 시간 2-71
로마 제국 최대 강역 2-130
리비아 대수로 공사 현황도 1-216
마젤란 선단 항해도 1-113
말레이반도 현황 1-118
말레이시아 1-122
메르카토르 도법 지도 만들기 1-21
메소포타미아 문명 발상지, 이라크 1-188
멕시코 전쟁 이전 멕시코 영토 2-200
멕시코 행정구역 및 주요 관광지 2-208
멜라네시아, 폴리네시아, 미크로네시아 1-66
몰도바의 갈등 요인인 트란스니스트리아 영토 2-50
몽골군이 침입할 무렵 러시아 2-64
몽골 제국 분열 상황 1-94
몽골 제국의 최대 강역-지도상의 강역 1-94
미국 지역별 시간 1-33
미국의 출발을 알린 13개 주 2-192
발칸 지역의 종교 지도 2-43
발칸반도 현황 2-33
발트해 3국 2-52
발트해에 접한 러시아 영토, 칼리닌그라드 2-61
베네룩스 3국 현황 2-83
베링해와 오호츠크해 주변 지역 1-78~79
보르네오섬 1-108
보스니아헤르체고비나 연방과 스릅스카 공화국으로 구성된 보스니아헤르체고비나 2-41
보어 전쟁 전후 남아프리카 지역 현황 1-259
본초자오선 1-29
본초자오선과 날짜변경선 1-31
북극항로와 수에즈 운하를 이용한 항로의 차이 1-212
북아메리카 2-189
북유럽 모습 2-73
북회귀선과 남회귀선, 그리고 그 사이에 놓인 열대지방 1-210
분할된 기아나 모습 2-217
사산조 페르시아의 최대 강역 1-173
생마르탱섬 2-171
서로마 제국과 동로마 제국 분열 시대의 개막 2-132

서사하라 지역 현황 1-222
서아시아 현황 1-169
서아프리카 1-226
서아프리카 각국을 지배하던 나라들 1-227
서아프리카 해안 지도 1-225
서아프리카에 속한 여러 나라들 1-224
서유럽 내륙국가 스위스, 리히텐슈타인, 오스트리아 지도 2-119
서유럽 모습 2-81
세 차례에 걸친 포에니 전쟁으로 확장된 로마 영토 2-129
세계 각국에 분포한 화교 1-119
세계 최대의 섬나라 인도네시아 모습 1-109
세계에서 3번째 또는 4번째로 큰 나라 중국 1-91
세계에서 가장 넓은 섬들이 많이 속한 말레이제도 1-106~107
소말리아를 분할·통치하고 있는 다양한 세력들 1-248
수니파와 시아파 무슬림 분포도 1-175
수에즈 운하와 파나마 운하 1-211
스와힐리어를 사용하는 지역 1-246
스페인 지방 현황 2-139
시리아 현황 1-199
싱가포르 주변 지정학 1-120~121
아라비아반도 현황 1-177
아랍에미리트의 7개 토후국 현황 1-182
아르메니아-아제르바이잔 분규 지도 2-31
아마존 유역 현황 2-220
아메리카 대륙 모습 2-157
아메리카 대륙 분류 방식 2-158
아시아와 태평양 중심 지도와 유럽과 대서양 중심 지도 2-149
아프가니스탄의 지형 1-163
아프리카 국가 1인당 GDP 지도 1-203
아프리카 국가별 공용어 1-204
아프리카 자연환경 1-208
알렉산드로스 제국의 출발과 최대 강역 2-37
에게 문명이 일어난 강역 2-34
영국 각 지역과 아일랜드 섬 2-115
영국을 구성하는 지방 2-109
영어로 작성한 아프리카 언어 지도 1-205
예멘 통일 이전 상황 1-180
오늘날 아프리카의 종교 지도 1-205
오늘날에도 남아 있는 네덜란드 해외 영토 2-84
오스만 제국의 최대 강역 2-24
오스트리아-헝가리 제국 강역 2-57
오키나와(본섬)에 설치한 미군기지 1-101
오키나와현 전도 1-100
요르단, 시리아, 레바논, 이스라엘, 그리고 팔레스타인이 자리하고 있는 성경의 땅 1-191
우마이야 왕조의 최대 강역 1-176
유고연방 해체와 국가별 분리 과정 2-39
유럽 모습 2-16
유럽 침략을 받기 전 코트디부아르 현황 1-228
유럽, 아프리카 대륙을 중심에 놓은 세계지도 1-25
유럽의 주요 자연 지형 2-17
이어도와 주변 지역을 둘러싼 상황 1-75
이탈리아 통일 과정 2-133
인도 중심 도시 현황 1-147
인도 아대륙 현황 1-134
인도양 1-148~149
인도차이나반도 현황 1-126
적도기니 1-241
제1차 세계대전 이전에 뉴기니섬을 지배하던 나라들 1-40
제1차 세계대전 종전 후 유럽의 변화 2-102
제2차 세계대전 직후의 독일 상황 2-105
제2차 세계대전이 한창인 1942년 무렵 유럽의 강역 2-104
조지아 지역별 현황 2-32
주요 강 현황 1-40
주요 바다 현황 1-46
주요 사막 현황 1-42
주요 산맥 현황 1-45
주요 호수 현황 1-43
중국의 성과 4개 직할시, 5개 자치구 한자 명칭 1-92
중국해 주변도 1-83
중남미 각국의 독립 시기 2-235
중동 1-71
중앙아메리카 국가 현황 2-173
중앙아시아 국가들 1-154
중앙아프리카 현황 1-236
중앙아프리카 공화국 내전 상황 1-244
지구본으로 본 아프리카 대륙 1-206~207
지구상에 있는 물 구성 1-44
지니계수 2-184
지브롤터 해협의 위성 사진 1-221
지중해 지역 2-124
체코의 영토 2-59
카렐리야를 둘러싸고 벌인 러시아와 핀란드의 갈등 2-79
카르타고의 강역 변화 1-220
카리브제도 현황 2-160
카브랄의 항해 경로 2-142
카슈미르 지역 현황 1-142
카스피해와 흑해를 둘러싼 나라들 2-28

캄보디아 강역의 변화 1-130
캄보디아 전도 1-131
캐나다 행정구역 지도 2-190
콘도르 작전을 벌인 나라들 2-227
콜럼버스의 네 번에 걸친 항해 경로 2-154
쿠르드인 거주 지역 2-27
쿠릴열도 1-80
키프로스 지역 현황 2-26
태평양을 중심에 놓은 세계지도 1-25
태평양 전쟁 전과 후 강역 변화 2-233
토르데시야스 조약에 따른 두 나라의 권리 주장 2-143
트리니다드섬과 토바고섬으로 이루어진 트리니다드토바고 2-168
파나마 1-38
파라과이 전쟁 전 영역과 전쟁 후 영역 변화 2-231
파키스탄 주변 현황 1-140~141
팔레스타인 난민촌 현황 1-196
팔레스타인과 이스라엘 1-193
팔레스타인을 국가로 인정한 나라들 1-195
페르시아만, 홍해, 인접 지역 원유 생산량 순위 1-184
포르투갈 과거 관할 구역 2-145
프랑크 왕국의 출범 2-86
프렌치-인디언 전쟁 결과 영토 변화 2-193
필리핀 주요 섬 1-115
한때 영국 식민지였던 나라들과 오늘날 영국 식민지 2-107
합스부르크 가문이 관할하던 최대 영토 2-99
호르무즈 해협과 오만 1-179
호주 거주민의 출신 지역 현황 1-58
호주의 위치 1-57
홋카이도, 혼슈, 시코쿠, 규슈의 네 섬과 그 밖의 여러 섬으로 이루어진 일본 1-100
홍콩과 마카오 위치 1-99
홍콩의 변화 과정 1-96
흑해를 사이에 두고 유럽과 아시아 대륙에 걸쳐 있는 튀르키예 1-38
흑해와 주변 국가들 2-47
히말라야 14좌 위치 1-138

본문 상세 설명

30년 전쟁 2-120
5대양 1-47
7대륙 1-36
갈라파고스제도 2-215
걸프전 1-185
고려인 강제 이주 1-157
고유종 1-252
관타나모 2-165
나라 이름 1-59
나이지리아 수도 라고스 1-231
남아메리카 인종 2-173
네덜란드 동인도회사 1-111
노르딕 모델 2-76
다뉴브강 2-48
대륙별 면적 2-188
독립국가연합 1-156
동인도회사 1-110
러일 전쟁 2-67
리비아 대수로 1-215
마셜플랜 2-106
메소아메리카 문명 2-175
명태 1-77
몬드라곤 협동조합 2-140
미국의 선거 1-33
미국의 선거 제도 2-203
바나나 공화국 2-178
바타비아 1-111
보스니아헤르체고비나 독립 과정 2-41
보헤미아 2-58
본초자오선을 만든 까닭은 무엇일까? 1-28
북마케도니아 독립 과정 2-40
북회귀선과 남회귀선 1-209
사르데냐 왕국 2-133
살바도르 아옌데 vs 아우구스토 피노체트 2-233
상트페테르부르크 2-66
샌프란시스코 강화조약 1-89
서인도제도와 동인도제도 2-159
설형문자와 점토판 1-187
세계지도의 역사 1-22
세포이 항쟁 1-145
소말리아 해적의 탄생 1-249
수니파 이슬람 대 시아파 이슬람 1-174
수에즈 운하 1-211
스발바르제도 2-74
신성 로마 제국 2-97
실비오 베를루스코니 2-134
아랄해 1-159
아이누족 1-81
아프리카분할 1-241
알제리 전쟁 1-217
암흑시대의 출발, 콘도르 작전 2-225
오스만 제국 2-23
유고연방 해체와 슬로베니아, 크로아티아 독립 과정 2-40
유럽의 난민 문제 2-18
인도네시아 독립 1-112
제1차 세계대전과 제2차 세계대전 2-101
중앙아메리카 연방 공화국 2-171
지구의 공전 시간 1-19
지구의 자전 시간 1-19
'진화의 야외 실험장' 갈라파고스제도 1-252
축구 이야기 2-109
카르타고 1-219
카슈미르 분쟁 1-142
카탈루냐 2-137
캐나다 국기 변천사 2-191
코소보와 몬테네그로 독립 과정 2-43
쿠르드족 2-26
토르데시야스 조약 2-142
통킹만 사건 1-129
파나마 운하 2-186
팍스 로마나 2-131
프랑스 대혁명 2-90
프렌치-인디언 전쟁 2-194
피의 일요일 사건 2-69
헨리 스탠리 1-238
홍범도 장군 1-158